会社法の考え方

〈第13版〉

山本爲三郎

八千代出版

は し が き

　会社法の基本的な考え方を，初学者にも理解できるような体系書の形で執筆
したいと思いながら，本書をまとめました。会社法は採り挙げるべき論点が非
常に多い法領域です。このような小著では触れることができる「知識」は限ら
れてきます。本書に存在意義を見出せるとしたら，会社法がどのような「考え
方」「基本法理」に基づいて構築されているかを常に意識しながら執筆した点
にあるでしょう。その意味で，本書は法解釈学に対する私の姿勢を示すもので
す。したがって，ある程度会社法を勉強した学生や専門の研究者をも念頭に置
いて筆を進めました。最新の論点にも言及し，少々掘り下げた検討も行ってい
るのはそのためです。欲張りな目標をどの程度達成できたでしょうか。

　本書はできる限り私見を提示しました。初学者向けの入門書の多くは通説や
判例を中心にしてまとめられているようです。たしかに要領のよい解説ではあ
るでしょう。けれども，初学者向けであるからこそ，自分自身の言葉で説明し，
論じたのです。私の言葉から何かを感じ考えて欲しいと思ったからです。入門
書ではありますが，本書では図や表を用いていません。すべてを言葉で表現し
ました。法律学は言葉の学問だからです。法律は紛争の解決基準であり，法律
学は説得の学問です。人は色や形で思考しません。説得すべく他の人に伝える
論理は言葉でしか表せないのです。法の普遍性の本質はこの点にあります。も
ちろん，難解な法律用語を振り回しているわけではありません。むしろ，なる
べく理解しやすいようにといろいろ工夫したつもりです。民法や民事訴訟法の
概念にも解説を加えています。論述の重複部分も工夫の1つです。今後も工夫
を続けたいと思います。

　広い範囲を限られた紙幅でまとめるという本書の性質上，本文中には判例以
外は一切文献を引用していません。けれども，参考文献欄で紹介した文献だけ
でなく，数多くの文献と大勢の人から影響を受けて本書は成り立っています。
特に，慶應義塾大学商法研究会の諸先生方そして塾法学部における私の研究会
員との尊敬と友情の念を前提にした真剣な議論は，妻子の笑顔とともに何もの
にも代えられない宝です。故高鳥正夫先生からは公私ともに暖かいご指導を賜

りました。先生のお考えを辿りながらここまできました。これからも一歩ずつ前進して行きたいと思います。故高鳥正夫先生と亡父に本書を捧げますことをお許し下さい。

　本書は慶應義塾大学法学部での私の会社法の講義をもとにしています。講義をテープにとり，活字化するという面倒な作業を引き受けてくれた，杉田貴洋君，守屋史章君，新名聡君，和泉宏陽君，本間聡君，檀謙太郎君，ありがとう。

　2000 年 2 月

山本　爲三郎

第13版　はしがき

　本書第12版発行（2022年3月）以降の会社法関連の法令改正や上場規程などのソフトローの改定，「企業買収における行動指針」など影響力が大きいガイドラインの新設，そして新たな重要裁判例につきそれぞれの内容を取り込み，また全体を見直し，最新の統計資料に基づき内容を改訂しました。

　CGコードおよび日本版スチュワードシップ・コードについては，従前の3年ごとの改定サイクルにとらわれず適時に検討することとされましたが（フォローアップ会議意見書(6)〔2023年4月〕），早くも，一層実効的なエンゲージメントの実現に向けたスチュワードシップ・コードの見直しが提言されています（フォローアップ会議意見書(7)〔2024年6月〕）。会社法は動きの速い法分野です。遅れることなく，方向を見誤ることなく解説を継続したいと思います。

　会社法と会社法に関する法務省令は，条文の日本語表現が難解であるばかりでなく，原則と例外の相対化が内容面における基本設計思想となっているので，非常に把握しにくい性質を帯びています。このような法状況のもとにおいては，個々の条文の趣旨や表現を踏まえながらも，それを超えた会社法の体系・基本的な考え方の提示が必要であり，それはまた極めて実際的な役割を果たします。そして，まさしくこの点こそが本書の初版以来の目的です。

　上記目的をどの程度達成できたかは，今回の改訂版においても読者の判断に委ねるしかありません。自省しつつ，今後も，ご都合主義ではなく，真の理性に裏打ちされた基礎理論を構築したい，法解釈学の可能性を考え続けたいと思います。

　末筆となりましたが，本書は，私にとって想定外ともいえる多くの読者と，八千代出版の皆さん，特に，森口恵美子さん，御堂真志さんに支えられて，改訂を重ねています。深く感謝の念を表します。

2024年6月

山本　爲三郎

目　　次

略 記 一 覧

会	→	会社法
会規	→	会社法施行規則
計規	→	会社計算規則
会令	→	会社法施行令
整備	→	会社法の施行に伴う関係法律の整備等に関する法律
商	→	商法
振替	→	社債，株式等の振替に関する法律
金商（法）	→	金融商品取引法
上場規程	→	東京証券取引所有価証券上場規程
CGコード	→	コーポレートガバナンス・コード（東京証券取引所）
上場管理等	→	上場管理等に関するガイドライン（東京証券取引所）
財務諸表等規則	→	財務諸表等の用語，様式及び作成方法に関する規則
連結財務諸表規則	→	連結財務諸表の用語，様式及び作成方法に関する規則
企業会計基準第1号	→	企業会計基準第1号「自己株式及び準備金の額の減少に関する会計基準」（企業会計基準委員会）
産競法	→	産業競争力強化法
民	→	民法
民訴	→	民事訴訟法
民訴費用	→	民事訴訟費用等に関する法律
独禁（法）	→	私的独占の禁止及び公正取引の確保に関する法律
大判	→	大審院判決
最判（決）	→	最高裁判所判決（決定）
高判	→	高等裁判所判決
地判	→	地方裁判所判決
民録	→	大審院民事判決録
民集	→	大審院民事判例集，最高裁判所民事判例集（昭和22年以降）
東証白書2023	→	東京証券取引所コーポレート・ガバナンス白書2023
総会白書2023	→	株主総会白書・2023年版（商事法務2344号）

第1部
会社法の基本

第1章

会社とは何か

1 会社とは何か

　営利を目的として活動する組織を企業と呼びます。利潤を稼ぐために商品を購入して転売する，このような行為に代表される営利活動を継続的に行う存在が企業です。企業はいつでも誰でも起こすことができます。特定の個人が営業主である個人企業は，何らの手続も必要とせず起業できます。最も古く最も基本的な企業形態です。利益獲得行為には元手——資本が必要です。個人企業ではこの元手を出す人，つまり出資者は営業主である特定の個人ということになります。そして個人企業では出資者である営業主が営利活動の主体です。つまり，その企業の経営活動をめぐる法律関係は営業主である特定の個人に属します。それとともに，営利活動の結果もその営業主に帰属します。法的には権利義務関係，経済的には損益関係の帰属です。単純明快ですね。

　個人企業には利点もありますが，企業活動の大きさや継続性といった点から見ると限界があります。出資者が営業主個人であることは企業活動の財産的基礎を限界づけます。営業主が病気などで直接経営に携われなくなると企業活動の休止も考えられます。そこで複数の出資者が共同で企業経営にあたる共同企業形態が必要とされます。どのような共同企業を組織するかは出資者の自由です。しかし，取引社会は合理的な企業形態を要求します。出資関係，経営権限の所在，権利義務および損益の帰属関係のような基本的枠組について定型化した企業形態を法が用意し，自由に利用できるようにするのが望ましいあり方でしょう。そのようにして用意された共同企業形態の中の典型例が会社です。会社は営利活動を行うにあたって非常に合理的で便利な仕組を有する企業形態です。多くの企業が会社という形態を採る所以です。

それでは会社は法的にはどのような企業でしょうか。会社の設立，組織，運営および管理については会社法が規定します（会1条）。会社法には，会社とは「株式会社，合名会社，合資会社又は合同会社をいう」（2条1号）と定められています。もっとも，これは会社の種類であって実体ではありません。会社法は，さらに，「会社がその事業としてする行為及びその事業のためにする行為は，商行為とする」（5条）とします。したがって，会社が行う行為は，原則として，商法の商行為に関する規定（商法第2編）の適用を受けることになります。もっとも，これも会社概念を前提とします。会社法は会社の実体を定める規定を持たないのです。結局，会社とは，会社法の規定に基づき株式会社，合名会社，合資会社，あるいは合同会社として設立されたものを指すことになります。

この会社の実体である「もの」ですが，会社法制定以前の商法はこれを社団だと定めていました（平成17年改正前商法52条）。このような規定がなくなったからといって，出資者の組織体としての会社の実体が変容するわけではありません（なお，出資の意味につき第8章1Cおよび第26章4A参照）。そこで，会社は出資者が組織する社団だといってよいのですが，社団の概念を人の団体――つまり複数人の組織だと把握すると，一人会社（出資者が1人だけの会社）が解釈上認められなくなってしまいます。会社法が一人会社を排斥しているとは考えられないこと，および，上述のような伝統的な社団概念を前提にすると，会社の実体である「もの」とは，出資者からなる社団あるいは出資者が1人だけの場合には当該出資者の資格である，と解することになるでしょう（なお，会社の社団性に関する従来の問題点について，本書〈第4版〉19～25頁参照）。

なお，会社は商法上の商人です（商4条1項，会5条。最判平成20年2月22日民集62巻2号576頁）。もっとも，会社には商法第1編の商人の組織に関する諸規定は適用されません（商11条1項括弧書）。会社法の規定によることになります（会6～24条・431条・432条・434条・614～616条・907～910条）。

2　会社の種類

前述のように会社法は，株式会社，合名会社，合資会社，および合同会社の4種類の会社について規定しています。4種類規定するというのは4種類に限

定するという趣旨です。企業形態として会社を利用する場合には，この4種類の会社の中から自由に選択できます。一方，出資者の組織体としての企業は自由に設立できますが，会社形態を採る企業を設立するにはこの4種類の中から選択するしかないのです。

昭和25年の商法改正で廃止されるまで株式合資会社という会社形態も認められていました。有限会社も，平成17年改正で廃止されました（従来の有限会社は株式会社として存続します〔補章1参照〕）が，会社の一種とされていました（本書〈第4版〉5〜6頁参照）。合同会社は，平成17年会社法によって新設された新しい種類の会社です。会社の種類を限定しなければならない論理必然性はありません。さらに，会社組織をどのようなものにしようと契約自由の問題であり，その結果，他人に損害を被らせるようなことがあっても不法行為法上の責任を負えばよい，と割り切るのも1つの法政策的判断ではあるでしょう。けれども，後述（第5章1）するように準則主義のもと公権力の許可なくして自由に設立できる会社は，もっとも利用しやすい企業形態の1つであり，取引社会の中で担うと期待される役割も大きいものです。取引社会に広く混乱を招きかねない上述のような判断は適当とはいえません。企業形態としての会社の組織は法的に定型化された上記4種類に限定するというのが，現行日本会社法の採る立法判断です。

もっとも，以下本書で順次述べていくように，出資者の権利・責任や経営権限の所在など基本的構造に関して定型化された企業組織として会社制度が用意されているのであり，同じ種類の会社であっても，会社法が強制する基本構造に反しない限り，原則として個々の会社はその具体的な組織内容について自由に決めることができます。さらに，単元株，種類株式や会社の機関構造など選択的に採用しうる制度も幅広く用意されています（ここで挙げたような重要な制度の採用に関しては，会社の根本規則である定款で定めます——定款自治の範囲はかなり広いといえます）。

それでは，4種類の会社を区別する基準は何でしょうか。会社法は，まず株式会社（第2編）と持分会社（第3編）とを分けて規定しています。持分会社とは，合名会社，合資会社および合同会社の総称です（会575条1項）。これら3種類の会社の社員の地位，すなわち社員権を持分とも呼ぶからです（後述〔本

章6〕のように，株式会社の場合にはこれを株式という単位で表します）。ここで「社員」という用語についてですが，これは従業員を意味するものではありません（会社員の略称ではないのです）。会社の実体は出資者からなる社団という組織体でしたね（出資者が1人だけの場合には当該出資者の資格＝社員）。この社団構成員を法律上社員と呼びます。

　持分会社に属する3種類の会社の本質的相違は，その社員の責任にあります。社員が会社債務についてどのような責任を負担するか，ということです。ここでは権利能力について説明しておく必要があります。先ほど，会社債務といいました。会社は債務を負担できる存在です。なぜ債務を負担できるのでしょうか。権利能力を有するからです。権利能力とは権利を取得し義務を負担しうる資格を指します（法的な主体となる資格ですから「法人格」とも呼ばれます）。法律上，権利主体を「人」と呼びますが，これは権利能力者のことです。「人」には2種類あります。まず，生きている（生物学上の）人間。民法3条1項は「私権の享有は，出生に始まる」と簡潔に述べています。人間は，生まれただけで，つまり何の条件も要せずに権利能力を有します。そのままの状態で法律上の「人」ですから，自然人と呼ばれます（民法第1編第2章の「人」は自然人の意味ですね）。これが基本。さらに，自然人以外で権利能力を有するものを法人と名づけます。では何を法人とすることができるのでしょうか。民法33条1項は「法人は，この法律その他の法律の規定によらなければ，成立しない」と規定しています。法人法定主義です。法人は勝手に設立できません。法律の手続に従って初めて成立するのです（法律が認める「人」だから法人ですね）。会社についてはどうでしょうか。会社法3条は「会社は，法人とする」と定めています。会社は会社法が認める法人です。

　会社は法人ですから，会社自体が権利を取得し義務を負担します。会社の実体は社員の組織体ですがその社員の権利義務となるわけではありません。会社は社員とは別個独立の法主体です。もっとも，会社の実体は社員の組織体ですから会社の実質的な所有者は社員であるといえます。そこで，社員は会社の実質的所有者として会社債務につき責任を負うか否かがさらに問題とされるわけです。

3 社員の責任

　責任を基準として，持分会社の社員には，無限責任社員と有限責任社員とが存します。

　無限責任社員は，会社債務につき各社員が連帯して弁済する責任を負います（会580条1項。ただし，会社が弁済できない場合の補充的責任）。この責任は会社債権者に対して直接負担するもので，会社の債務弁済のために会社に追加出資する間接的な弁済責任ではありません。また，会社に債務がある限り弁済の責任を負担し，限定的に責任を負うのではありません。これを無限責任と呼んでいます。無限責任というと何か特別に重い責任のような感じを抱くかもしれませんが，責任原因がある限り責任を負担しなければならないのは当然です。関係のない責任を問われるわけではなく，1000億円であろうと，1000兆円であろうと会社の債務について弁済責任があるわけで，会社が負担しうる債務の額に限定はないから無限責任というだけです――責任は本来無限定であり，多額だと責任がなくなるわけではないのです。

　持分会社の有限責任社員は，定款に定められた当該社員の出資価額（会576条1項6号）を限度として会社債務の直接弁済責任を負担します。合名会社・合資会社の社員の出資履行時期は会社との関係で決定され，合同会社の（有限責任）社員は会社成立時（設立登記時〔会579条〕。なお，会社法に定められた登記事項は商業登記法に従い商業登記簿に登記〔商業登記〕されます〔会907条〕）までに全額出資する義務を負います（会578条。会社成立後は，新たに社員を加入させる定款変更がなされたにもかかわらず，出資の全部または一部が履行されていなければ，その者は，出資の履行が完了した時に合同会社の社員となります〔604条3項〕）。有限責任社員の場合，未履行出資額に責任が限定され，全額出資後には弁済責任は残りません（会580条2項）。このように，有限責任社員については，その出資が責任限定の基準となるので，出資の目的は金銭等の財産に限られます（会576条1項6号）。一方，無限責任社員は，会社債権者に対して無限責任を負うので，労務や信用を出資の目的とすることもできます。

　以下，持分会社の基本的仕組を把握した上で，持分会社に属する3種類の会

社を区別し，さらに，株式会社との比較の要点をまとめておきましょう。

4 持分会社の基本的仕組

A 経営権限

　持分会社では，会社経営権限は社員に帰属します（会590条）——所有と経営の制度的一致。会社は法人として権利義務の主体となりますが，法人格自体は資格あるいは地位に過ぎません。つまり，法人格が思考したり行動したりするわけではないので，会社が経営活動を行うには誰か他の法主体が思考し，行動する必要があることになります。そのための第一次的権限（オリジナル，原初的な権限）を有する者を会社の機関と呼びます。持分会社の社員は会社経営権限を有する機関（業務執行機関）です。ただし，定款で業務執行社員を定めることもできます（会590条1項）——この場合には，業務執行権限の有無にかかわらず，各社員は業務および財産の状況を調査することができます（会592条）。業務執行社員は，会社に対して善管注意義務・忠実義務を負い（会593条1項2項），競業・利益相反取引の規制を受け（会594条・595条），また，その任務懈怠から生じた損害につき会社や第三者に対して賠償責任を負います（会596条・597条〔無限責任社員は会社債務につき直接無限責任を負うので，597条は有限責任の業務執行社員に関する規定〕）。なお，社員は自然人に限られず法人であってもよく，さらに，法人が業務を執行する社員であることも可能ですが（この点，株式会社の場合には法人は取締役や執行役になることができません〔会331条1項1号・402条4項〕。第19章1参照），その場合には，当該法人は当該業務執行社員の職務を行うべき者（自然人）を選任しなければなりません（会598条）。

　業務執行機関として社員のなした経営判断は会社の経営判断と評価されます。業務執行権限を有する社員が複数ある場合には，定款で別段の定めを置かない限り，その過半数をもって決します（会590条2項・591条1項）。

　ここでまた説明しておくべき事項があります。代理・代表です。近代法の大原則である自己責任原則（意思自治・私的自治＝権利・義務の取得・負担根拠を当事者の意思に求める原理。契約を遵守しなければならないのは自らの意思で締結したからですね）からすると，他人の行った法律行為（例えば契約）の効果（法律効果＝権利義務な

ど法律関係の発生・変更・消滅）を直接取得することはありません。しかしながら，企業活動拡大の必要性等からこれを例外的に認めるべき場合があります。代理です。代理とは，代理権限を有する代理人が本人に代わって代理権限の範囲内の法律行為を行うと，その効果が本人に直接帰属する制度です。会社の業務執行が法律行為になる場合には，その効果としての権利義務を会社が直接取得できるように，この代理の制度を用います。そのために，会社事業の全般にわたる代理権限（この包括的代理権限を代表権限と呼びます）を有する機関を設置する必要があります（会社代表機関）。

　会社経営権限である業務執行権限（具体的には，例えば，製品の生産・販売，技術開発，DX推進，財務，人事の執行権限）と，法律行為の効果帰属に関する代表権限（代表権限を有する者が会社を代表〔代理〕して行った法律行為——例えば契約の効果が行為者にではなく直接会社に帰属することになります〔効果転帰〕）は，法的に全く別個の権限です。けれども，法律行為である業務執行の効果を会社に帰属させるには代表権限が必要なので，業務執行権限の所在に代表権限を重ねるのが無理なく自然です。持分会社では業務執行権限を有する社員に会社代表権限が与えられています（会599条1項本文。ただし，定款に基づき代表権限を有する者を限定することもできます〔会599条1項但書3項〕）。原則として，業務執行機関たる地位と同時に代表機関たる地位が社員に兼ね備わるわけです。

B　社員たる地位からの離脱

　持分会社では，社員たる地位からの離脱には制限が設けられます。社員は会社に出資，つまり資本を投下しますから（会576条1項6号参照），社員たる地位の離脱には，投下資本（出資に応じて社員が会社に有する経済的分け前）の回収も伴います。そして，投下資本回収を保障する観点から，離脱の全面的禁止は適当とはいえません。離脱の手段として会社法が用意するのは，退社と持分譲渡の2制度です。

　退社とは離脱によって当該社員地位自体が消滅する制度です（〔会社〕社団から脱退するわけです）。やむをえない事由があるときなど一定の条件つきで社員は任意に退社でき，また，一定の場合には強制的に退社させられます（会606条・607条・609条）——持分の払戻（投下資本の会社からの回収）を伴います（会611条。

ただし，退社時における当該会社の財産状況によっては，当該社員は会社に対して支払債務を負う場合もあります〔最判令和元年12月24日民集73巻5号457頁〕）。持分会社は社員間の信頼関係を前提にした制度なので，原則として社員の死亡や合併（社員が消滅会社である場合）も退社原因とされています（会607条1項3号4号。なお，会608条1項参照）。

　退社によらない離脱方法が持分（社員権）の譲渡です（持分を譲渡した社員は社員たる地位を失いますが，当該持分は消滅せず譲受人が社員となります。投下資本を譲渡代金として回収）。社員権も財産権であり譲渡可能です。しかし持分会社においては，定款に別段の定めがなければ，持分の譲渡には他の社員全員の承諾を要し，あるいは業務執行権限を有しない有限責任社員がなす持分譲渡には業務執行社員全員の承諾を要する，とされています（会585条1項2項4項）。社員の変更に関する制度的閉鎖性が，持分会社の原則的性質になるように制度設計されているわけです。そこで，持分会社では，定款によって社員が把握される制度が採用されています（会576条1項4号）。

　このように，社員間の信頼関係を前提とする持分会社においては，社員権の譲渡につき原則として他の社員全員が拒否権を有することになります。これとの均衡上，各社員の投下資本の回収は，基本的に任意退社制度によることとされているといえます。

C　計　　算

　持分会社には，会計帳簿および計算書類（合名会社・合資会社の場合には，貸借対照表および，作成すると定めた場合には，損益計算書・社員資本等変動計算書・個別注記表の全部または一部。合同会社の場合には，貸借対照表・損益計算書・社員資本等変動計算書・個別注記表）を作成しそれを保存する義務があります（会615条・617条，会規159条2号，計規71条1項）。社員および合同会社債権者には計算書類の閲覧・謄写請求権が認められます（会618条・625条）。また，会計帳簿・計算書類は裁判所による提出命令の対象となります（会616条・619条）。

　社員は，利益配当を請求でき（会621条），さらに，出資の払戻を請求することもできます（会624条。合同会社における制限につき，会632条）。

D　持分会社間の会社の種類の変更・組織変更

　持分会社，つまり合名会社，合資会社，合同会社は，定款変更（定款に別段の定めがある場合を除き，総社員の同意により行います〔会637条〕）により，他の種類の持分会社に変更することができます（会638条）。また，合資会社の社員が退社することによって，当該合資会社の社員が無限責任社員のみあるいは有限責任社員のみになった場合には，当該合資会社は，それぞれ合名会社あるいは合同会社となる定款の変更をなしたものとみなされます（会639条）。

　総株主・総社員の同意および債権者異議手続を経ることにより（会776条1項・779条・781条），株式会社から持分会社へ，あるいは，持分会社から株式会社への組織変更（会2条26号）も可能です。

5　持分会社の種類

A　合名会社

　合名会社は無限責任社員のみからなる持分会社です（会576条2項・580条1項）。合名会社ではその実質的所有者である社員が会社債務の弁済責任を負担します。企業所有者が企業活動の責任を負うという点で，自己責任原則を制度的に貫徹する会社形態が合名会社です。

　なお，現在，実際に事業を行っている合名会社は，国税庁『令和4年度分・会社標本調査』によると，3068社です。総数は減少傾向にありますが，近年では相続税対策として設立（組織変更）される場合があるようです（債務超過合名会社の社員が当該会社に有する貸付債権が，相続されるにあたって，相続税法13条の債務控除の対象になると解されます）。

B　合資会社

　合資会社は無限責任社員と有限責任社員とからなる持分会社です（会576条3項・580条）。前述のように責任の限定は例外的な制度ですが，有限責任社員の制度を取り込むことにより，合資会社では，合名会社よりも資本規模を大きくする可能性が高まります（無限責任社員にのみ定款で業務執行権限を認めることにすると，無限責任社員と有限責任社員との役割分担が明確になります）。

なお，現在，実際に事業を行っている合資会社は1万2290社です。

C 合同会社

合同会社は有限責任社員のみからなる持分会社です（会576条4項・580条2項）。後述の株式会社と異なり，持分会社として社員の個性が濃厚に反映される制度が採用されており，社員たる地位に会社経営権限が付随し（所有と経営の制度的一致），社員権の譲渡には厳格な制限制度が存します（一方で，前述のように退社が認められます）。

株式会社と同様に全社員が有限責任なので，会社財産充実・会社債権者保護のための制度が整備されています。前述（本章3）のように，社員の出資の目的は金銭等の財産に限られ（会576条1項6号），また，社員は会社成立時までに出資を全部履行しなければならないこととされています（会578条）。利益配当が規制され（会628条），違法配当等に関する責任規定が設けられています（会629～631条）。会社債権者には計算書類の閲覧・謄写請求権が認められ（会625条），資本金の減少に際しては会社債権者異議手続が要求されています（会627条）。出資の払戻・退社に伴う持分の払戻は厳格に規制され，責任規定も設けられています（会632～636条）。

なお，現在，実際に事業を行っている合同会社は18万4719社であり，今後も増加が予想されます。

有限責任事業組合

「有限責任事業組合契約に関する法律」（平成17年制定）に基づく有限責任事業組合（LLP = Limited Liability Partnership。有限責任事業組合契約の締結と各組合員の出資全部の履行によって成立します〔同法2条・3条1項〕。成立後，登記〔事業，名称，組合の存続期間など〕を要します〔同法57条〕）は，合同会社とほぼ同一の企業組織です。つまり，有限責任事業組合においては，各組合員はその出資の価額を限度として組合債務を弁済する責任を負います（同法15条）。原則として，業務執行の決定は総組合員の同意により行い，その決定に基づき各組合員が業務を執行します（同法12条・13条・14条の2）。組合員は，やむをえない場合には任意に脱退でき，一定の場合には強制的に脱退させられます（同法25条・26条）。組

合員は組合契約書によって固定されます（同法4条3項4号）。組合契約書の内容変更には原則として総組合員の同意が必要です（同法5条。したがって，総組合員の同意があれば組合員たる地位の譲渡もできると解すべきでしょう）。組合の会計帳簿の作成・保存が義務づけられます（同法29条）。組合の貸借対照表・損益計算書およびこれらの附属明細書も作成・保存を要し，組合債権者にはこれらの閲覧・謄写請求権が認められます（同法31条）。

　合同会社と有限責任事業組合との大きな相違は，法人格の有無と課税関係です。合同会社は法人ですが，有限責任事業組合は民法の組合の特例であり権利能力なき団体です。合同会社は法人税の納税主体ですが，有限責任事業組合は納税主体ではありません（パススルー〔pass-through。構成員課税〕）。

　なお，有限責任事業組合の現存数は，平成29年末で6231であり（東京商工リサーチ「平成29年度有限責任事業組合等の活用実績等に関する調査」），法務省の登記統計によると2022年に新たに登記された有限責任事業組合数は354です。

6　株式会社

　株式会社の社員たる地位は特に株式という単位で表されます。そこで，株式会社の社員は株主と呼ばれます。そして，「株主の責任は，その有する株式の引受価額を限度とする」（会104条）。つまり，合名会社や合資会社のように無限責任社員は存在せず，株主は出資価額を限度とする責任しか負わないわけです。しかも会社法は，株主となる前に引受価額の全額を払い込まなければならない全額払込主義を採用しているので（会34条1項・63条1項・208条1項2項・281条1項2項），実は，株主は会社債権者に直接責任を負わないばかりか会社に対しても出資義務がないことになります。もはや責任はないけれども，株主の出資は会社資産に組み込まれ会社債務の担保となるという意味で，株主は出資価額を限度とする責任を負うと説明するわけです。

　株式会社の社員である株主は，自分の出資の結果としての企業活動から生じた責任を負いません。これは非常に例外的な扱いです。ある意味では不道徳だとすらいえるでしょう。したがって，合理的な制度として受け入れられるように環境整備をなす必要があります。

環境整備で肝要なのは会社資産に関する規制です。株主は有限責任ですから，株主の財産は会社債務の制度的な担保ではありません。会社債権者にとっては会社資産が唯一の責任財産です。そこで，株主有限責任の反面として，会社資産のうち会社の総負債に相当する額については，株主への分配を許すことはできません（株主への分配によって，資産総額よりも負債総額の方が大きい債務超過会社になることを防ぐ趣旨）。さらに，会社資産は常に増減するので，負債総額に加えて株主出資額に相当する会社資産をも保全するための規制がなされることになります。資本の制度です。合名会社や合資会社では無限責任社員が会社債務弁済責任を負うので（会社自体に対してよりは，無限責任社員に対する信用を基礎にして取引がなされるでしょう），厳重な資本制度を採用する必要性が少ないのに対して，株式会社においては後述（第4章）の資本原則などによる規制（その中心は，会社資産の株主への分配規制）が重要です。さらに，これだけでは足りず，会計の公開，すなわち，会社資産がいかに増減しどのような状態でどのくらい存在するのかを会社に公示させることが，会社債権者が取引上の判断をなす上で不可欠だといえます。後述するように，会社法はこの会計の開示を充実すべく詳細な規定を用意しています。

株主有限責任の原則とともに株式会社を特徴づけているのは株式です。株主の有限責任が認められる代わりに株主は退社できません（出資返還禁止原則）。そこで，残る投下資本の回収手段としての株式譲渡を自由に行える（誰か〔持分会社の場合には他の社員でしたね〕からの承諾は必要ない）ようにします（株式譲渡自由の原則〔会127条〕）。しかし，個々の株式に含まれる権利が個性的であるとすると投下資本の回収ははかどらないので，株式を内容均一の単位（株式平等原則＝株主平等原則〔会109条1項〕）と構成し流通の促進を図ります。これらにより株主の交替が頻繁に行われることが予定されることになります。したがって，株式会社では，定款によって株主を把握するのではなく，後述（第12章）の株主名簿制度が採用されています（会121条）。

さらに，株主が流動的であるので，業務執行権限は出資者である株主の資格から離され，取締役あるいは取締役会に委ねられます（会348条・362条・399条の13・416条）。所有と経営が制度的に分離されているわけです。その上，取締役は株主でなければならない旨の取締役の資格制限が公開会社（本章7A参照）で

は禁止されています（会331条2項）。

現在，実際に事業を行っている株式会社は269万1378社です（後述〔補章1B〕する特例有限会社を含みます）。なお，株式会社には休眠会社（12年以上登記がなされていない株式会社）に対するみなし解散制度が適用されます（会472条。特例有限会社には適用されません〔整備32条〕）。すなわち，法務大臣による官報公告および管轄登記所による通知があったにもかかわらず，その後2か月以内に，事業を廃止していない旨の届出あるいは必要な登記がなされなかった場合には，当該会社は解散したものとみなされます（解散の登記がなされます〔商業登記法72条〕）。近年において解散したとみなされた株式会社数は，毎年3万社前後です。

7　公開会社，親会社・子会社

会社法が定める規整基準の中で，特に重要な概念区分として，ここでは，公開会社・公開会社でない株式会社と親会社・子会社につき説明しておきましょう。

A　公開会社・公開会社でない株式会社

公開会社とは，その発行する全部または一部の株式を譲渡制限株式（会2条17号。第12章8参照）とする旨の定款の定めを設けていない株式会社です（会2条5号）。つまり，その発行する全株式を譲渡制限株式とする定款の定めを有する株式会社（公開会社でない株式会社）ではない株式会社です。一部の株式のみを譲渡制限株式とする会社は公開会社だということになります。

公開会社でない株式会社では，当該会社のすべての株式につきその取得に会社の承認を要し，この承認がなければ当該会社との関係で株主は入れ替わりません。つまり，少数の固定化した株主が，会社運営に強い個性を発揮するような株式会社です。このような点に着目して，閉鎖的な株式会社の規整を行うための概念が「公開会社でない株式会社」です。

なお，上場会社と会社法上の公開会社の概念は異なりますが，株式を金融商品取引所（証券取引所）に上場している株式会社（現在，4000社余です）はすべて公開会社にあたります（譲渡制限株式は上場できない〔振替128条1項〕からです）。

B 親会社・子会社

子会社とは，特定の会社（会社法2条1号の会社）によって経営を支配されている法人として法務省令で定めるものです（会2条3号）。親会社とは，株式会社の経営を支配している法人として法務省令で定めるものです（会2条4号）。経営の支配とは，その財務および事業の方針の決定の支配を指します（会規3条）。会社等（会社〔外国会社を含む〕，組合〔外国における組合に相当するものを含む〕その他これらに準ずる事業体〔会規2条3項2号〕）の議決権総数の過半数を，他の会社等（子会社・子法人等を含みます）が自己の計算において所有している場合（形式的基準），実質的基準として，上記の議決権割合が40％以上（50％以下）で，かつ，議決権を所有している当該会社等の意思と同一内容の議決権を行使すると認められる者（子会社・子法人等を除きます）が所有する議決権を加算すると議決権割合が過半数になる場合や，上記の議決権割合が40％以上（50％以下）で，かつ，議決権を所有している当該会社等の（現在あるいは過去における）役員・業務執行社員・従業員が，議決権を所有されている会社等の取締役会その他これに準じる機関の構成員の過半数を占める場合，などが支配の認定基準とされています（ただし，会規3条3項柱書括弧書・同条項1号イ〜ニ参照）。

なお，親会社から把握する子会社は株式会社に限られませんが（会2条3号），子会社から親会社を把握する場合の子会社は株式会社に限定されています（会2条4号。子会社から親会社を見る場合の当該子会社に対する規整は株式会社たる子会社に着目してなされているわけです）。そこで，親会社株式の取得を禁止される子会社（会135条）に関しては株式会社限定要件が外されています（会規3条4項。13章3H参照）。

完全親会社，完全子会社，完全親会社等，完全子会社等，最終完全親会社等につき，第23章4B参照。

第2章

会社の法人性

1 法人性の意味

　会社とは，会社法の規定に基づき株式会社，合名会社，合資会社，あるいは合同会社として設立されたものでした。法人であることは会社の成立要件ではありません。けれども，会社は必ず法人とされます（会3条）。会社であれば当然法人格を有しますから，法人性は会社の属性の1つです。それでは，会社が法人であるということはどのような意味を有するのでしょうか（会社の権利能力の範囲については後述〔第3章1〕します）。

　会社が法人だということの第一義的意味は権利能力にあります。会社は法的主体として権利を取得し義務を負担できる存在です。しかし，会社が法人格を有する意味はそれだけに限りません。会社は出資された財産の所有主体となるので，法人格は社員の財産と会社財産とを分別する機能を発揮します。法人制度にはこの財産分別のための法技術としての意味があるわけです。

　さらに財産分別の意味を把握するには2方向からの検討が必要です。まず，会社債務に対して社員の財産は責任財産となるかという観点。持分会社では会社債権者は社員に対して会社債務（社員になる前の債務も含みます〔会605条〕）の弁済責任（有限責任社員は出資未履行額を限度とします）を追及できます（会580条。直接責任。ただし，合同会社の社員は出資履行済でなければなりません〔会578条・604条3項〕）。財産の分別が不完全なのです。株式会社では株主は会社債権者に責任を負うことはありません（株主の間接有限責任）。株式会社の財産は会社債権者に対する唯一の責任財産としての独立性を有しているのです。もう1つが，社員の債務に対して会社財産は責任財産となるかという観点。持分会社では，社員の持分を差し押さえた債権者は当該社員を退社させて払戻持分を押さえることが

できます（会609条・611条7項）。会社財産の直接の差押が認められず，会社財産は社員財産からの独立性を示しますが，間接的には持分の範囲において社員債務の責任財産となっています。株式会社では退社は認められず（出資返還禁止原則），会社財産は会社債権者のための排他的な責任財産として機能しています。

2　法人格否認の法理

　法人格否認の法理と呼ばれる解釈上の法律要件（法律効果を発生させる原因となる社会生活関係）があります。事案の衡平な解決のために，その特定の事案についてのみ会社法人格というヴェールを剥奪し，会社背後者を捉えその責任を肯定する法理です。会社法人格を全面的に否認するのではなく，特定の事案に限って会社背後者に対する責任追及を可能にするものです（なお念のために注意しておくと，法人格否認の法理は私法上の法律要件であり犯罪の構成要件ではない——ここで責任というのは民事責任であり背後者を罰する刑事責任ではありません。民事責任と刑事責任の区別は法律学のイロハのイです。くれぐれも注意して下さい）。

　法人格否認の法理はかなり荒っぽい理屈ですが，昭和44年2月27日の最高裁判決（民集23巻2号511頁）がこれを認めて以来，学説においても解釈上の法律要件として認知されています。この最判によると，「法人格が全くの形骸にすぎない場合，またはそれが法律の適用を回避するために濫用されるが如き場合においては，法人格を認めることは，法人格なるものの本来の目的に照らして許すべからざるものというべきであり，法人格を否認すべきことが要請される場合を生じるのである」。つまり，法人格が全く形骸化している場合（形骸事例）および法人格が脱法の手段として濫用されている場合（濫用事例）には，その特定の事案に関してのみ法人格否認の法理により会社背後者の民事責任を追及できるというわけです。

　濫用事例には2つの理解の仕方があります。1つは主観的濫用説。会社法人格を濫用できる立場にある者（支配の要件。会社背後者として会社を意のままに操れるような立場にある者。支配株主など）が濫用の意図でもって会社法人格を使用する場合（目的の要件。不当な目的で会社法人格を利用），これが濫用事例だとする見解です。もう1つは，主観的な目的の要件はいらないという客観的濫用説。会社

法人格の利用方法が客観的に見て，つまり社会通念上容認できない場合に，濫用事例として背後者の責任を肯定する見解です。

形骸事例とは，会社は背後者の単なるわら人形であり，実態として会社＝背後者（濫用事例では両者は区別できることが前提です）である場合です。例えば，会社と背後者の財産の混同，業務の混同，会社に関する法定手続の不遵守（株主総会や取締役会の不開催など）などが日常的であるような場合です。

さて，形骸事例に法人格否認の法理が適用されるとすると，背後者の責任は特定事案に限られず，会社＝背後者という扱いを法律上全面的に認めることと実質的に同じです。また，日本では個人企業が実態はそのままで「会社成り」する例が多いという事情を考え合わせると，形骸事例の肯定は立法によらず解釈で会社制度を実質的に変更する意味を持つことになります。根拠や要件があいまいな法人格否認の法理にこのような意味を持たせるのは非常に危険です。したがって学説においては，形骸事例に消極的で法人格否認の法理は濫用事例に限るべきだとする所説が有力です。この点，客観的濫用説の中には，形骸事例は認められないが，主観的濫用目的を要件にすると法人格否認の法理の適用範囲が狭くなるので，客観的濫用説でいう濫用事例だけを問題にするべきだとの見解もあります。もっとも，客観的濫用事例と形骸事例の境界は明確とはいいがたいでしょう。

A　株主有限責任の実質的否認

会社の法人性との関係で法人格否認の法理を検討してみましょう。まず社員の有限責任との関係。株式会社の債権者は株主に対して会社債務弁済責任を追及できません（株主の間接有限責任）。そこで，会社背後者である支配株主を捕捉するために法人格否認の法理が用いられます。この場面では，実質的に，（当該特定事案に限って）有限責任否認の法理として機能します。注意を要するのは，法人格否認の法理という名称にもかかわらず法人格自体は当該特定の事案に限っても否認されていない点です（特定事案との関係で権利能力なき社団が現れるわけではありません）。問題とされる会社債権は会社に対する債権としてそのまま残っています。これに加えて，会社債権者は背後者である株主の責任を追及できる地位を取得することになります（もちろん二重取りできるわけではなく，一方が

責任を果たせば他方の責任は消滅します。いわゆる〔不真正〕連帯債務の関係です）。これがこの場合の法人格否認の法理の効果です。

上に述べたことは背後者が株主でない場合（例えば，取締役，監査役，執行役，支配人）にもあてはまります。この場合にはなおさら法人格は否認されません。会社の特定債務と（不真正）連帯債務の関係にある債務を背後者に負担させる――このような債務の発生が効果として認められるのです。

B　社員の債務に対する会社の責任

どの種類の会社であっても，社員の債権者に対して会社財産は直接の責任財産とはなりません。しかも，株式会社では退社が認められず，間接的にも責任財産ではありません。けれども，支配社員が債権者の追及を免れようと，自己の資産を会社に移転してしまい実質的に無資力になるような場合には，法人格否認の法理を適用し，社員の債権者に会社に対する責任追及を認めることが考えられます。この場面においても，法人制度の財産分別機能にはかかわっていますが，法人格自体が否認されるわけではありません。社員の当該特定債務は生きています。これに加えて，社員の当該債務と（不真正）連帯債務関係にある債務を会社は負担することになります（社員に対する債権が会社に対するものに転化するのではありません）。法人格否認の法理は債務発生効を有するのです。

上に述べたことは，社員でない者が会社を資産隠しの手段として利用するような場合にもあてはまります。また，実際多く見られるのが，ある会社（第一会社）が新会社（第二会社）を設立して資産を移す事例（第二会社設立事例）です。

C　当事者の確定と法人格否認の法理

会社名義で商品が購入されたが，背後者が自家用に使用しておりかつ会社は無資力であるとか，背後者名義で商品が売却されたが商品の引渡はなく，売却代金は会社の運転資金として使用されているというような事例においては，法人格否認の法理を適用して背後者あるいは会社に責任を追及することも考えられます。けれども，このような事例の場合，当該購入契約の当事者は背後者，売却契約の当事者は会社ではないでしょうか。そうだとすると，売主が背後者に代金支払を請求し，買主が会社に損害賠償を請求するのは契約上当然であり，

法人格否認の法理を持ち出す余地はありません。当事者の真意を探求し，個別の契約の権利義務が誰に帰属するのかを的確に把握することにより（当該特定契約に関して法人格——権利能力を否認するのではありません），これらの問題は解決しますし，またそうあるべきでしょう。

　訴訟上の当事者確定に関して法人格否認の法理が問題とされることもあります。旧会社（第一会社）が商号を変更した（AからB）直後，旧会社の変更前商号（A）を商号とし旧会社と役員構成や本店所在地が同一の新会社（第二会社）が設立されたような場合，事情を知らない旧会社（商号B）債権者が新会社（商号A）を被告とする訴訟を提起してしまった，との事例において，新会社は旧会社と実質的に同一の存在だから，法人格否認の法理（当事者能力の否認）を適用して上記訴訟の当事者は旧会社あるいは新旧両会社だといえるでしょうか（最判昭和48年10月26日民集27巻9号1240頁は，信義則上，新旧両会社が別法人であることを会社側は主張できず，旧会社の債権者は新旧会社のいずれに対しても責任を追及できる旨を判示しています）。民事訴訟法の基本的要請である手続的保障の観点から慎重に判断されなければならない問題です。

D　判決効の拡張と法人格否認の法理

　法人格否認の法理を用いて，既判力や執行力を訴訟当事者以外の者に拡張することができるか，という問題も民事訴訟法において大いに議論されています。手続的保障の観点からすると積極に解するのは困難なように思われます（前掲昭和44年最判，最判昭和53年9月14日判例時報906号88頁参照）。ただし，会社財産と背後者財産が混同されているような場合に，会社財産として差し押さえられた物が実は背後者財産であるとして第三者異議の訴えが提起されても（民事執行法38条），信義則上背後者は第三者にあたらないと解することができ，このような場合に限っていえば，条文解釈により衡平が実現されることになります（最判平成17年7月15日民集59巻6号1742頁は，濫用事例として法人格否認の法理を適用しています）。

第3章

会社の能力

　自然人の法律上の能力としては，完全な法律行為をなすために必要とされる，権利能力，意思能力，行為能力，そして不法行為法上の責任能力が問題とされます。これらは民事法上の基本的能力ですから，法人である会社についても自然人と性質を同じくする限りにおいて同様に考えます。けれども，法律の規定に基づき設立された出資者の組織である会社と自然人とでは自ずと存在の意味が異なります。そこで，会社の法律上の能力として特別な考察を必要とする問題を採り挙げて考えてみましょう。

1　定款の目的による権利能力の制限

　会社の権利能力（権利義務の主体たりうる資格）の性質は自然人と同じですが，その範囲については問題があります。自然人固有の権利は持ちえませんし（性質による制限。例えば身体・生命に関する権利），法人法定主義のもと法律による制限も考えられます。

　以上のほか，会社は一定の営利事業を目的とする存在であり，その目的が会社の根本規則たる定款で定められます（会27条1号・576条1項1号）。そこで，定款の目的により会社の権利能力の範囲は制限されるのかが問題とされます。

A　判例の結論とその検討

　判例はこの問題につき，「会社は定款に定められた目的の範囲内において権利能力を有するわけであるが，目的の範囲内の行為とは，定款に明示された目的自体に限局されるものではなく，その目的を遂行するうえに直接または間接に必要な行為であれば，すべてこれに包含されるものと解するのを相当とする。

そして必要なりや否やは，当該行為が目的遂行上現実に必要であつたかどうかをもつてこれを決すべきではなく，行為の客観的な性質に即し，抽象的に判断されなければならないのである」としています（最判昭和45年6月24日民集24巻6号625頁）。定款に定められた目的は会社の権利能力を限界づけるという立場を前提にするのですね。

　そこで，判例の立場によれば，目的の範囲外の行為は権利義務の帰属点がないので無効だということになります。しかも，この無効は権利能力を欠くことを理由とするので，絶対的な無効であり，会社から追認することも外観法理（民法の表見代理のように，本来は無効な行為を無効原因がないかのような外観を信頼した者を保護するために有効視する法理）により有効な行為と同様に扱うこともできません。しかも，会社定款の目的は商業登記により公示はされますが（会911条3項1号・912条1号・913条1号・914条1号），ある行為が目的の範囲内か否かの判断は必ずしも明白ではありません。これでは会社にとっても不便です。また，会社側の事情で無効になるのに，取引の相手方を救済する余地もありません。目的の範囲を厳格に解するとこのような不都合が大きくなるので，判例はその範囲を著しく広く解する傾向にあり，およそ目的に客観的に反しない限り目的の範囲内だ，との上述の判断に至ったわけです。

　判例のように考えると，定款の目的による権利能力の制限から生じる不都合は，実際上，回避できますが，実質的には定款の目的は権利能力を制限しないというにも等しいといえるでしょう。しかも，例えば，定款の目的の範囲外の取締役の行為は株主の差止請求の対象となりますが（会360条），目的の範囲を判例のように広く解すると差止請求権はその限りにおいて発生しないことになってしまいます。もともと定款の目的にはそれほど意味がないのだというのなら，権利能力の限定事由と捉えること自体疑問でしょう。

B　定款に定められた目的が果たす役割

　定款の目的は当該会社の事業内容ですから，権利能力の問題ではなく，行為能力の範囲を限定づけるものだとの見解も主張されています。後述のように会社の行為能力概念に対する疑問もある上に，行為能力の範囲の制限構成では権利能力制限説と同様の不都合を生じさせます。

権利能力や行為能力ではなく会社代表機関の代表権限の制限になるとの所説もあります。範囲外の行為は無権代表（無権代理）で無効と解するわけです。代表権限の制限と考えると，権利能力は制限されていませんから，表見代理等により一応取引の安全は保護されます。しかしながら，無権代表になるという点ですでに取引の安全は害されています。したがって，代表権限制限説も妥当とはいえないでしょう。

定款の目的は権利能力も行為能力も代表権限も制限しません。ただし，会社の内部関係においては，取締役等の職務遂行上の義務の問題として把握されることになります（会355条・419条2項参照）。このように考える以上，民法34条は会社には適用されないと考えるべきです。そもそも，同条がすべての法人に適用されるとすると，例えば定款の目的は会社の場合には限りなく広く解するけれども公益法人の場合には厳格に解するというように，複数の解釈を使い分けしなければならないことになり合理的ではありません。しかも，会社に限っても上述のような問題が生じるのです。

C　政治資金の提供と権利能力

政党などに対する政治資金の提供は個人にのみ許されるべきであり，会社や団体がなすのは好ましくない，という認識が一般化してきましたが，ここでの問題は会社のなす政治資金の提供が会社法上有する意味です。

政治資金を提供する約束の法的性質は無償の贈与契約です。会社は事業として商行為をなす営利的存在ですから，これは定款目的の遂行に直接必要な行為とはいえません。けれども，赤十字への寄附や芸術活動への援助と同じく贈与契約であり，目的に反するとはいえず，権利能力制限説を採っても定款目的の範囲内と評価されるでしょう（前掲昭和45年最判）。この点さらに，応分の限度を超せば権利能力の範囲外になるとの所説もあります。しかしながら，（内容が政治資金の提供である）贈与契約による義務を負担するか否かが権利能力の問題であり，応分の限度内外は次元を異にします。また，会社が行う様々な行為の中に非営利の性質を有するものがあったとしても，それは個別の行為の性質であり，会社が営利的存在であることに変わりありません。したがって，政治資金の提供が会社の本質に反するとはいえません。

それでもやはり政治資金の提供は別個に考えるべきではないか，と感じる人も多いかもしれません。実はここに問題の難しさが存します。人権問題であり，政治問題であるからです。ただし，前述のように会社の権利能力の問題ではありません。会社が政治資金の提供ができないというのであれば，それは政治資金の提供という贈与契約の効力が採り挙げられているわけです。そしてこの贈与契約が無効だとすると，その理由は公序良俗違反（民90条）に求められるでしょう。しかし，現行の政治資金規正法のもとでは，会社のなす政治資金の提供だから公序良俗に反する，とまでは言い切れないように思われます。結局，会社法の問題としては取締役・執行役の会社に対する責任が残ることになります。すなわち，応分の限度を超す政治資金を提供すると会社が損害を被るので（なお，政治資金規正法の規制額を超えて政治資金を提供することはできませんが〔同法21条の3等〕，個々の会社の応分の限度は当該会社をめぐる諸事情を考慮して判断されます。福井地判平成15年2月12日判例時報1814号151頁参照），当該政治資金提供をなした取締役・執行役は会社に対して損害賠償責任を負います（会423条1項）。

2　会社の行為能力

　会社にも行為能力があるとよくいわれます。ところがこの場合の行為能力は自然人の行為能力とは異なる意味で用いられます。すなわち，法律行為をなすにはそれを欲する意思（法律効果発生に向けられた意欲なので効果意思）を表示しなければならないので（効果意思の表示なので意思表示と呼びます），その意味を理解できる程度の精神的能力が必要とされます（一般的な契約であれば小学校入学くらいの年齢からこの能力を備え始めるといわれています）。意思能力です。したがって，意思能力を欠く者のなした法律行為は無効です（民3条の2）が，意思能力の有無は紛争を招きやすいので，定型的な扱いができる制度が設けられています。制限行為能力者制度です。意思能力を欠いた状態で契約を締結する可能性が高い者を定型的に制限行為能力者とし（未成年者・成年被後見人・被保佐人・被補助人），制限行為能力者のなした法律行為は取り消すことができるようにしたものです（民法第1編第2章第3節）。そして，制限行為能力者以外の者を行為能力者と呼びます。自然人の行為能力概念はこのようなものです。一方，意思能力を欠く

会社を観念することはできません（あるいは意思能力自体自然人に固有の概念であり会社にはあてはまらないといってもよいでしょう）。制限行為能力者たる会社は存在しないのです。したがって，会社の行為能力概念は自然人と同じ意味ではありえません。

　自然人の行為能力とは異なる会社の行為能力は次のような概念です。すなわち，ある行為が会社の行為であると評価されるとき，それは行為能力の範囲内の行為であり，会社の行為でないと評価されるときには行為能力の範囲外の行為と把握されます。法人実在説（法人は構成員を超えた社会的実在だとする考え方）は法人には法人自身の行為が観念できるとするので，その影響を受けているのです。この点を徹底すれば，行為能力外の行為は完全無効だとされます。他方で，法人擬制説（法人は法技術による制度であり擬制された主体であるとする考え方）では法人自身の行為を観念しません。擬制説的発想から見れば，会社の行為能力は会社機関の権限の問題——誰のどのような行為の効果が会社に帰属するのかという問題です（このように考えれば外観法理の適用が排除されることはありません）。

3　会社の不法行為能力

　故意または過失により他人の権利あるいは法律上保護される利益を侵害して損害を被らせた者は賠償責任を負います（民709条）。この不法行為責任発生のためには，少なくとも過失が必要とされるので，行為の責任を弁識できるだけの精神的能力（責任能力）を欠く者に責任は発生しません（民712条・713条本文）。前述と同様に，会社にこのような精神的能力が認められるか否かの議論は無意味です。

　しかし，会社機関による職務執行につき不法行為が行われてしまう可能性はあります。その責任は誰が負うのかというと，会社法は会社に責任を認めています（350条・600条）。これを称して会社の不法行為能力と呼びます。法人実在説的発想です（会社機関が行った不法行為を会社自身の不法行為と把握する）。擬制説的には，会社が不法行為を行えると考えること自体間違っており，機関の不法行為の責任を会社が負担することを指すだけの意味しかありません。これは，報償責任主義（使用する他人の行為により活動し利益を享受する者は，その行為により第

三者が被った損害につき賠償の責に任じるべきだとする考え方）によるものです。

第2部
株式会社

第4章

資本の制度

1　資本制度の意義

　株式会社は株主の出資した財産を元手として営利活動——財産増殖のための活動を行います。事業活動の結果としての剰余金に関しては，原則として出資者である株主がその処分を決定し（会450条2項・451条2項・452条・454条1項），その配当を受けます。しかし，原則として出資財産にあたる部分から株主は分配を受けることはできません（会446条・461条。出資返還禁止原則）。既述（第1章6）のように，株主有限責任に対応して，会社の負債総額に相当する会社資産は株主に分配してはならず（会社資産が会社債権者にとって唯一の責任財産だからですね），さらに，総株主の出資財産相当額も厳格な分配規制を受けるわけです（この点につき，第25章5C参照）。

　そして，この株主出資の確定評価額を資本金と呼びます。会社法445条1項は，「株式会社の資本金の額は，この法律に別段の定めがある場合を除き，設立又は株式の発行に際して株主となる者が当該株式会社に対して払込み又は給付をした財産の額とする」と資本金を定義しています。つまり，資本金は原則として株主の出資の総額であり，計算上出される確定的な数値です。この数値に見合う資産を制度的に保全させようとするのが資本の制度であり（後述〔第25章5〕のように資本金を補完する役割を果たす準備金も資本制度の対象となります），負債弁済のための資産を確保する役割を担います。

2 資本原則

A 資本充実・維持の原則

　資本充実の原則とは，資本維持原則の前提であり，出資額に相当する財産が実際に会社に提供されなければならないとするものです。現物出資の調査（会33条・46条・93条・207条・284条）や全額払込（会34条・63条1項・208条・281条）の制度などとして現れています。ところが，前述のように，資本金として計上されるのは出資額（出資された額）なので，資本金・資本準備金（会445条2項3項）計上額との関係に限定すれば，資本充実原則はありえないともいえそうです。このような観点からは，現物出資の調査制度は出資者間の不平等是正を目的とし，全額払込制度は立法政策そのものであると，割り切って説明することになるでしょう。もっとも，現物出資規制の趣旨には会社債権者保護も含まれますし（第6章2B①参照），全額出資制度も会社成立時における会社の財産的基礎の充実を図る趣旨から採用されたものです。そして，資本制度は有限責任株主と会社債権者との利害を調整する仕組ですから，現物出資の調査や全額払込の制度には会社債権者保護の趣旨は全くないと極言するのであればともかく，これらの制度も資本制度との関係（資本充実）で説明することに一定の合理性があるといえるでしょう。出資の履行が仮装された場合の払込・給付義務，払込担保責任（第7章2C，第26章2E参照）も同様に説明されるでしょう。

　資本維持の原則とは，資本金・準備金の額に相当する財産が会社に維持されていなければならないとするものです。前述の株主に対する配当規制（会446条・461条）や自己株式の有償取得に関する財源規制（会461条）の制度などとして現れています。

　資本充実・維持の原則は資本金・準備金額に相当する資産の保有を会社に求める原則ですが，資本金・準備金額に相当する資産を特定してその使用を禁止しようとするものではありません。資本金・準備金は，会社資産の株主への分配規制を中心とする会社資産保全（出資返還禁止——会社債権者に対する弁済よりも前に株主は払戻を受けられるとすると株主有限責任の基礎が崩れることになります）の基準となる数値に過ぎないのです。

なお，資本充実・維持違反を原因とする取締役等の責任は，無過失責任あるいは過失の証明責任が転換された過失責任とされています。任務懈怠責任（過失責任）と異なり，資本制度を充実・維持するための制度的責任だからです。

B　資本不変の原則

　不変といっても増資（新株発行〔会199条〕，準備金の資本金組入〔会448条1項2号，計規25条1項1号〕，剰余金の資本金組入〔会450条，計規25条1項2号〕など）は会社債権者に対する責任財産の保全が強化されるので，会社債権者の保護手続は必要ありません。これに対して，資本金減少を容易に許すと資本維持の原則が実質的に骨抜きにされてしまいます。一方，資本金に比べて現実の資産が相当少なくなっており株主へ配当ができない状態が続いているような場合に，資本金の額を現実の資産の額に合わせて減額できれば，株主に対する配当の復活を視野に置いて会社経営を行えるでしょう。このような資本金減少は会社に活力を取り戻す方法として認めてもよさそうです。そこで会社法は，原則として，株主総会の特別決議に加えて（447条・309条2項9号），債権者異議手続（449条）を履行することにより資本金の減少を許しています。そして，資本金を補完する準備金の減少もほぼ同様の手続で行えます（原則として，株主総会通常決議と債権者異議手続〔会448条・449条〕）。したがって，厳格な規制はありますが資本金・準備金を減少できないわけではありません（第25章5C参照）。以上から，資本不変の原則は資本減少制限の原則と呼ばれることもあります。

3　純資産額による剰余金の配当規制

　資本金の最低額は法定されていませんが（経済界の自由競争の中で，さらには課税関係によって，各企業の資本金額も形成されることになるでしょう），純資産額（貸借対照表上，資産総額から負債総額を減じた額）が300万円以上の場合でないと剰余金は配当できません（会458条）。つまり，会社資産の株主への分配規制の観点からは，この場面において，実質的に最低資本金の役割を果たす規制です（第25章6B参照）。

4　資本制度と会計監査，会計の開示

　資本金・準備金自体は基準となる数値に過ぎませんから，資本制度を実質的に機能させるには，内部統制システムを整備し，会計監査や会計の開示を充実することが欠かせません。それぞれ後に詳しく述べますが，内部監査としての監査役監査，取締役会・監査等委員会・監査委員会による監督・監査，外部監査としての会計監査人監査，そしてこれらの前提となる内部統制システムを充実させる必要があります。さらに，基本的企業情報を開示しないで取引に参加するのは不公正だということを認識しなければなりません（情報を開示しない者がそれにより損害を被った者に対して自己責任を主張する，これは一種の詐欺です）。簿外債務などとんでもないことが行われるのは，内部統制システム，監査や開示が不十分だからで，これでは資本制度の健全な運営は望めません。

PBR（Price Book-value Ratio。株価純資産倍率），PER（Price Earnings Ratio。株価収益率），ROE（Return On Equity。自己資本利益率）

　PBRは，株価に発行済株式総数を乗じた額（時価総額）を純資産額で除した数，つまり，株価が1株当たり純資産額の何倍かを示す比率です。PBRが1倍未満であれば，純資産額に比して株価が低く評価されている状態を意味します。PERは，株価を1株当たり純利益で除した比率です。ROEは，当期純利益を自己資本で除した数に100を乗じた比率（％）です。つまり，自己資本に比してどれだけ効率的に利益を上げているかを示す指標です。上記から，PBR＝PER×ROEという関係になります。2023年から東京証券取引所は，「資本コストや株価を意識した経営の実現に向けた対応」の開示を推奨しており，上場各社はその取組の説明を求められているといえます。

第5章

会社設立の法的性質

1 設立の準則主義

　企業形態として株式会社形態を選択するのは自由ですが，株式会社という企業の基本的組織は法的に定型化されています。したがって，その設立は会社法第2編第1章の規定に基づき行わなければなりません（通常の設立）。そして，会社法の定める手続が遵守されているか否かが形式的に審査される（設立登記〔会49条〕時に，登記申請書とその添付書類を登記官が形式的に審査します）だけで設立が認められます。設立に関するこのような立法政策を準則主義と呼びます。法定の手続は満たさなければなりませんが，誰かの――特に公権力の許可が必要とされるわけではないので（国家による個別の特許〔特別立法〕を必要とする特許主義や個別の行政処分〔主務大臣の許可〕を必要とする許可主義とは異なります），準則主義は自由主義経済政策の企業設立の場面における表現です。

　なお，通常の設立のほかに，新設合併，新設分割や株式移転によっても株式会社を設立することができます。これら（新設型）組織再編は，既存の会社社団を基礎として（株式）会社を設立する手続です。組織再編は，それぞれ固有の手続（会社法第5編第5章第3節）に服し，通常の設立手続は原則として適用されません（会814条）。

2 発起設立と募集設立

　株式会社の設立はまず発起人の定款作成から始まります（会26条）。定款は会社の骨組や基本方針を定める会社の根本規則です。会社の実体は株主組織ですから，このような定款を作成するのは株主――会社設立時株主（会65条1項

参照。会社成立時〔会49条〕に株主となる者であり，原始株主と呼ばれることもあります）であるのが原則でしょう（持分会社は社員になろうとする者〔設立時社員。つまり原始社員〕が全員で定款を作成します〔会575条〕）。けれども，後述の募集設立の方法が認められる株式会社の設立においては，設立時株主が全員で設立手続を進める方法ではなく，設立の企画・実行者の地位を設けてこれを発起人として会社設立行為を行わせる方法が採用されています。

後述するように，定款は会社設立行為という法律行為の要素である意思表示の内容を示します。つまり，発起人は設立行為者として会社成立という法律効果の達成に向けた意思表示をなす者です。そして，定款は一定の事項を記載した書面，あるいは記録した電磁的記録として作成されることを要求されていますから，定款に発起人として署名（記名押印）あるいは電子署名した者が発起人だと解されます（会26条）。

発起人は定款を作成して，必ず1株以上の株式を引き受けます（会25条2項）。会社設立に際して発行される株式（設立時発行株式）のすべてを発起人が引き受けてなされる設立手続を発起設立と呼びます（設立時株主全員で設立手続を行う場合）。発起人以外に株式を引き受ける者を募集する場合（会57条）が募集設立です（設立時株主の一部によって設立手続が行われる場合）。株式会社はこの2種類のどちらかの方法で設立されることになります（会25条1項）。

3　会社設立の法的性質

発起設立でも募集設立でも，定款作成，公証人による原始定款（会社法26条1項の定款〔会30条1項〕。会28条柱書参照）の認証（会30条1項。会社法は将来の紛争予防や不健全な会社設立を防止する趣旨で公証人の認証を株式会社の定款の効力発生要件としています。公証人の認証を受けた定款を会社成立前に変更することは原則としてできません〔会30条2項〕），株式引受，発起人が定めた払込取扱機関への株式引受人による株式払込金額全額の払込（会34条・63条1項。全額払込主義，資本充実）（以上につき，第7章1参照），設立時取締役など設立時役員等（設立時取締役・設立時監査等委員・設立時会計参与・設立時監査役・設立時会計監査人）の選任（会38～40条・88条・25条1項2号），設立時代表取締役・設立時委員（指名委員会・監査委員会・報酬

委員会の各委員）・設立時執行役・設立時代表執行役の選定・選任（会47条1項・48条・25条1項），設立時取締役・設立時監査役による設立手続の調査（会46条・93条〔なお，会94条参照〕），募集設立の場合には設立時役員等を選任し上記設立手続の調査の結果報告を受ける創立総会の開催（会65条）という一連の手続が踏まれ，最後に本店所在地において設立登記がなされることにより会社が成立します（会49条）。なお，持分会社の場合は，設立時社員が定款を作成し（会575条），設立登記をすることにより会社が成立します（会579条）――既述（第1章5C）のように，有限責任社員のみからなる合同会社の場合には設立登記前に出資全部の履行が必要です（会578条）。定款作成により，設立時社員および会社機関が確定するからです。

　会社は成立と同時に法人となるので（会3条），成立後の会社取引から生じる権利義務は会社に帰属します。一方，会社設立手続進行中，発起人は会社設立のために種々の行為を行いますが，会社はまだ成立していないので会社の行為ではありえません（それらの行為の効果は基本的に発起人に帰属します）。しかしながら，株式引受人が払い込んだ株式払込金などは，会社成立後は（発起人からの譲渡などなくても会社が成立したというだけで）当然会社に帰属していなければなりません。発起人・創立総会によって選任された設立時役員等も，会社成立と同時に，当然に成立後の会社の役員・会計監査人になります。そうすると，なぜ成立前の行為の効果が成立後の会社に帰属するのか。この法律関係を説明するのが会社設立の法的性質の問題です。

A　同一性説

　従来多くの学説は次のように考えてきました。設立手続中に成立後の会社と実質的に同一の実体（これを設立中の会社と呼びます）が形成される。発起人はこの設立中の会社の機関として種々の行為を行う。したがって，発起人の行為の効果は設立中の会社に帰属する。しかし，法人格の取得は会社成立時であり，設立中の会社に法人格は認められない。そこで設立中の会社へは実質的に権利義務が帰属する（設立中の会社の「実質的」権利能力の範囲が問題とされます）が，形式的には発起人の権利義務である。それが会社成立により形式的にも実質的にも会社の権利義務となる。このような考え方を同一性説と呼びます。

単純に考えれば同一性説は理解しやすい説明です（進化論的考察を満足させることにはなるでしょう）。けれども，設立中の会社という実体があり（これは成立後の会社と同一の実体であり，法人格は有しないので権利能力なき社団といってよいでしょう），成立後の会社と同一性を有するといいます。本当にそうでしょうか。仮に会社設立行為中に社団が形成されたとしても，その社団の目的は会社の設立でしょう。ところが，成立した会社の目的は定款に示された具体的な営利事業です。同じく社団だとしても，目的の異なるものは同一性があるとはいえません。会社として成立して事業を行うことが目的だとする所説もありますが，設立中の会社は会社としての事業行為をなすことはできません。営利事業をなす存在と会社設立に向けて活動するだけの存在とでは法的には同一の存在と判断することはできないのです（なお，発起人が定款で定めるのは成立後の会社の組織であり，設立中の会社たる社団組織を定めるものでないことは明らかでしょう）。

　しかも，形式的には発起人に属する権利義務も実質的には設立中の会社に帰属するから，会社成立（法人格取得）後は当該権利義務は形式的にも会社に帰属すると同一性説は解しています。しかしながら，権利義務の帰属は権利義務を取得しうる資格である権利能力を前提としますが，これは形式的な問題です。資格に実質的なものと形式的なものがあるわけではなく，法的資格としての権利能力は形式的にあるかないかです。成立後の会社と同一性を有する設立中の会社という間違った概念を前提にするから，権利能力がないのに，実質的には権利義務が帰属するというような法的には説明のつかない概念を持ち出すことになるのです。実質的には設立中の会社に権利義務が帰属しているという説明は，法的説明ではなく，感覚的な比喩に過ぎないのです。したがって，なぜ発起人に帰属する権利義務が成立後の会社に当然帰属することになるのか，という疑問に同一性説は法的な説明をなしていないわけです。このような同一性説の失敗の根本的な原因の1つは，条文に基づいていない点にあります。つまり，「設立中の会社」概念は条文から遊離しているのです。

　同一性説の中には，設立中の会社とか実質的な権利義務の帰属という概念は説明のための技術的な概念だから，それ自体独立に採り挙げて検討すべきではないといった論調も見受けられます。既述のように，同一性説は法的説明に成功しておらず，このような論調は自らの論理的な正しさの検討を無意識にしろ

放棄するものでしかありません。

B 会社設立行為の法的性質

　会社成立は1つの法律効果です。会社という出資者の組織はただ単に多くの人が集まっている事実状態をいうのではなく，会社法に定型化された組織であり，資産を有し，事業活動のための機関を備えている，このような法律関係が発生するからです。法律効果が生じる社会生活関係を法律要件といいます（例えば，契約・債務不履行・不法行為・不当利得・債権の消滅時効・法人格否認の法理）。株式会社の設立は準則主義ですから，会社法に定められた一連の手続の履行を要しますが，その全体を会社設立行為と呼び，設立行為は会社成立という法律効果を生じさせる法律要件だということになります。当事者が一定の法律効果の発生を意欲してその意思を表示すると，意欲された法律効果がそのまま認められる場合，当該意欲の表示を意思表示と呼び，意思表示を含む法律要件を特に法律行為と呼びます（人の自由な意思が法律効果発生の根拠となる〔意思自治・私的自治の原則〕ので法律要件を代表するような名称なのですね）。会社成立という法律効果は，会社設立行為者である発起人の意欲の重要部分が定款で表示され達成されるものですから，会社設立行為は法律行為です。

　民法で議論される法律行為の典型的なモデルは1対1の当事者間の契約ですから，会社設立行為のようにたくさんの人が関与し，いろいろ複雑な手続を踏む社団法的法律行為については研究が十分に行われているとはいいがたい面があります。けれども，前述のように会社設立行為が法律行為であることは確かです。したがって，その効果の解釈には設立行為者の意思が反映される必要があります。設立手続中に行われた一連の行為の効果が成立後の会社に帰属するのは，まさしく設立行為者の意思——設立の意思表示の内容がそうだからにほかなりません（発起人が権利義務を取得するのは会社法人がまだ成立していないからで，会社成立と同時に設立に必要な行為の効果を成立後の会社に帰属させるのが設立行為者の意思です）。

　所有と経営が制度的に一致する閉鎖会社である持分会社の場合には，その設立行為者は設立時社員であり，したがって設立時社員となる行為（入社行為）は設立の意思表示の内容とされ，定款に定めるべき事項になっています（会

576条1項4号6号)。これに対して，株式会社の設立行為者は発起人であり，入社行為（株式引受）は設立の意思表示の内容とされていません（会27条参照）。もちろん，株式引受は会社設立行為を構成する法律事実（法律要件を組成する要素）の1つですが，株式引受行為自体には設立の意思は含まれていないのです（会社成立により株式となる地位〔権利株〕の取得行為に過ぎません）。同一性説はこの点をどのように評価するのでしょうか（株式引受により設立中の会社が形成されるとすると，株式引受には入社意思とともに会社設立意思をも含むと解されることになりそうです）。

第6章

定款の記載（記録）事項

　既述のように，定款は会社の骨組や基本方針を定める根本規則です。株式会社組織の基本的構造は会社法に定められていますから，定款はその企業組織を採用するという意思の表明と，任意に採用できる組織や事業の基本方針を定めるという意味を有しています。そして，定款の規定は会社構成員である株主や取締役・監査役など機関構成員を拘束します（団体内部の者のみを拘束する根拠は自治法という概念で説明されることがあります）。

　定款の記載（記録）内容には，必ず記載（記録）されなければならない事項＝絶対的記載（記録）事項（記載〔記録〕がないと定款の効力が認められない事項），定款の効力には関係しないがその事項自身の効力を発生させるには定款への記載（記録）が必要な事項＝相対的記載（記録）事項，および，定款への記載（記録）は定款の効力にもその事項の効力発生にも関係しないが定款に記載（記録）することで会社の自治規範として扱われることになるもの＝任意的記載（記録）事項があります（会29条）。前2者は基本的に法律にその旨の規定がありますが，最後の事項は定款への記載（記録）は会社の全くの任意の事項です（例えば，株主総会議長資格，会社の事業年度，取締役の員数）。いずれにしても，会社成立後に当該事項を定め，その内容を変更し，あるいは当該定めを削除するには定款変更の手続（株主総会特別決議〔会466条・309条2項11号〕）を要します。

1　絶対的記載（記録）事項

　会社法27条に列挙された事項および発行可能株式総数（会37条1項・98条）です。

A　目的（会27条1号）

　会社の事業の種類を特定します。したがって，定款の目的は，出資の目安となり，また，取締役・執行役の違法行為に対する株主や監査役等の差止請求権（会360条・385条・399条の6・407条・422条）など一定の基準にもなります。

　目的たる事業の種類は，適法かつ明確であれば問題ありませんが（例えば，「あいうえお業」では不明確です），「ピザの宅配業務」や「紳士服の製造・販売」など具体的な事業を定めるのが通例です。

B　商号（会27条2号）

　商号は会社の名称です（会6条1項）。定款に商号を記載（記録）するため，会社は必ず商号を選定しなければなりません。どのような商号でも自由ですが（商号自由主義），不正目的で他の会社と誤認されるおそれのある名称・商号を使用することは禁じられています（会8条）。また，株式会社は株式会社という文字を商号中に用いる必要があり（会6条2項。もっとも，特例有限会社につき補章1B参照），株式会社以外の者はその商号や名称中に株式会社という文字を用いることはできません（会6条3項・7条）。事業の種類によっては特別法の規制があります（銀行法6条，保険業法7条など）。

　なお，「自己の商号を使用して事業又は営業を行うことを他人に許諾した会社は，当該会社が当該事業を行うものと誤認して当該他人と取引をした者に対し，当該他人と連帯して，当該取引によって生じた債務を弁済する責任を負う」（会9条）。名板貸人の責任です。

C　本店の所在地（会27条3号）

　会社の住所は本店の所在地です（会4条）。会社の組織に関する訴えや株式会社における責任追及等の訴えの専属管轄地となり（会835条1項・848条），また，株主総会議事録（会318条2項）や計算書類等（会442条1項）など本店備置が義務づけられている書類（電磁的記録）があるなど重要な意味を有します。

　なお，複数の営業所が存在する場合には，主たる営業所（当該会社の全事業の統括地）が本店で，従たる営業所が支店です。定款上の本店と実質的本店が分離している場合にも，上記のような法的意義を有するのは定款上の本店です。

D 設立に際して出資される財産の価額またはその最低額（会27条4号）

設立時における会社の資産規模を明示させる趣旨ですが，その最低額の規制はありません。

発起人はその全員の同意を得て，会社設立に際して発行される株式（設立時発行株式）について発起人が割当を受ける数・払込金額および募集設立の場合の発起人以外の株式申込人に割り当てる株式数・払込金額・払込日（払込期間），さらに成立後の会社の資本金・資本準備金額に関する事項を定めることを要します（会32条1項・58条1項2項）。

定款には出資財産の最低額を定めれば足るとされているのは，設立時発行株式全部が引き受けられたとしても，払込がない場合もありうるからです。

E 発起人の氏名（名称）および住所（会27条5号）

発起人は設立行為者であり，またそれゆえに後述のように重い責任を負担します。発起人を特定するために定款への氏名（名称）および住所の記載（記録）が要求されるのです。

F 発行可能株式総数（会37条1項・98条）

株式会社が発行できる株式の総数（発行可能株式総数＝授権資本）は絶対的定款記載（記録）事項ですが，公証人の認証対象となる原始定款（第5章3参照）に定められている必要はなく，会社成立時（設立登記時〔会49条〕）までに発起人全員の同意（発起設立の場合）あるいは創立総会決議（募集設立の場合）により記載（記録）されれば足ります（会37条1項・98条。成立時定款の記載〔記録〕事項）。

発行可能株式総数（授権資本）は設立時発行株式総数の4倍以内であることを要します（会37条3項本文。設立時株主の持株比率の低下は4分の1までに画されます）。ただし，公開会社でない場合にはこの4倍規制はありません（会37条3項但書）。発行可能株式総数から発行済株式総数を減じた数の株式の発行権限については，株式の発行は会社社団組織の拡大行為ですから，社団構成員である株主——したがって株主総会に帰属します（会199条2項。特別決議を要します〔会309条2項5号〕）。一方，新株発行には資金調達の面があり，機動性への配慮も必要です。定款に定められた発行可能株式総数を授権資本と呼び，会社設立に

際してその全部の発行までは要求していないのは，資金調達の機動性を考えてのことです。そこで会社法は，公開会社の場合には，上述の4倍規制を前提に発行可能株式総数のうち未発行残枠の新株発行権限を原則として（株主総会よりも機動的に決議をなしうる）取締役会に与えています（会201条1項。公開会社は取締役会設置会社です〔会327条1項1号〕）。株式発行に関するこのような制度が授権資本制度です。

発行可能株式総数は，定款を変更して増加あるいは減少することができます（定款の変更は株主総会の権限です〔会466条・309条2項11号〕。なお，定款の発行可能株式総数の定めを廃止することはできません〔会113条1項〕）。ただし，減少できるのは発行済株式総数までで（会113条2項），増加できるのは発行済株式総数の4倍までです（会113条3項。なお，会180条3項参照）。なお，会社設立時と同様に，公開会社でない株式会社には増加枠規制はありません（会113条3項1号2号参照）。

以上につき，第26章2B〜D参照。また，発行可能株式総数につき，第10章1B・2B，第13章3F参照。

2 相対的記載（記録）事項

会社法にはいろいろな相対的記載（記録）事項が規定されています（例えば，種類株式の発行〔会108条2項〕，株主名簿管理人の設置〔会123条〕）。ここでは会社が公告をなす方法および株式会社の設立にあたり相対的記載（記録）事項とされているもの（変態設立事項）につき考えてみましょう。

A 会社が公告をなす方法

株式会社には利害関係人が多いことが予定されるので，重要事項についての情報開示の方法として公告を要求される場合があります（例えば，基準日〔会124条3項本文〕）。公告方法として，官報に掲載する方法，時事に関する事項を掲載する日刊新聞紙に掲載する方法，あるいは電子公告のいずれかを定款で定めることができますが（会939条1項。登記事項です〔会911条3項27号〕），これら3方法が定款で定められていない場合には，官報掲載が公告方法となります（会

939条4項。登記事項です〔会911条3項29号〕）。

　電子公告は，電磁的方法で不特定多数の者が情報提供を受けることができる状態に置く措置（自社のオフィシャルサイトなどインターネット上での開示）による公告であり，その情報提供を受けるための必要事項（当該ウェブサイトのURL）が登記事項とされています（会911条3項28号イ，会規220条1項2号）。そして電子公告は，公告の区分に応じて，公告ウェブサイトに一定期間掲載して行う必要があります（会940条1項）。さらに，公告を電子公告の方法で行う会社は，後述（第25章4C）の貸借対照表公告（会440条1項。決算公告）を除き，公告期間中，当該公告内容である情報が当該ウェブサイトに掲載されているかどうかにつき，法務大臣の登録を受けた電子公告調査機関（会942〜959条参照）に対して調査を依頼しなければなりません（会941条）。

　なお，貸借対照表公告（決算公告）については，官報あるいは時事に関する事項を掲載する日刊新聞紙に掲載する方法をもって公告をなす会社にあっても，電子公告に準じる措置を執ることができます（会440条3項，会規116条6号，計規147条・148条）。この措置による情報提供を受けるための必要事項（掲載ウェブサイトのURL）が登記事項とされています（会911条3項26号，会規220条1項1号）。

B　変態設立事項

　会社法28条に記載されている事項は会社設立に必ず要する行為ではなく，しかも，これらの行為の効果を成立後の会社に帰属させると設立当初からその会社は重大な負担を背負い込む危険があります（同条記載事項が危険な約束と名づけられる所以です。また，危険な約束を含む設立を変態設立と称することがあるので危険な約束は変態設立事項とも呼ばれます）。一方で，これらの行為には評価すべき点も認められます。そこで会社法は，専門的知識を有する第三者の調査——裁判所の選任した検査役の調査を条件に（会33条），危険な約束も原始定款（公証人の認証の対象となる定款〔会30条1項・26条1項〕）に定められれば設立の意思表示の内容となることを認めています（その効果の成立後の会社への帰属の承認〔会28条〕）。

　発起人は，公証人の認証を受けた定款につき，変態設立事項を追加的に定めることはできません（会30条2項）。検査役が裁判所に対してなした報告（会33

条4項5項）に基づいて，裁判所は，当該変態設立事項を不当と認めたときは
それを変更する決定を行います（会33条7項・870条1項3号）。当該決定の確定
後1週間以内であれば（なお，即時抗告につき会社法872条4号括弧書参照），発起人
はその設立時発行株式の引受に係る意思表示を取り消すことができ（会33条8
項），また，発起人全員の同意によって当該変態設立事項についての定めを廃
止する定款変更をなしえます（会33条9項）。

① 現物出資（会28条1号）

株式会社社団の構成員つまり株主になるには出資をなす必要があります。金
銭出資が原則ですが，金銭以外の財産を出資の目的としてもよく（例えば，不動
産，商品〔動産〕，債権，特許権などの無体財産権，さらにこれらが有機的に結合した事業・
営業），この場合を現物出資と呼びます。現物出資が認められると，成立時に
すでに会社は金銭以外の一定の財産を保有していることになり，速やかに事業
を開始できます。その会社の事業にはある特定の財産が必要だというときには，
現物出資により取得する方法が便利です。また，既存の企業を株式会社化した
り，企業の一部を他の株式会社として分割したりする手段としても利用できま
す（第27章6参照）。

このように現物出資は有益な制度ですが，一方でその目的物が過大評価され
るおそれがあります。出資者は出資額に応じて，会社成立により株式になる地
位（権利株）を取得します。したがって，現物出資の場合にはその目的財産を
金額で表す必要があり，ここで過大評価の可能性が出てくるわけです。そうす
ると，過大評価額が貸借対照表に計上されるなど（開示につき，第25章4C参照），
会社債権者が害されるおそれがあります。また，出資財産の過大評価は募集株
式の有利発行（第26章2G参照）と同様の利益状況を生じるので，他の株主の
損失において現物出資者が利得することにもなります。そこで，定款に定めて
設立の意思表示の内容とすることはできますが（現物出資者の氏名〔名称〕，当該財
産およびその価額，現物出資者に割り当てる設立時発行株式数〔株式の種類ごとの数〕を定
めます。これによって現物出資の内容が特定されます），現物出資は（設立に関して重い
責任を負担する）発起人に限り認められ（会34条1項と会58条1項・63条1項3号対
照），検査役の調査が必要とされているのです。

ただし，現物出資の目的財産が，比較的少額な場合（現物出資および財産引受の

総額が500万円を超えない場合），市場価格ある有価証券であり当該市場価格を超えない場合，専門家（弁護士，弁護士法人，弁護士・外国法事務弁護士共同法人，公認会計士，監査法人，税理士，または税理士法人）が価額相当性につき証明する場合（現物出資財産が不動産であるときには不動産鑑定士の鑑定評価も必要）には，検査役の調査は不要です（会33条10項）。もっとも，調査不要のときにも発起人および設立時取締役には目的物価額不足額塡補責任が課せられます（会52条1項2号・103条1項）。なお，証明等をなした弁護士等専門家（会33条10項3号）も同様の責任を負います（会52条3項）。第7章2B参照。

② 財産引受（会28条2号）

「株式会社の成立後に」，特定の財産を，成立した会社が「譲り受けることを」発起人と譲渡人が約する場合のその契約を財産引受と呼びます。財産引受は，将来の成立後の会社が必要とする財産を設立手続中に確保できる利点がある一方，目的物が過大評価されるおそれがあるので，現物出資と同様の手続を経ることを条件に特別に認められています。

現物出資と違って出資ではありません（したがって，財産の譲渡人が株主になるわけではありません）。つまり財産引受と現物出資は全く法的性質を異にしますが，会社設立自体に必要とされる行為ではなく，会社設立に際して現物出資規制を実質的に回避する手段として用いられる危険が大きい点から見れば同様の法規制を行う必要があります。そこで，財産引受は定款の相対的記載（記録）事項とされ（財産引受の目的財産およびその価額，目的財産の譲渡人の氏名〔名称〕を定めます），検査役の調査対象とされています（調査不要に関しても現物出資と同様）。ただし財産引受は，特定の財産を成立後の会社に譲渡する契約なので，その譲渡人は発起人に限定されてはいません。

このような手続を欠く財産引受の効果について，最判昭和61年9月11日金融・商事判例758号3頁は，「本件営業譲渡契約は，商法一六八条一項六号の定める財産引受に当たるものというべきである。そうすると，本件営業譲渡契約は，上告会社の原始定款に同号所定の事項が記載されているのでなければ，無効であり，しかも，同条項が無効と定めるのは，広く株主・債権者等の会社の利害関係人の保護を目的とするものであるから，本件営業譲渡契約は何人との関係においても常に無効であって，設立後の上告会社が追認したとしても，

あるいは上告会社が譲渡代金債務の一部を履行し，譲り受けた目的物について使用若しくは消費，収益，処分又は権利の行使などしたとしても，これによって有効となりうるものではないと解すべきである」との判断を示しています。

　けれども，手続を欠く危険な約束は無効ですが，会社と株主関係を創出する現物出資や後述の発起人への報酬・特別利益と異なり，財産引受は成立後の会社と譲渡人との一般の取引関係に引き直すことが可能です。設立手続中になされようと会社成立後になされようと特定の財産を譲り受ける契約の性質（例えば，売買契約）自体は変わらないからです。財産引受としては無効でも成立後の会社は同一の効果をもたらす契約を締結できるわけです（会社業務執行として行うので，取締役会決議〔会362条2項4項〕や事後設立の手続〔会467条1項5号・309条2項11号。財産引受の脱法を防ぐ趣旨の手続である事後設立は成立後の会社が業務執行として行う契約であって，会社設立行為を構成するものではありません。第27章6B参照〕を要する場合があります）。そうだとすると，財産引受は会社成立を条件として直接会社に権利義務を帰属させようとする契約ですから，成立後の会社の追認を認めてもよいと考えます。この場合の追認はいわゆる無効行為の追認（民119条但書）ですが，財産引受の手続は会社の利益保護のためのものなので，成立後の会社の追認のみで財産引受を行為時に遡って有効にできると解されます（財産引受手続の脱法が危惧されるかもしれませんが，取締役・執行役の責任で担保されます）。このように考えても譲渡人に不利益は生じません。当初の契約が効力を認められることになるからです（なお，同一性説の立場で追認肯定説を採る場合の根拠は無権代理行為の追認〔民116条。ただし，本人にあたる法人格者は未だ存在しないので正確には民法116条の類推適用です〕になるでしょう。発起人は設立中の会社の機関〔代理人〕として財産引受を行うけれども，手続欠缺のためそれは無権代理行為になると構成されるからです）。

　最後に，最判昭和33年10月24日民集12巻14号3228頁は，発起人（上告人）が会社設立手続中に成立後の会社の代表取締役名でなした契約に関して，「本件契約は，会社の設立に関する行為といえないから，その効果は，設立後の会社に当然帰属すべきいわれはなく，結局，右契約は上告人が無権代理人としてなした行為に類似するものというべきである。尤も，民法一一七条は，元来は実在する他人の代理人として契約した場合の規定であつて，本件の如く未

だ存在しない会社の代表者として契約した上告人は，本来の無権代理人には当らないけれども，同条はもつぱら，代理人であると信じてこれと契約した相手方を保護する趣旨に出たものであるから，これと類似の関係にある本件契約についても，同条の類推適用により，前記会社の代表者として契約した上告人がその責に任ずべきものと解するを相当とする。」と判示しています。正当でしょう（発起人としての責任ではなく無権代理人としての責任です）。なお，上述のように，手続を欠く財産引受も成立後の会社の追認の対象になると考える以上，会社成立前に成立後の会社のために行われた無権代理（類似）行為も追認の対象と認めてよいでしょう（この場合には，民法116条が類推されます）。一方，会社成立前の行為ですから，成立後の会社に表見代理の本人責任が生じる余地はありません。

開業準備行為

　財産引受以外の行為であって，成立後の会社の営業所となる建物の賃借，成立後の会社のための従業員との雇用契約などの（狭義の）開業準備行為は，発起人がたとえ財産引受に準じた手続を踏んで行ったとしても，成立後の会社にその法的効果を直接帰属させることはできません（前掲昭和33年最判，最判昭和38年12月24日民集17巻12号1744頁）。上述のような開業準備行為は成立後の会社の経営判断に属する事項です。経営判断に対する監督・監視の機構・体制が整備されていない（会社設立手続中にこのような機構・体制を整備する必要性は立法論上も認められません）会社設立手続中に，その効果が成立後の会社に帰属するものとしての開業準備行為を発起人が行うことを許容するのは，成立後の会社にとってきわめて危険です。確かに会社法は厳格な要件のもとに財産引受を許容していますが，会社法28条2号の文言からもこれは財産引受に限定する趣旨であることは明白であるように思われます。条文と条文の趣旨から離れた解釈には慎重でなければならないでしょう。

　この点，同一性説を前提にすると，問題は発起人の権限の範囲として把握されます（なお，発起人は固有の立場で設立行為を行うのであり，誰かから会社設立の権限を授与されるわけではないので，「発起人の権限」構成は同一性説に特有な虚構です）。発起人の権限が会社設立に法律上必要な行為および定款に定めた財産引受に及ぶ

のは当然です。これ以上にどの範囲まで発起人の権限が認められるかは，同一性説から論理的に導かれるわけではありません。ところが一部の所説は，発起人の権限をなるべく広く認めないと同一性説を採る意味がないと主張する傾向にあります。このような立場を前提としても，成立後の会社にその効果が直接帰属する開業準備行為を発起人が行うには，財産引受と同様の手続（定款に内容を定めて検査役の調査を受ける）を要することになるでしょう。もっとも，対価の相当性を判断する検査役の調査制度が，狭義の開業準備行為の必要性判断に耐えうるか疑問があるでしょう。しかも，発起人はなるべく早く設立登記を済ませるように行動するでしょうから，時間と費用をかけて開業準備行為をなす必要性自体にも疑問があります。

③　発起人の報酬・特別利益（会28条3号）

会社設立行為への対価が発起人の報酬，その功労への報賞が発起人の特別利益（例えば，会社施設利用の特権付与）です。設立行為は発起人が行うので，恣意的に報酬や特別利益が決定されるおそれがあるのです。

④　設立費用（会28条4号）

設立事務所・創立総会会場の賃貸料や株主募集の広告費など会社設立に際して支出される費用（会社設立に事実上・経済上必要な行為にかかる費用）も，これらの行為が発起人名でなされる以上（実務感覚からして，取引の相手方も，成否未定の設立中の会社を相手に契約するのではなく，発起人個人を相手とする意思でしょう），発起人に支払義務があります。けれども，会社設立に必要な行為の費用は成立後の会社に負担させるのが合理的でしょう。もっともそうすると，発起人による水増しや費用のかけ過ぎが心配されます。そこで，設立費用に関しても定款に定め検査役の調査を受けることを条件に成立後の会社の負担になしうることとされています。ただし，これは発起人の債務ですから，設立費用の債権者は発起人にしか請求できません。定款に定められた範囲の費用について会社が発起人からの請求に応じなければならないだけです。

　この点，同一性説によると，設立費用債務は当然会社に帰属し，ただ，定款に定められた額を超える部分については会社が発起人に求償できるという構成になりそうです。しかし第1に，同一性説を採っても設立費用にあたらないものは会社の債務になりませんが，何が設立費用かは解釈により決しなければな

らず（判例〔大判明治44年5月11日民録17輯281頁，大判昭和10年4月19日民集14巻1134頁〕は，狭義の開業準備行為に要する費用は設立費用に含まれないとしています），会社と発起人とのどちらに対して請求するのかの判断を債権者に強いることになります。第2に，前述のように，取引の相手方は発起人を相手方として契約を締結するにもかかわらず，会社にしか請求できないとすると，相手方に不当に不利になる場合が出てきます。また仮に，相手方は会社に対しても請求できるとの便宜的な解釈を採るにしても，相手方をなぜ有利に扱わなければならないのかの説明は困難でしょう。同一性説の欠陥がこういうところにも出てくるのです。

　なお，会社成立前に発起人が支払う費用の中には，会社設立のために負担しなければならずかつ額が定まっており発起人の裁量の余地のないものがあります。これらは設立費用ではなく，設立の意思表示の内容として会社が負担することになります。このようなものとして，定款の認証手数料，定款に係る印紙税，株式払込取扱機関への手数料・報酬，変態設立事項調査検査役への報酬，および設立登記登録免許税が挙げられます（会規5条）。

第7章

払込の仮装，設立に関する責任，設立無効

1 払込の仮装

　作成された定款が公証人の認証を受け効力を生じると，まず発起人が株式を引き受けます（会25条2項）。募集設立の場合には，引き続き，（設立時募集）株式の募集（会58条）が行われ，株式の申込（会59条・61条）と発起人の承諾（会60条・61条。割当と呼びます。割当に制約はありません〔割当自由の原則〕）により発起人以外の者の株式引受がなされます（割当によって株式申込人は〔設立時募集〕株式引受人〔権利株所有者〕になります〔会62条〕。なお，権利株は譲渡できますが，その譲渡は成立後の会社に対抗できません〔出資履行前につき，会35条・63条2項。出資履行後につき，会50条2項。出資を履行した発起人以外の設立時募集株式引受人については，会63条2項類推〕）。発起人は株式引受後遅滞なく株式払込金額全額の払込あるいは現物出資財産全部の給付を行い，発起人以外の株式引受人は発起人全員で定めた払込期日（あるいは払込期間内）に株式払込金額全額を払い込みます（会34条1項・63条1項。全額払込制）。払込は発起人が定めた銀行・信託会社等の払込取扱機関（発起人の個人口座など）においてなします（会34条2項・63条1項）——払込金は，通常，会社成立後に開設した会社の法人口座に移動させます。

　ここで問題となるのが払込の仮装です。実際には払込がないのにその外形が整えられているような場合です。仮装の方法として従来2つの手口が指摘されています。預合と見せ金です。なお，募集設立の場合の発起人以外の株式引受人は，払込期日あるいは払込期間内に払込をなさないと株主となる権利（権利株）を失います（会63条3項）。また，発起人は，出資未履行を理由に期日を定めて催告されたのにその期日までに出資を履行しないときに限り権利株を失います（会36条）。この点，仮装払込の場合には，本章2C参照。

A 預 合（あずけあい）

　発起人が払込取扱機関から借り入れた資金を自らの株式の払込にあてるが，当該借入金返済までは成立後の会社の払込金預金を引き出さない旨の，発起人と払込取扱機関間の合意を預合と呼びます（発起人が成立後の会社の経営実権を掌握することが前提）。預合による払込は，実質的には両者の通謀による払込の仮装です。

　預合による仮装払込に対して，募集設立における払込金保管証明の制度が用意されています。これは発起人の請求により払込取扱機関が払込金保管証明書を交付しなければならないとするもので（会64条1項），募集設立の場合には保管証明書が設立登記申請書の添付書類とされているため（商業登記法47条2項5号括弧書），必ず上記交付請求がなされます（発起設立の場合には払込がなされた口座の預金通帳の写しで足ります〔商業登記法同条項号参照〕）。そして保管証明書を交付した払込取扱機関は，成立後の会社に対して払込がないとか返還制限の合意がある旨を主張できません（会64条2項）。保管証明制度は，借入金返済不履行による不利益を払込取扱機関に再転嫁させるわけです。

　払込金保管証明書を交付した払込取扱機関は会社成立時（設立登記時〔会49条〕）まで払込金を保管すべきであると解されており（最判昭和37年3月2日民集16巻3号423頁），この限度で払込金の保管が担保されます。募集設立についてのみ払込金保管証明制度が強制されるのは，発起人以外の株式引受人は払込金の保管に携われないからです。

B 見 せ 金

　払込取扱機関以外の者からの借入金を発起人が自らの株式の払込にあてた上，会社成立後これを引き出して借入金を返済する，これらの行為が一体としてなされる場合には，会社債権者が害され，出資者間で不公平が生じます。見せ金による払込です。預合のような通謀がなく（この通謀がなければ払込資金が払込取扱機関から借り入れられた場合も見せ金と評価されることがあります），各行為を個別に見ると別段問題はないようにも思えます。しかし，一連の行為として計画的になされる以上，実質的に払込はなかったというほかなく（成立後の会社経営を掌握する発起人によって自己の出資債務が履行されたかのような外形が整えられているに過ぎ

ません），見せ金による払込は無効と解すべきでしょう（最判昭和38年12月6日民集17巻12号1633頁参照）。

2　会社成立の場合の設立に関する責任

A　発起人・設立時取締役・設立時監査役の任務懈怠責任

　発起人・設立時取締役・設立時監査役（以上につき，本章2Aでは発起人等と呼びます）は，設立に関する任務を怠ったときには（過失責任），連帯して損害賠償責任を負います（会53条・54条）。これは会社設立という効果をもたらす会社設立行為に関して，成立後の会社・第三者に損害を生じさせてはならない注意義務に違反した責任を指します。会社成立が前提ですから，あくまでこれは成立後の会社・第三者との関係でのみ意味を有し，設立中の会社なる概念を認めこれに対して発起人等に実質的に注意義務を負担させるというのではありません。

　損害賠償の相手は成立後の会社および会社以外の第三者です。第三者への賠償責任発生には少なくとも発起人等の重過失が必要です（会53条2項）。賠償責任を負担する発起人等は連帯責任を負います（会54条）——賠償額に対する発起人等の各自の負担部分についての分割債務ではなく，各発起人等は全額について賠償責任を負うので（発起人等の間では責任の分担が考えられます），債権者にとっては有利です（もちろん，二重取りできるわけではありません）。

　以上の責任の中で，会社に対する責任は，総株主の同意により免除できます（会55条）。

B　現物出資・財産引受の目的物価額不足額填補責任

　会社成立時における現物出資・財産引受の目的財産の価額が，定款に定められた価額に著しく不足するときは，発起人および設立時取締役は当該不足額を連帯して会社に支払う責任を課せられます（会52条1項）。ただし，当該現物出資・財産引受につき検査役の調査を経た場合，あるいは，当該調査不要の場合（会33条10項）で当該発起人（現物出資者・財産引受の譲渡人を除きます）・設立時取締役がその職務執行上の無過失を証明した場合（過失の証明責任の転換。ただし，募集設立の場合には無過失責任とされています〔会103条1項〕）には，当該発起人・設

立時取締役は価額不足額塡補責任を負いません（会52条2項）。

現物出資・財産引受に関して相当である旨を証明した弁護士等専門家（会33条10項3号）も，無過失を証明しない限り（過失の証明責任の転換），目的物価額不足額塡補責任を発起人等と連帯して負います（会52条3項）。

C 仮装払込がある場合の支払担保責任

前述（本章1）のように，払込をなさない株式引受人は権利株（会社設立時において当該株式の株主となる権利）を失います。また，仮装払込（発起人による現物出資の仮装も含み，以下では仮装出資と呼びます）は無効ですから，出資を仮装した株式引受人は株式を取得できないと考えるのが筋であるようにも思われます。しかし，単に出資がなかった場合と異なり，出資の外形が整えられるので，出資のない「権利株」や「株式」が流通する可能性があります。このように流通した権利が無効だとすると混乱は避けられません。そこで会社法は，出資が仮装である場合には，当該権利株は失効せず会社成立後は有効な株式になることを前提に，払込責任と権利行使規制を定めています。

出資を仮装した株式引受人は，仮装した出資につき払込・給付をなす義務を負います（会52条の2第1項・102条の2第1項）。仮装出資に関与した発起人・設立時取締役も，その職務を行うにつき注意を怠らなかったことを証明しない限り（当該株式引受人は除きます），出資を仮装した株式引受人と連帯して支払義務（現物出資に関しては，会社が請求する当該財産の価額相当額の支払義務）を負います（会52条の2第2項3項・103条2項，会規7条の2・18条の2。支払担保責任）。以上の義務は，総株主の同意がなければ免除できません（会55条・102条の2第2項・103条3項）。なお，支払担保責任を履行した発起人・設立時取締役は，当該出資を仮装した株式引受人に支払額を求償できます（民474条・499条・501条）。

権利株・株式は失効しないとしても，未出資者に権利行使を認めることは適切とはいえません。そこで，出資を仮装した株式引受人は，出資あるいは支払担保責任が履行された後でなければ，（出資を履行した）権利株主および株主の権利を行使できないこととされています（会52条の2第4項・102条3項）。もっとも，仮装出資に係る権利株・株式を譲り受けた者は，出資および支払担保責任が履行されていないことにつき悪意または（善意でも）重過失がある者を除き，

権利行使制限を受けません（会52条の2第5項・102条4項）。取引の安全保護を
図るためです。

3　会社不成立の場合の発起人の責任

　会社不成立の場合には，会社設立行為から生じた責任は発起人が当然負担し
ます。会社法56条はそれを前提に発起人の連帯責任とする点に意義が認めら
れます。

　この点，同一性説からは，設立中の会社が目的不達成により解散し清算手続
に入るべきところ，株式引受人保護のために政策的に発起人に責任を課したの
が56条だ，と説明されることが比較的多いようです。設立中の会社という概
念に引きずられかなり技巧的な解釈になっており，同条も株式引受人との関係
でのみ把握するかのようです。本来，設立中の会社という実体に着目した理論
のはずですが，ここではその実体を観察するという手法を採らないのですね。
便宜のための理屈である域を出ず，したがって前述のように論理的な正しさを
証明できないのです。

4　擬似発起人の責任

　募集設立の場合において，発起人ではなく，株式募集広告など株式募集に関
する文書・電磁的記録に自己の氏名（名称）および会社設立を賛助する旨の記
載（記録）をなすことを承諾した者＝擬似発起人は，発起人と同一の責任を負
います（会103条4項）。もっとも，擬似発起人は設立行為をなすわけではない
ので，会社法53条のような設立行為に従事することを前提とする責任は負い
ません。

5　設立の無効

　準則主義のもと，法定の設立要件を欠けば会社設立は無効となりそうですが，
一方，一旦設立登記がなされ企業活動が始まると，会社の成立を前提とした多

数の法律関係が積み重ねられるなど法律関係の安定化の要請が生じます。そこで会社法は，会社設立の効力は設立無効の訴えでしか争えないことにしています（会828条1項1号）。しかも，この訴えを提起できるのは株主，取締役，監査役，執行役そして清算人に限られ（会828条2項1号），提訴期間も会社成立の日から2年間とされています（会828条1項1号）。

　会社設立無効の訴えの管轄は，被告（民事訴訟で訴えを受けた者）となる会社（会834条1号）の本店所在地を管轄する地方裁判所に専属します（会835条1項）。株主が設立無効の訴えを提起したときには，被告である会社の請求による，原告（民事訴訟で訴えを提起した者）株主に対する裁判所の担保提供命令の制度が設けられています（会836条）。株主の濫訴を防止する趣旨です。

　会社設立無効判決（原告の請求が認容された場合）は訴訟当事者（原告および被告である会社）だけでなく第三者に対しても効力を生じます（会838条。無効判決の対世効。これは特殊な扱いであり，判決の効力は訴訟当事者間にのみ生じるのが原則なので〔民訴115条1項参照〕，原告敗訴の判決には対世効は認められません）。また，無効判決は既往の法律関係に影響を及ぼさず（会839条。無効判決の効力不遡及），判決が確定（上訴期間経過などにより，判決が上訴など通常の不服申立手段によって争えない状態になること）すると会社は解散に準じて清算されることになります（会475条2号）。したがって，設立無効判決の性質は形成判決（その判決により法律関係の発生，変更あるいは消滅が生じる）であり，確認判決（一定の法律関係の存在あるいは不存在を確認する判決）ではありません。

　なお，昭和23年改正前商法の下では，株金（出資）の分割払込が認められていました。その関係で，株金の残額払込義務を免れようとする株主が会社設立無効の訴えを提起する事例が少なくありませんでした。しかし，全額払込制度が採用された昭和23年改正以降は，提訴権者に設立無効の訴えを提起する動機が見い出しにくく，実際に，設立無効訴訟は利用されない制度になっています。会社設立無効訴訟制度は，その意義から根本的に見直すべき時機が来ているように思われます。この点，仮装出資株式引受人の支払義務，仮装出資関与発起人・設立時取締役の引受担保責任を免れようとする会社設立無効の訴えにつき，検討する必要があるでしょう（信義則や権利濫用の問題として構成できる場合もあるでしょうが，全出資が仮装であれば設立無効原因があるといわざるをえないと思われます）。

6 設立無効と設立取消

　上述の会社設立無効訴訟制度は持分会社にもあてはまります。もっとも，持分会社では，社員の氏名（名称）・住所が定款の絶対的記載（記録）事項です（会576条1項4号）。閉鎖性が強く，各社員の個性が重視されているわけです。そこで，個々の設立時社員の出資引受（会社設立の意思表示）の無効も会社設立無効原因（主観的無効原因）とされます（会845条参照）。この点，株式会社の場合には，各設立時株主の株式引受の無効・取消は一定の場合にその主張が制限され（会51条・102条5項6項），さらに前述（本章1）のように，出資を履行しない株式引受人は株式引受人たる地位を失います（会36条・63条3項）。株式会社の場合には主観的無効原因は認められません。

　また，持分会社では，個々の設立時社員の出資引受（会社設立の意思表示）の取消が会社設立の取消を導く，社員による会社設立取消の訴え（会832条1号）および社員の債権者による会社の詐害設立取消の訴え（会832条2号）が認められています。

第8章

株式と株主

1　株式の意義

A　単位としての株式

　株式会社における社員の地位は細分化され均等な割合的単位として構成されます。この単位部分を株式と呼びます。株式会社の社員は株式を有する者だから株主と名づけられるのでしたね。株主の会社に対する地位を割合的単位で表すのは，投下資本の回収を容易にし，さらに株式会社の支配を出資の割合に比例させる資本多数決制を基本とするからです。

B　株式社員権説

　株式の内容は自益権と共益権とからなる社員権である，と解するのが通説です。自益権とは，会社から経済的利益を受けることを目的とするもので権利行使の効果が直接的には株主に帰属する権利。共益権とは，会社経営に参加することを目的とするもので権利行使の効果が直接的には会社に帰属する権利です。以上のような理解を株式社員権説と呼びます。そしてこの社員権は，物に対する排他的支配権である物権でもなければ，人に対する一定の請求権である債権でもない，それ以外の財産権だと考えられます。

　株式の内容は自益権・共益権からなる社員権ではないとする所説も有力に唱えられてきました（社員権否認説）。すなわち，株式の内容は自益権あるいは剰余金配当請求権（残余財産分配請求権）であり譲渡性を有するが，株主の有するその他の権利あるいは共益権は株主保護あるいは会社社団の利益のために株主に与えられる権利であり譲渡性がない，とするものです。社員権否認説の前提は，自益権と共益権とは，あるいは剰余金配当請求権（残余財産分配請求権）と

株主の有するその他の権利とは，本質が異なるとの理解です。しかし，対照されているこれらの権利はともに株主が出資者として有する権利です。株主自身の利益のための権利である点で自益権も共益権も本質的相違はありません。社員権否認説は，現行法の体系にも株主の意思にも合致しないものと思われます。

C 株式単位の内容の多様化

株主は，その有する株式につき，剰余金配当請求権，残余財産分配請求権，株主総会における議決権，および会社法の規定によって認められた会社に対する権利を有します（会105条1項）。このように各株式の権利内容は均等なのが原則ですが，後述のように，種類株式（会108条）や単元株制度（会188条・308条1項但書）により，株式の権利内容を異ならせたり議決権単位を大きく設定したりすることが認められています。これらの特別の扱いが限定的に法定されているのは，株式会社の基本的特徴の1つである株式制度の明確性を担保しなければならないからです。それでは，特別の扱いの限界はどこにあるのでしょうか。つまり，「株式」とは何なのでしょうか（本章4参照）。

株式は株式会社に対する出資者の地位の単位化です。会社に対する経営参与権・監督是正権取得を伴う資金の提供が出資ですから，資金提供と会社経営参与権・監督是正権の二面から分析してみましょう――株式社員権説による自益権と共益権に相当します。

まず，出資の経済面――自益権的側面からは，出資返還制限が重要です。株主有限責任制度のもと，有限責任資産額確保のために，会社負債総額および資本金・準備金を基礎として株主への分配が規制され（その中心は剰余金分配規制です），会社解散後も株主は（会社債務弁済後の）残余財産分配請求権を有するのみです。このような分配規制を株式ならば受けなければなりません――制限の方法や程度は立法政策の影響を受けます。

分配規制を受ける一方，出資者には会社経営参与権・監督是正権――共益権が与えられます。このような権利を全く伴わない資金提供は出資ではありませんが，どの程度の経営参与権・監督是正権を認めるかは分配規制，明確な株式会社制度の要求，株式引受人の意思などとの相関関係で判断する立法政策の問題です。

以上のような株式は，従来，画一的に構成される傾向が強かったといえます。ところが，平成13年の商法改正で完全無議決権株式が種類株式として認められ，単元株制度も創設されました。単元株制度は基本株式単位と比較して議決権単位を大きく設定することを認める制度であり，完全無議決権株式は議決権を内容としない株式です。従来の画一的な感覚からすると，特に代表的共益権である議決権に関する改正なので，抵抗感が生じるのも自然でしょう。けれども，共益権が全く排除される制度ではありません。単元未満株主も一単元数の株式を取得すれば議決権を認められます。完全無議決権株式（より広く議決権制限株式も同様）は株式引受人が同意していなければ発行できません。株式の法性質上認められない制度とはいえないでしょう。

　この点，株式社員権説と社員権否認説との議論は，自益権と共益権とを譲渡可能な株式という共通の枠組みで捉えるか，共益権は自益権と性質が異なるので株式の内容には含まれないと構成するのかの論争が議論の中核を占めていました——議論の前提となる制度において，完全無議決権株式や単元株制度自体存在しなかったわけです。つまり，依然として，共益権は，「株式」を取得した者に与えられる（原始的に取得する）のではなく，株式の内容をなすとする株式社員権説が正当だと思われますが，従来の株式法的性質論に関するどの所説を採るかにより，完全無議決権株式や単元株制度が論理的に肯定されたり否定されたりすることはないでしょう。

2　株主の権利

　前述のように，自益権と共益権とで本質的相違はなく，また株主の権利はすべてどちらかに明確に分類されるというわけでもありません。例えば，定款・株主名簿・会計帳簿・計算書類の閲覧等請求権（会31条2項・125条2項・433条1項・442条3項）は自益権・共益権両者の性質を有すると考えられます。もっとも，この区別は無用とまではいえず，大体の傾向を把握するのには便利です。

　自益権に分類されるものとしては，剰余金配当請求権（会105条1項1号），残余財産分配請求権（会105条1項2号），名義書換請求権（会133条），反対株主の株式買取請求権（会116条1項2項）などがあり，共益権には，議決権（会105条

1項3号・308条1項）のほか，各種の監督是正権が属します。監督是正権とは，不当な会社運営に対して自己の利益を守るために株主に与えられた権利の総称です。

　監督是正権には，1株でも有していれば行使できる単独株主権（なお，自益権および議決権はその性質上単独株主権ですが，会社法109条2項や単元株制度のような例外を設けることもできます）と，総株主の議決権の一定割合以上あるいは一定数以上の議決権または発行済株式の一定割合以上の数の株式を有する株主のみが行使できる少数株主権（数人の株主の議決権・株式の合計が所定の割合あるいは数に達すれば，その数人が共同して行使することもできます）とがあります。単独株主権たる監督是正権には，取締役や執行役の違法行為に対する差止請求権（会360条・422条），株主総会決議取消訴権（会831条1項），取締役・会計参与・監査役・執行役などの会社に対する責任を追及する代表訴訟提起権（会847条3項5項。ただし，同条1項括弧書）などが属します。少数株主権としては，株主総会招集請求権（会297条），取締役会設置会社における株主総会議題提案権（会303条2項），株主総会の招集等に関する検査役選任申立権（会306条1項2項），会計帳簿等閲覧・謄写請求権（会433条1項），会社解散訴権（会833条1項），取締役・会計参与・監査役の解任訴権（会854条）などが挙げられます。

　なお，株主は業務執行等の義務を負うわけでもなく，また有限責任ですから追出資義務も会社債権者に対する責任もありません。

3　株式の共有

　共同して株式を引き受けたり，相続（民898条。最判昭和45年1月22日民集24巻1号1頁）などにより，株式が数人の準共有（民264条。株式は所有権以外の財産権です）に属する場合があります（明治32年商法以来，商法・会社法は株式の共有と表現しているので，以下，株式の共有と呼びます）。この場合には，共有者は，権利行使者1名を定めて会社に通知しなければ，共有株式についての権利を行使できません（会106条本文）。共有者が各別に会社に対して株主権を行使することによる混乱を防止する趣旨です（相続人間で遺産分割の協議が調わないような場合）。したがって，会社が権利行使に同意する場合にはこのような規制はされません

（会106条但書）。ただし，権利行使者を定めるのは共有株主ですから，会社の同意も制約的に解されます。すなわち，権利行使者の指定および会社に対する通知を欠く場合において，共有株式についての権利行使が民法の共有に関する規定に従ったものであるときに限って，会社は同意をなしうると解するのが相当であり，「そして，共有に属する株式についての議決権の行使は，当該議決権の行使をもって直ちに株式を処分し，又は株式の内容を変更することになるなど特段の事情のない限り，株式の管理に関する行為として，民法252条本文〔令和3年改正民252条1項前段〕により，各共有者の持分の価格に従い，その過半数で決せられるものと解するのが相当で」す（最判平成27年2月19日民集69巻1号25頁）。このほかに会社が同意しうるのは，共有株主全員の同意の下で各株主がその相続分に応じて議決権を行使する場合でしょう。

　権利行使者は株式の共有者の1人であることを要します。権利行使者の選定方法に関しては，最判平成11年12月14日金融・商事判例1087号15頁は，「共有者間において権利行使者を指定するに当たっては，持分の価格に従いその過半数をもってこれを決することができると解すべきである」と判示しています。ただし，権利行使者は共有全株式についての権利を行使するのですから，共有株主全員が参加して権利行使者を定めるべきであり，たとえ共有株式の持分価格の過半数を有するとしても一部の共有者のみで権利行使者を定めることはできないと解すべきでしょう。

　共有株式の株主権行使は権利行使者が行います。有限会社の事例ですが，最判昭和53年4月14日民集32巻3号601頁は，「共有者間で総会における個々の決議事項について逐一合意を要するとの取決めがされ，ある事項について共有者の間に意見の相違があっても，被選定者は，自己の判断に基づき議決権を行使しうると解すべきである。」と判示しています。株式会社においても同様です。一方，権利行使者の指定・通知がなくても，共有株式が参加しなければ株主総会決議が成立しないのになされた総会決議に関して（発行済全株式や総議決権の過半数を共有株式が占める場合。共有株式の議決権も株主総会決議の定足数算定の基礎になると解されます），株式共有者の1人は当該決議に基づく会社合併に対する合併無効の訴え（会828条1項7号8号）を株主として提起することができます。権利行使者によらない議決権行使の結果である総会決議を認めながら，他方で，

権利行使者によらないことを理由に訴訟提起を不適法とするのは矛盾だからです（最判平成3年2月19日金融・商事判例876号15頁。なお，最判平成2年12月4日民集44巻9号1165頁参照）。

　なお，株式共有者は，会社からの株主に対する通知・催告を受領する者1人を定め，会社に通知しなければなりません（会126条3項）。この受領者は，上述の権利行使者である必要はありません。受領者の通知がなければ，会社は，株式共有者のうちの1人に対して通知・催告すれば足ります（会126条4項）。

4　株主平等の原則

　割合的単位としての株式に含まれる権利の内容は同一であることが原則です。株式は会社に対する権利ですから，各株主は所有株式数に比例して会社から平等に扱われることになります。会社法は内容の異なる株式（後述〔第9章〕する種類株式）の発行を認めますが，その場合にも，内容を同じくする株式に関しては平等に取り扱われなければなりません。「株式会社は，株主を，その有する株式の内容及び数に応じて，平等に取り扱わなければならない」（会109条1項）。これを株主平等の原則と呼びます。株式会社制度にとって最も基本的な原則の1つです。例外的取扱は会社法が認めた場合に限られます。株主総会決議によっても取扱に差異を設けることはできず，不平等取扱は無効です。株主平等原則には，支配株主の専横（多数決の濫用）や取締役・執行役の恣意的な会社運営から少数派株主を保護する機能が認められるわけです。その意味においては，109条1項を超えて，種類株式間においても，株式であることを理由とする衡平原則＝株主平等原則が認められるでしょう。

　このような株主平等原則が認められる根拠に関しては，株式の内容が均一であるという形式的理由だけでなく，その均一性の強度の保障を要求する法政策的観点，つまり，割合的単位としての株式制度の趣旨を認識する必要があります（本章1AC参照）。この点，会社法109条2項は，公開会社でない株式会社においては，剰余金配当請求権，残余財産分配請求権および株主総会における議決権に関する事項について，株主ごとに異なる取扱（株式の権利内容ではなく，当該株主についてのみ認められる取扱）を行う旨を定款で定めることができる（属人的

定め。これを定める株主総会決議は，原則として，総株主の半数以上であって，総株主の議決権の4分の3以上の多数決によります〔会309条4項〕），と規定しています（種類株式とみなされ〔会109条3項〕，種類株主総会の規定〔会321〜325条〕などが適用されます。もっとも，会社法第7編との関係では種類株式とみなされないので，種類株式と異なり，属人的定めは登記事項ではありません）——ただし，剰余金配当請求権および残余財産分配請求権の全部を与えない旨を定めることはできません（会105条2項）。株主変動が制約される公開会社でない株式会社においては，株式譲渡による投下資本回収を容易にする要請や資本多数決制よりも，株主の個性を重視してもよいという制度的判断です（例えば，持株数にかかわらず特定の株主の有する議決権数を1とすることもできます）。

　以上のように把握される株主平等原則は，株式平等の原則と称してもよさそうです。ただし株主平等原則には，このような持株数に応じて権利が増加する比例原則（投下資本の量に応じて権利を確保させる趣旨）だけでなく，特定の権利（例えば，定款の閲覧等請求権〔会31条2項〕，株主名簿の名義書換請求権〔会133条〕）の行使につき平等に扱わなければならないという原則，さらに株主を会社社団構成員として平等に扱う頭数での平等も考慮しなければならない場合もあるでしょう。最判平成8年11月12日金融・商事判例1018号23頁も，「株式会社は，同じ株主総会に出席する株主に対しては合理的な理由のない限り，同一の取扱いをすべきである。」と判示しています。まさしく株主平等ですね。株式平等は株式という権利内容の平等ですから厳格に貫徹する必要がありますが，頭数の平等としての株主平等には会社側に合理的な範囲で取扱の裁量が認められる場合も多いように思われます（例えば，株主総会会場への入場に関して身体が不自由な株主を優先する取扱）。株式ごとの平等が法政策上必要とされる場面ではなく，一般的な衡平原則の顕現問題だからです。

株主優待制度

　株主平等原則との関係で問題となるのが株主優待制度です。一定数の株式を有する株主に対して，定期的に一定の商品や割引券などを交付するもので（例えば，100株以上保有する株主には優待券10枚，1000株以上保有する株主には優待券20枚を交付する），法定の制度ではありませんがこれを採用する会社も多く見受けら

れます（上場会社で1500社程度）。自社製品を交付する場合にはその宣伝になりますし，個人株主を増やす手段の1つにもなるからです（優待入場券の入手を動機として遊園地を経営する会社の株式を取得する場合などのほかに，剰余金配当と交付物品の価値を合わせた実質利回りが投資の基準とされることもあります）。株価下支えの効果もあるといわれています。

　優待制度は事業サービスとして行われており，株主権の内容にはならないから株主平等原則とは関係ないとの見解もあります。けれども，株式を保有していることに基づいて物品の交付が行われるのですから，株主平等原則の適用を考えなければなりません。大株主や特定の株主のみが特典に与りうる優待制度は平等原則違反になります（海外在住の外国人株主が多い会社において日本国内施設の利用券交付を優待制度の内容とするような場合も問題となるでしょう）。通常の優待制度も（基準株式数に満たない株式しか所有しない株主との関係で，さらに，通例は，基準株式数の整数倍に比例して交付内容が増加するわけではない点〔持株数が少ない株主が優遇されることになります〕で）不平等な扱いをなすものですが，社会通念上合理的限度内にあれば許されると考えるのが有力です。もっとも，株主への利益還元（なお，第13章3A参照）や個人株主増加が目的なのであれば，剰余金配当の増額が本筋でしょう（近年，QUOカードやギフト券など金券を優待品とする企業が増えています。株主平等の観点から問題があるでしょう）。

第9章

種 類 株 式

1　種類株式の意義

　株主（株式）平等原則の下において，会社法が認めた権利内容に差のある株式を種類株式と呼びます。会社法108条1項は，内容を異ならせることができる事項を9種類定めています。株式の内容を自由に定めることを許すと株式制度の明確性が害されるので，限定列挙する趣旨と解されます（なお，後述〔第10章4A〕する実質的な複数議決権株式参照）。これ以外には種類株式は認められませんが，後述のように，その具体的内容は多様であり，さらに，それぞれを組み合わせたり，また，株式の併合・分割などについては種類ごとに異なる取扱も許容されています（会180条2項3号・183条2項3号など。種類株式の内容ではなく，格別の取扱が許される場合）。株主の権利内容の多様性は，会社支配関係の多様化と新株発行という株式会社における資金調達方法の多様化の要望を，定款自治の内容として実現することを可能とします。

　種類株式を発行するには，定款でその内容および発行可能種類株式総数を定める必要があります（会108条2項。定款の相対的記載〔記録〕事項）。単元株制度採用会社が種類株式を発行する場合には，株式の種類ごとに1単元の株式数を定めなければなりません（会188条3項）。種類株式の内容・発行可能種類株式総数は登記事項とされ（会911条3項7号），同様に種類株式の内容は当該株券の記載事項（会216条4号），株主の有する株式の種類・種類ごとの数は株主名簿の記載（記録）事項（会121条2号），でもあります。

　なお，会社成立後に発行する種類株式に関して定款で定められるべき内容（会108条2項各号）については，その内容の要綱が定款に定められていれば，当該種類株式を初めて発行するときまでに，株主総会あるいは取締役会の決議で

定める旨を定款で定めることができます（会108条3項）。例えば，剰余金配当優先株式についていえば，「優先配当額は，10円を超えない範囲で，発行時に取締役会が定める」，「優先配当総額は，発行時に取締役会が定めた率（ただし，30％を超えてはならない）に剰余金を乗じた額」（この額を当該種類株式の発行総数で除した額が1株あたりの配当額）。内容設定を柔軟に行え，発行の機動性も高めることができます。

2　剰余金配当，残余財産分配に関する種類株式

A　普通株式・優先株式・劣後株式

　剰余金配当や残余財産分配の点で権利内容を異ならせる場合（会108条1項1号2）に，標準となる株式（普通株式）に対して優先的地位を与えられる株式を優先株式と呼び，劣後的地位を与えられる株式を劣後株式と呼びます。なお，例えば優先株式が発行されると，それと内容が異なるので，普通株式も種類株式であるということになります。会社法108条1項柱書（柱書とは列記された各号以外の部分です）が「内容の異なる二以上の種類の株式を発行することができる。」とするのは，この意味においてです。

　一定額あるいは一定率の剰余金配当を優先する配当優先株式は優先株式の代表例です。優先株式は，会社の体質強化・格付け対策・国際決済銀行（BIS=Bank for International Settlements）の自己資本比率規制などを考慮して金融機関を中心に多くの発行例があります（資金調達しやすい配当優先株式が利用されます）。

　剰余金配当については優先的内容を有し，残余財産分配については劣後的内容を有するというように，一面では優先株式，他面では劣後株式である種類株式を発行することもできます（混合株式）。

B　配当優先株式の態様

　一定の優先配当後，残余の剰余金の配当にも参加できる参加的配当優先株式，残余の配当に参加できない非参加的配当優先株式（残余からは他の株主にのみ配当）があります。さらに，定款所定の優先配当がなされない年度の分は次年度以降に繰り越されて次年度以降の剰余金から填補される累積的配当優先株式，不足

分は次年度以降に繰り越されない非累積的配当優先株式があります。

C　トラッキング・ストック

　剰余金配当に関する種類株式として，トラッキング・ストック（tracking stock. 特定の子会社や特定の事業部門の業績に連動した剰余金配当をなす株式）の発行も認められます（配当内容は，例えば，「配当総額は，対象となる完全子会社株式〔トラッキング・ストック発行会社が完全親会社として保有〕に対してなされた配当総額に，発行時に取締役会の定めた率を乗じた額」）。対象となる子会社や事業部門を売却せずに，トラッキング・ストックとしての新株の発行により資金調達することができます。

　なお，トラッキング・ストックの対象となる事業部門等の業績が常に良いとは限らないので，トラッキング・ストックは優先株式・劣後株式の範疇には属しません。

3　議決権制限株式

A　議決権制限株式の意義

　株主総会において議決権を行使することができる事項につき権利内容を異ならせる株式（会108条1項3号）を議決権制限株式と呼びます。議決権が全くない株式（完全無議決権株式）と決議事項の一部（例えば，トラッキング・ストックにおいて対象となる子会社や事業部門の譲渡に関する事項，ベンチャーキャピタル〔投資家株主〕に剰余金配当議案）についてのみ議決権のある株式（一部議決権制限株式）とがあります。また，一定の条件（例えば，配当優先株式が議決権制限株式として発行された場合において優先配当がなされないとき）を満たせば議決権を有することになる旨の規定（行使条件。会108条2項3号ロ）を定款に置くこともできます。代表的な共益権である議決権についても，すなわち会社支配権についても多様な設定ができるわけです。

B　議決権制限株式と少数株主権

　株主総会以外での議決権を基礎とする権利，すなわち少数株主権については，個別の規定において，当該議決権制限株式保有株主が議決権を行使できる事項

に限って認められています（例えば，会303条）。ただし，議決権制限の有無にかかわらずすべての株主に行使の機会を与えるべき少数株主権，つまり，会計帳簿閲覧・謄写請求権（会433条1項），会社業務・財産状況調査のための検査役選任請求権（会358条1項），特別清算調査命令申立権（会522条1項）や解散請求権（会833条1項）に関しては，議決権制限株主にも認められています。

C 議決権制限株式の発行制限

公開会社においては，議決権制限株式の総数が発行済株式総数の2分の1を超えるに至ったときには，会社は，直ちに，2分の1以下にするための必要な措置をとらなければなりません（会115条）。公開会社における少額出資者による会社支配を問題視しているのです。もっとも，このような割合規制は，実質的な複数議決権株式が認められる以上（第10章4A参照），再検討を要するように思われます（拙稿「株式に関する制度の整理課題」砂田ほか編『企業法の改正課題』〔2021年〕24～28頁参照）。

なお，公開会社でない株式会社の場合には会社法109条2項（第8章4）参照。

4 譲渡による株式取得の承認に関する種類株式

譲渡による当該株式の取得について会社の承認を要する種類株式（譲渡制限株式〔会2条17号〕）も認められます（会108条1項4号）。これは当該種類株式だけの属性であり，ある会社が発行する全部の株式が譲渡制限株式である場合（会107条1項1号。当該会社は公開会社〔会2条5号〕でない株式会社です〔第1章7A参照〕）とは異なります。

他の種類株式（例えば，後述〔本章6B〕の拒否権付種類株式）を譲渡制限株式とするだけでなく，譲渡制限株式であるだけの種類株式も認められます。後者の実益は，例えば，単元株制度を採用した場合に（第10章4参照），1単元の株式数を異なる数に設定できる点（会188条3項）などに現われます。第10章4A参照。

5 取得請求権付種類株式，取得条項付種類株式，全部取得条項付種類株式

　取得請求権付種類株式（会108条1項5号）の株主は，財源規制には服しますが（会166条1項但書。取得請求権付株式〔会2条18号〕），会社に対して当該株式を取得することを請求できます（会166条1項本文）。取得条項付種類株式（会108条1項6号）は，一定の事由が生じたことを条件として，財源規制には服しますが（会170条5項。取得条項付株式〔会2条19号〕），会社が取得することができる種類株式です（会168～170条）。全部取得条項付種類株式（会108条1項7号）は，会社が株主総会決議によってその全部を取得できる種類株式です（会171～173条の2）——財源規制があります（会461条1項4号）。なお，種類株式としてではなく，全部の株式を取得請求権付株式あるいは取得条項付株式とすることもできます（会107条1項2号3号。ただし，全部の株式を取得条項付株式にする定款変更には全株主の同意を要します〔会110条〕）。

　会社は，取得の対価として，当該会社の社債・新株予約権・新株予約権付社債・他の種類の株式あるいはこれら以外の財産を交付します（対価を交付しないことを当該種類株式の内容として定めることもできます）。つまり，金銭での買受（買受株式）だけでなく，他の種類の株式や社債への転換権を当該株式の内容としたり（転換予約権付株式），当該株式について会社がこのような転換権を有したり（強制転換条項付株式）できるわけです。

　例えば，一時的な資金需要に対処するために配当優先株式を発行するときに，取得条項付種類株式あるいは全部取得条項付種類株式とする場合——取得条件とされた一定期間が経過したときなどに，普通株式に転換するなどして会社の優先配当負担を軽減することができます。非参加的配当優先株式に普通株式への転換権を付与するような形で，取得請求権付種類株式を発行する場合——非参加的配当優先株式は，剰余金が少ないときには有利ですが，剰余金が多いときには普通株式の方が配当額が大きい場合もあり，取得請求権付種類株式とすることで資金調達の円滑化を図れます。以上のような使用例が考えられます。

全部取得条項付種類株式と少数株主の締出し

　全部取得条項付種類株式は，債務超過会社における株主責任としての総株主交代（既存株主はすべての株式を失い，新株発行による新株主が会社を再建します）の手段として用いられることが想定されていました。もっとも，このスキーム利用の目的に制限が設けられていないので，実際には，これを用いた少数株主の締出し事例が少なくありませんでした（第27章7A参照）。グループ企業再編（当該会社の株主が親会社だけになるようにする〔完全子会社化〕など）や上場廃止の手段としての利用があるわけです。種類株式発行会社（会2条13号）ではない場合には次のような手順で行います。

　まず，種類株式発行会社になります（定款変更の株主総会決議〔決議1〕。例えば，残余財産分配に関する劣後株式とその発行可能株式総数〔1株〕を定めます。会108条2項柱書2号・466条・309条2項11号）。決議1の効力が生じると既発行株式（普通株式）は種類株式となります（上記の例だと，残余財産分配に関する優先株式）。次に，既発行株式に全部取得条項を付すとともに新しく普通株式（全部取得条項が付されていない種類株式）を設ける定款変更を行います（決議2・3。同時に当初の種類株式を廃止します〔決議4〕。会108条1項7号2項7号・466条・309条2項11号）。このとき，会社が当該全部取得条項付種類株を取得するにあたっては，少数株主のうち最も持株数の多い者の有する同社株式の数よりも大きい数の株式と引き換えに新しい普通株式1株を交付するように取得対価を定めます（決議2・5の内容。これによって少数株主は端数のみを有する者となります。端数は金銭で処理します〔会234条1項2号〕。なお，端数の合計数に1に満たない端数がある場合にはそれを切り捨てます〔会234条1項柱書括弧書〕。したがって，合計数自体が1に満たなければこのスキームは成り立たないことになります——決議の効力が問題〔取消，無効〕とされるでしょう）。そして，上記の各定款変更の効力が生じることを条件として全部取得条項付種類株式を会社が取得する旨を株主総会で決議します（決議5。会171条1項・309条2項3号）。決議1〜5を同一の株主総会で可決し，その直後に，既存株主（上記の例だと，残余財産分配に関する優先株式の株主）による種類株主総会を開催し，上記決議2にあたる決議と同内容の定款変更を可決します（決議6。会111条2項1号・324条2項1号）。

　当該会社は，取得日の20日前までに，全部取得の旨を全部取得条項付種類

株式の株主に通知あるいは公告しなければならず（会172条2項3項。振替161条2項），また，一定期間，取得対価等の情報の備置・開示を要します（会171条の2・173条の2，会規33条の2・33条の3）。さらに，決議5の株主総会において，取締役は，取得を必要とする理由を説明しなければなりません（会171条3項）。

　上記決議2（既発行株式に全部取得条項を付す決議）につき，反対株主には，自己の有する株式を公正な価格で買い取ることを会社に請求することが認められます（会116条1項2号）。また，上記決議5につき，取得対価に不満のある反対株主は，全部取得条項付種類株式の取得価格の決定を裁判所に申し立てることができます（会172条1項）。上述のスキーム利用は資本多数決によってなしうる反面（なお，当該取得が法令・定款に違反する場合において，不利益を受けるおそれがある株主は全部取得条項付種類株式の取得の差止を請求できます〔会171条の3〕），その効果を強制される少数株主（反対株主）には少なくともその公正な経済的利益を確保する手段が認められているわけです。

6　種類株主総会

A　種類株主総会決議が必要とされる法定事項

　会社法111条2項のように個別に定められている場合や，種類株式追加の定款変更や株式の併合・分割など，会社法322条1項各号所定の行為がある種類の株主に損害を及ぼすおそれがある場合には，当該種類株式の種類株主総会決議を要します（会322条1項。ただし，同条2～4項参照）。これらの行為をなすのに必要な株主総会決議や取締役会決議に加えて，当該種類の株主による総会決議が求められるわけです——当該種類株主総会決議がなければ，当該事項は効力を生じません。

　種類株主総会には，決議要件が定められているほか（会324条），株主総会に関する規定が準用されます（会325条・325条の7）。

B　拒否権付種類株式

　法令または定款で株主総会または取締役会・清算人会の決議事項とされている事項につき（例えば，取締役の選任や重要財産の処分），当該決議のほか，当該種類

株式の種類株主総会決議を要することを内容とする種類株式（会108条1項8号）も発行できます。こうした内容自体が独自に種類株式を形成するわけです。株主総会（取締役会・清算人会）決議のほかに当該種類株主総会決議が必要となるので，その種類株主総会が当該事項につき拒否権を有することになります。

多数株主に対して少数株主（例えば，トラッキング・ストック保有株主）を保護する目的で（例えば，トラッキング・ストック対象子会社の売却に対する拒否権），あるいは企業買収防衛目的（例えば，取締役選任に関する拒否権。このような株式の流通を制約するために当該拒否権付種類株式を譲渡制限株式として定めることになるでしょう〔黄金株〕）で発行されることが考えられます。もっとも，特に後者に関しては，1株だけ発行された拒否権付種類株式を保有する株主が実質的に会社を支配することも可能となるので，一般株主保護の観点から慎重な取扱が求められます。

C　種類株主総会での取締役・監査等委員・監査役の選任に関する種類株式

指名委員会等設置会社でも公開会社でもない株式会社においては（会108条1項但書），その種類株式の種類株主総会における取締役・監査等委員（会38条2項括弧書）・監査役（以上につき，本章6Cでは取締役等と呼びます）の選任に関する事項につき内容の異なる株式を発行できます（会108条1項9号。なお，解任につき会347条・854条3項4項参照）。

この場合には，全部の種類の株式につき，その種類株式の種類株主総会が取締役等を選任することおよび選任できる取締役等の数などが定款で定められます（会108条2項9号。なお，会347条参照）。そこで，その種類株式の種類株主総会で取締役等のうち一定数の選任が保障されることになります。例えば，取締役5名のうちA種類株主総会で3名，B種類株主総会で2名の取締役をそれぞれ選任できるように定めることが可能なわけです。また，取締役5名のうちA種類株主総会で2名，B種類株主総会で1名，A種類株主とB種類株主とが共同して開催する種類株主総会で2名の取締役をそれぞれ選任するよう定めることもできます。

第10章

株式の併合・分割・無償割当，単元株

1　株式併合

A　株式併合の意義

　10株を合わせて1株（併合割合は10分の1）にしたり，5株を合わせて3株（併合割合は5分の3）にしたりするように，数個の株式を合わせてより少数の株式にする会社の行為を株式併合と呼びます。株式併合は会社に対する経済的持分としての株式単位（1株あたりの経済的価値）の引き上げであり（株式併合は，会社資産を変動させず，発行済株式総数を減少させます），併合によっても1株ごとの株式の権利内容に変更はありません（異なる種類の株式間では併合できません〔会182条1項参照〕）。これに対して，後述（本章4）の単元株制度は，株式につき議決権単位を分離し，株式単位と相対化して扱う制度であり（1単元株数の株式を有する株主に1議決権が認められます），新たな大きさの不可分一体な株式単位を形成するのではありません。

　株式併合が行われると，株主の持株数が減少するので，株主は株式譲渡につき不利益を受け（持株数が減少する分，一部の持株を譲渡する選択肢が減少し，しかも1株あたりの市場価格は上がります），さらに株式を全く失う場合があります。例えば，10株を1株に併合する場合，9株は1株の10分の9の端数（端数は株式ではありません）に過ぎなくなります（端数についてはその所有者に対する金銭交付により処理します〔会235条〕）。一方で，株式併合により1株あたりの経済的持分を増加させ株式の市場価格を引き上げたり，合併比率の調節のために合併の準備行為として株式を併合するなど，合理的な理由のある株式併合は禁じられるべきではありません。さらに，併合割合を小さくして少数株主の締出し手段として用いることも考えられます（例えば1万分の1。第27章7参照）。そこで会社法は，次

のような一定の手続を課すことにより株式併合を認めています（会180条1項）。

なお，自己株式につき第13章3E参照。

B 株式併合の手続

株式併合には，株式併合事項（併合割合，効力発生日〔併合日〕，併合する株式の種類）および効力発生日における発行可能株式総数（公開会社の場合には，授権資本制度が適用されるので，効力発生日における発行済株式総数の4倍を超える定めはできません〔会180条3項〕。また，上記定めに従って発行可能株式総数につき効力発生日に定款変更をしたものとみなされます〔会182条2項〕）を，株主総会の特別決議によって定めることを要します（会180条2項・309条2項4号）。そして当該総会（招集通知には，株式併合議案の概要の記載〔記録〕を要します〔会298条1項5号・299条4項，会規63条7号ニ〕。なお，株主総会参考書類が提供される場合には，会規85条の3）において，取締役は株式併合を必要とする理由を説明しなければなりません（会180条4項）。

株式併合を行う会社は，効力発生日の2週間（株式併合において1株に満たない端数が生じる場合は20日〔会182条の4第3項〕）前までに，株主および登録株式質権者に株式併合事項および効力発生日における発行可能株式総数を通知あるいは公告しなければなりません（会181条，振替161条2項）。株式併合の周知を図る趣旨です。株主総会決議で定められた効力発生日に，株主はその前日に有する株式の数に併合割合を乗じて得た数の株式の株主となり，総会決議で定められた発行可能株式総数に係る定款変更がなされたものとみなされます（会182条）。

株券発行会社においては，併合前株券を失効させ新株券と交換するために，株券提出手続をなす必要があります（会219条1項2号）。

株式併合の効力には関係しませんが，株式併合によって発行済株式総数が減少するのでその変更登記が必要です（会911条3項9号・915条1項）。また，株式を併合した会社は，併合株式について株主名簿を書き換えなければなりません（会132条2項）。

C 株式併合情報開示，株主の差止請求権，反対株主の株式買取請求権

単元株式数を定款で定めている会社（会188条1項）であって，当該単元株式

数に併合割合を乗じて得た数に1に満たない端数が生じない場合（つまり，端数が生じることによる株主への影響が少ない場合）を除き（会182条の2第1項柱書括弧書），少なくとも株式併合を定める株主総会の日の2週間前から効力発生日後6か月を経過する日まで，株式併合会社は，株式併合情報の備置・開示義務を負います（会182条の2，会規33条の9）。効力発生日から6か月間の株式併合情報の備置・開示義務につき，会182条の6，会規33条の10。

株式併合が法令あるいは定款に違反する場合には，不利益を受けるおそれがある株主は，会社に対して当該株式併合の差止を請求することができます（会182条の3）。

反対株主（会182条の4第2項）は，効力発生日の20日前の日から効力発生日の前日までの間に，株式併合によって端数になる株式の全部を公正価格で買い取ることを会社に請求できます（会182条の4第1項4項）。効力発生日から30日以内に買取価格について協議が調わないときは，株主あるいは会社は裁判所に対して価格決定の申立をなすことができます（会182条の5第2項）。

2 株 式 分 割

A 株式分割の意義

1株あたりの経済的持分を減少させ株式の市場価格を引き下げたり（なお，上場規程445条は，投資単位〔単元株＝100株〕が50万円未満になるよう要請しています），合併比率の調節などのために，1株を分けて10株にしたり（分割割合〔株式分割によって増加する株式総数の分割前発行済株式総数に対する割合〕は9），3株を分けて5株にするように（分割割合は3分の2），株式を細分化して従来より多数の株式にする会社の行為を株式分割と呼びます。株式分割は会社に対する経済的持分としての株式単位の引き下げであり（会社資産を変動させずに発行済株式総数を増加させるからですが，分割割合が小さい場合には市場価格は低下しないこともあります），分割によっても1株ごとの株式の権利内容に変更はありません（株主は，分割される株式と異なる種類の株式を取得することはありません〔会184条1項参照〕）。

なお，自己株式につき第13章3E参照。

B　株式分割の手続

　株式併合とは逆に株主の持株数が比例的に増加するので，株式分割によっても株主の地位に実質的な変動はありません。そこで，株主の持株数に関する行為なので原則として株主総会決議（通常決議）が必要ですが，取締役会設置会社では取締役会決議で行えることとされています（会183条2項）。

　株式分割の結果，発行済株式総数が増加します。定款に定められた発行可能株式総数を超えて新株を発行するには，定款を変更して発行可能株式総数を増加させなければならないのが原則です（第6章1F参照）。そして，定款の変更は株主総会の権限で行います（会466条・309条2項11号）。もっとも，株式分割に伴って，分割割合に応じて発行可能株式総数を増加させるのであれば，増加の前後において実質は同じです。そこで，分割割合の範囲内であれば（分割割合よりも少ない割合で発行可能株式総数を増加させても株主に不利益はありません），株式分割に伴う発行可能株式総数の増加のための定款変更には株主総会決議は要しないこととされています（会184条2項）——高騰した株価の引下を機動的・迅速に株式分割によって行うことができます。ただし，複数の種類の株式を現に発行している会社においては，一部の種類株式だけを分割することが可能なので（会183条2項3号。なお，株式分割によって，ある種類株式の株主に損害を及ぼすおそれがあるときには，当該種類株主総会決議が必要です〔会322条1項2号〕），発行可能株式総数を増加する定款変更は，原則どおり株主総会の特別決議が必要です（会184条2項括弧書）。

　発行済株式総数の変更登記を要します（会911条3項9号・915条1項）。また，株式を分割した会社は，分割株式について株主名簿を書き換えなければなりません（会132条3項）。

3　株式無償割当

　会社は，株主に対して，新たな払込をさせないで，その有する株式数に応じて，株式を割り当てることができます（会185条・186条2項）。ある種類の株主に，異なる種類の株式を無償割当することもできます（会186条1項1号）——株式分割制度以外に，株式無償割当制度が認められる意義はこの点にあります。

なお，会社が保有する自己株式に関しては，株式分割はできますが，株式無償割当はできません（会186条2項）。株式分割が株式の割当をせずに株主の有する株式数を増加させる行為であるのに対して，株式無償割当は新株あるいは自己株式の株主への割当だからです（会202条2項括弧書参照）。

株式無償割当は，原則として株主総会決議（通常決議）で行いますが，取締役会設置会社においては取締役会決議で行います（会186条3項本文）。ただし，定款に別段の定めを置くこともできます（会186条3項但書）。

会社は，発行済株式総数の登記を変更し（会911条3項9号・915条1項），無償割当株式について株主名簿を書き換えなければなりません（会132条1項1号3号）。

4 単 元 株

A 単元株制度の意義

株式の発行価額ひいては1株あたりの市場価格があまり高いと，多数の個人株主からの出資が期待できません。株式の流動性の観点からも株式の価格はあまり高くない方が良いでしょう。一方で，会社には株主名簿を整備・管理し，株主総会招集通知を発信するなど株主関係の費用が毎年発生します。株式の発行価額が低いと，ごく少数の株式しか持たない株主の場合には，出資額よりもその株主にかかる株主関係費用の方が高くなることも考えられます。これは不合理ですね。株式の価格を低いままにしておいてこの不合理を解決するには，株主関係の費用は株主総会の議決権に関するものが多いので，議決権をそのほかの権利からなる株式から分離させ，相対的に扱う（一定数の株式ごとにそれを有する株主に1議決権ずつ認める）ことを許せばよいでしょう。単元株制度です（なお，単元株といっても，株式が株主のもとに一定数集まった場合を指すのであり，前述の株式併合と異なり，新たな大きさの不可分一体な株式単位が形成されるのではありません）。

株式会社は，1000および発行済株式総数の200分の1相当数を超えない一定数の株式をもって，株主が株主総会あるいは種類株主総会において1個の議決権を行使することができる1単元の株式とする旨を定款で定めることができます（会188条1項2項，会規34条）——制度採用（なお，単元株式数は株式の種類ご

とに定めます〔会188条3項〕）および1単元数の任意性（もっとも上場会社は，単元数を100とされています〔上場規程427条の2第1項本文〕）。自益権など株主総会における議決権を前提としない他の株主権については，原則どおり1株式ごとを基準とします。1単元の大きさに制限が付されているのは，株主の議決権が不当に奪われることになる（1単元の株式数があまり大きいと一部の大株主だけが議決権を有することになります）のを防止する趣旨（換言すれば，少数株主の議決権行使による会社経営参加への配慮）です。

単元株制度を利用した実質的な複数議決権株式

　種類株式として複数議決権株式は定められていませんが（会108条1項），単元株式数は株式の種類ごとに定めるので，既述（第9章4）のように，実質的な複数議決権株式を設定することができます。例えば，単元株式数を，譲渡制限種類株式は10とし，それ以外の種類株式は100とすれば，この場合の譲渡制限種類株式は実質的には10倍議決権株式としての機能を果たします。単元株式数の上限規制の範囲内であっても，公開会社における議決権制限株式の発行制限（会115条。第9章3C）の趣旨を考慮すると，公開会社においては，種類株式間で単元株式数に大きな差を設けるのは望ましくありません。

　この点，東京証券取引所の「上場審査等に関するガイドライン」Ⅱ6（4）（5）などによると，無議決権株式あるいは議決権の少ない株式の新規上場申請にあっては，議決権の多い株式の利用の目的（取締役の地位保全や買収防衛策であってはならない）や株主共同の利益の観点からの必要性が相当であること，および適切な開示を求めています。割合によって一律に規制するのではなく，相関関係的に判断しているのですね。一般論としては，種類株式間の相関関係において株主平等原則違反をどのように把握するかの問題です。

B　単元株制度の採用手続

　単元株制度を採用する場合には，取締役は，定款変更の株主総会において，単元株制度を必要とする理由を説明することを要します（会190条）。

　株式分割と同時に単元株制度を採用しあるいは1単元数を増加するときで，かつ，1株あたりの議決権の割合が減少しない場合には，株主総会決議によら

ないで単元株制度採用あるいは1単元数増加の定款変更ができます（会191条）。株主に実質的不利益がないからです。

　1単元数を減少または単元株制度の採用をやめる場合にも，既存株主に不利益はなくむしろ利益となるので定款変更の株主総会決議は不要であり，取締役（取締役会）の決定でその旨の定款変更ができます（会195条1項）。この場合には，定款変更の効力発生日後遅滞なくその旨を株主に通知あるいは公告しなければなりません（会195条2項3項。なお，振替161条2項）。

C　単元未満株式

　単元株制度は，議決権株式という不可分一体な株式単位を形成するものではなく，1単元数の株式を有する株主に1議決権を認める扱いに過ぎません。議決権は認められませんが，1単元に満たない数の株式（単元未満株式）も株式であることに変わりはありません。したがって，単元未満株式も株主名簿に登録され，譲渡することができます。ただし，単元未満株式買取請求権や残余財産分配請求権など一定の権利以外の権利については，単元未満株式の権利を定款で制限することもできます（会189条2項，会規35条）。

　単元未満株式によっては株主は議決権を行使できず（会189条1項。しかも，上述のように権利制限を受ける場合があります），譲渡も困難であることが予想されます（しかも，株券発行会社においては，単元未満株式に係る株券を発行しないことができる旨を定款で定めることができます〔会189条3項〕）。そこで，単元未満株主には，会社に対する単元未満株式の買取請求が認められています（会192条1項）。また，その有する単元未満株式と併せて1単元株数となる数の株式を売り渡すべき旨を単元未満株主が会社に請求できる制度（単元未満株式の買増制度）を，会社は定款で設定することもできます（会194条1項）。

第11章

株　券

1　株券の意義

　株券は株式という権利を表章する有価証券です。有価証券の制度は，権利内容を記載した証券が作成され，権利の移転にその証券の交付あるいは権利の行使にその証券の占有が必要とされることによって，権利移転あるいは権利行使を合理化・容易化するためのものです。すなわち，権利自体は観念的な存在であり，その所在や内容につき紛争を生じやすいのですが，権利移転や行使に権利内容を記載した証券が必要となると，証券は形のある物なので権利の所在や内容が客観化されるわけです。このように権利移転や権利行使に証券が伴わなければならない場合，その証券は当該権利を化体すると表現します（一方，権利内容記載面からはその証券は当該権利を表章すると表現されます）。

　株券発行会社（定款ですべての株式につき株券を発行する旨を定めた会社。会117条7項・214条）においては，株式の譲渡には株券の交付が必要であり（会128条1項本文），株券は有価証券の範疇に含まれます。会社に対する株主権の行使は後述する株主名簿を基準としますが，株券は有価証券なので，株券発行会社においては，株主名簿への株主名義の登録（名義書換）には株券の提示が必要です（会規22条2項1号参照）。

2　株券の記載事項

　会社法216条は株券に記載すべき事項を列挙しています。会社の商号（1号），当該株券に係る株式数（2号。1株を表章する場合を1株券，100株券や1000株券など複数の株式を表章する場合を併合株券と呼びます），当該株券に係る株式が譲渡制限

株式であるときはその旨（3号），種類株式を表章するするときにはその種類・内容（4号），株券番号そして代表取締役（代表執行役）の署名（記名押印）です（柱書）。

3　株券の発行

　株券は，定款に株券発行会社である旨を定めた会社においてのみ発行されます（会214条）。株券発行会社には株式発行日後遅滞なく株券を発行する義務（株主からの請求がなくても発行しなければならない義務）が課せられています（会215条1項）。株式の併合・分割の場合にも，その効力発生日後遅滞なく新株券を発行する必要があります（会215条2項3項）。ただし，株券発行会社が公開会社でない場合には，株主からの請求があるときまで株券を発行しないことができます（会215条4項）。

　なお，株式併合などの場合において株券を失効させ新株券を交付するために，会社への株券提出手続が設けられています（会219～220条）。

株券不所持制度

　株主としての権利行使は基本的に株主名簿を基準に行うので，株式の譲渡を望まない長期の固定株主にとって株券は不要であるばかりでなく，その所持は紛失・盗難などの危険を伴います（本章5参照）。そこで，株券発行会社の株主は会社に株券不所持制度の利用を申し出ることができます（会217条1項）。この申出（すでに株券が発行されている場合にはその株券を会社に提出して行います〔会217条2項後段〕）があると，会社は株券不発行の措置を執らなければなりません（会217条3～5項）。もっとも，不所持制度を利用した株主は，いつでも株券発行を会社に請求することができます（会217条6項前段）。株主の投下資本回収手段は株式譲渡しかなく，それには，株券発行会社においては株券が必要だからです。

4 株券の効力発生時期

株券はまず証券として作成され，株券番号の記載などによってどの株主の株券か特定されます（株券番号は株主名簿記載・記録事項です〔会121条4号〕）。その後郵送され，株主の手元に交付されます。この一連の流れの中のどの時期に株券は効力を取得することになるのでしょうか。

従来，主として2つの所説が主張されてきました。作成時説は株券がどの株主のものか特定された時点だとし，交付時説は株主に交付された時点だといいます。株券証券に株式が化体される時期の問題であり，すでに成立している株式を化体する証券としての株券の発行義務が会社に課せられているのですから，会社には株式と株券の結合権限が認められると解してよいでしょう（作成時説）。株式と株券を結合させようとする内容の会社の意思表示が，株券証券の株主への交付という形で到達することによって効力を生じる（交付時説）と構成しなければならない理由はないと考えます。

作成時説と交付時説とでは具体的事例において結論が異なってきます。株券作成後，株主への交付までの間に，株券が盗難等の理由で流出し第三者が取得した場合，作成時説によると，株式を表章する有効な株券ですから第三者が事情を知らない善意者であると株式を善意取得（譲渡人が株券盗取者など無権利者であることにつき善意〔かつ善意であることにつき無重過失〕の譲受人を保護する制度で，株式の取得が認められます〔会131条2項。反射的に本来の株主は株式を失います〕）できます。交付時説によると，株券は未だ株式を化体していないので——いわば単なる紙片に過ぎないので，第三者による善意取得の可能性はありえません（本来の株主に影響を与えずに，外観法理等により善意者のために株式を創出する可能性も，株主社団形成には取引の安全保護は要請されないので〔第26章2I参照〕，否定しなければなりません）。善意者を保護して取引の安全を図るのか，具体的な過失は何もない本来の株主の権利は奪えないと考えるのか。利益衡量として捉えると困難な問題ですが，近時は取引の安全を優先させるべきだとの主張が強いようです（なお，株券の所持人は株主と推定されるので〔会131条1項〕，善意者は安心して株式を取得できますが，株主の変動が少ない会社の株式の場合には重過失が認められる余地が大きいように

思われます〔ただし，善意取得を否定する側に重過失の証明責任があります〕)。

5 株券失効制度

A 株券失効制度の意義

株主がその所持する株券を盗難等により紛失しても，株式まで失うわけではありません（株券は株式という権利の譲渡やその行使の道具に過ぎないのです）。依然として株主であることに変わりはないのですが，いろいろな不利益が生じます。前述のように株券発行会社においては，株主名簿への名義書換には株券の提示が必要ですし，株券がなければ株式を譲渡して投下資本を回収することができません。さらに株式を善意取得されるおそれもあります。株券の再発行を受ければよいのですが，前提として紛失株券の効力を奪う必要が生じます（会228条2項）。そのために用意されているのが株券失効制度です（公示催告制度は株券には適用されません〔会233条〕)。

B 株券失効手続

株券発行会社は，株券喪失登録簿を作成し，株券喪失登録の請求によって（会規47条），請求に係る株券番号，株券喪失者の氏名（名称）・住所，株主名簿上の名義人または登録株式質権者の氏名（名称）・住所および株券喪失登録の日を登録しなければなりません（会221条・223条）——株主名簿管理人に事務委託できます（会222条）。株券喪失登録者が株主名簿上の名義人でない場合には，会社は遅滞なく，株主名簿上の名義人に対して，当該株券につき株券喪失登録がなされた旨，株券番号，株券喪失者の氏名（名称）・住所および株券喪失登録日を通知することを要します（会224条1項）。株主権行使のために株券が会社に提出された場合にも，遅滞なく会社は当該株券提出者に株券喪失登録の旨を通知しなければなりません（会224条2項）。なお，会社には，本店あるいは株主名簿管理人営業所に，株券喪失登録簿を備え置く義務があります（会231条1項）。そして，何人も利害関係ある部分に限り，請求理由を明らかにした上で，株券喪失登録簿の閲覧・謄写を請求することができます（会231条2項）。

登録後は，ⓐ株券喪失登録抹消日あるいはⓑ株券喪失登録日の翌日から1年

を経過した日，以上ⓐⓑのいずれか早い日までの間，会社は当該株券に係る株式の名義を書き換えることができません（会230条1項）。その間，当該株式に関しては，株券喪失登録者が株主名簿上の名義人であればその者が株主・登録株式質権者として扱われ，株主名簿上の名義人でない場合には，株主は議決権を行使できません（会230条3項）。

株券喪失登録がなされた株券を所持する者は，登録の翌日から1年以内に限り，当該株券を提出して会社に株券喪失登録の抹消を申請できます（会225条1項2項，会規48条）。会社は，株券喪失登録者に登録抹消申請者の氏名（名称）・住所および当該株券番号を通知する義務を負い（会225条3項），その日から2週間経過した日に株券喪失登録を抹消して抹消申請時に提出された株券を抹消申請者に返還することを要します（会225条4項）。登録抹消・株券返還までの間に，株券喪失登録者が，当該株券について占有禁止の仮処分を取得した上で，訴訟を提起し，株券の返還を求めることができるようにする趣旨です。その後は株券所持人（適法な所持人と推定されます〔会131条1項〕）への名義書換が認められます（会230条1項1号参照）。このほか，登録抹消は，株券喪失登録者の申請による抹消（会226条），株券を発行する旨の定款規定廃止の場合の抹消（会227条），および株式併合時などの異議催告制度適用の場合（会229条）があります。

株券喪失登録が抹消されない場合には，登録の翌日から1年が経過した日に，当該株券は無効になります（会228条1項）。こうして株券が失効した場合には，会社は株券喪失登録者に対して株券を再発行しなければなりません（会228条2項）。

C　株式の善意取得と株券の失効

株主Aの株券をBが盗取したとします。Aは株券を失いますが株式まで失うわけではありません。Bも株券は所持していますが，株式を取得したわけではありません。ところが，Bが株主のような顔をして盗取株券を譲渡すると，（Bの無権利につき）善意・無重過失の譲受人Cは株式を善意取得することになります（無権利者Bから株式を承継取得するのではなく，善意取得という法律要件を満たすことにより，CはAの有していた株式を原始的に取得します）。この段階で，Aは株式を失

い，Cのもとで株式の所在と株券の所持が再び一致します。

　株券を喪失したAが株券喪失登録を請求し，当該株券所持人Cが会社に対して登録抹消を申請した場合，株式の帰属について争いになりますが，最終的には通常の訴訟で決着が図られます（Cの善意取得が認められれば，Cが勝訴します）。

　一方，株券失効制度により株券が無効になると，それ以後，当該株券による株式の善意取得は起こりえません。けれども，Cの善意取得後に株券が失効した場合，会社はAに対して株券を再発行しますが，実質的な権利である株式自体はCの元に留まっています。株券失効制度は，基本的に，株券を喪失したと称する者と会社との間で進められる手続であり，株券失効前に株主となった者の実質的権利をも奪う効果までは規定されていませんし，制度解釈論としても実質的権利まで奪うとするのは妥当性を欠くと考えられるからです。

　もっとも，株券失効後，Aが会社から株券の再発行を受けると，その株券の譲渡により新たな善意取得者が出現する可能性があります。新たな善意取得者のもとで株式の所在と株券の所持が再度一致し，Cは実質的権利である株式を失うことになります。なお，新たな善意取得者が出現するまでは，Cは，自己の株主権を根拠に，Aに対して再発行株券の引渡を請求できます。新たな善意取得後には，CはBに対して損害賠償を請求するほかありません。

第12章

株式譲渡と株主名簿

1 株式譲渡の方法

有限責任の反面，株主への出資返還が禁止されます。そこで，株主の投下資本回収方法として，株式譲渡が保障される必要があります。まず，株主は，原則として他の株主などの承諾や承認なくして株式を譲渡できます（会127条）。株式譲渡自由の原則です（持分会社の持分譲渡規制〔第1章4B〕参照）。

A 株式譲渡方法の原則

株式譲渡は，原則として，譲渡当事者間の合意（債権的意思表示〔株式引渡請求権・代金支払請求権のような債権関係を生じさせる効果意思〕に加えて，準物権的意思表示〔物権以外の権利の発生・変更・消滅——例えば，債権の移転——を直接生じさせる効果意思。通常，債権的効果意思と一体化して表示されます〕を含みます）のみで効力（株式移転の効力）を生じます（財産権譲渡の一般原則です）。もっとも，「株式の譲渡は，その株式を取得した者の氏名又は名称及び住所を株主名簿に記載し，又は記録しなければ，株式会社その他の第三者に対抗することができない」（会130条1項）。名義書換は，株主名簿上の株主（あるいはその一般承継人）と株式取得者が共同して請求しなければなりません（会133条2項）。ただし，株主名簿上の株主（あるいはその一般承継人）に対して株式取得者への名義書換を請求すべきことを命ずる確定判決の内容を証する書面を提供して請求する場合などには，株式取得者が単独で請求できます（会133条2項，会規22条1項）。また，譲渡制限株式の場合については後述（本章8）参照。

なお，株券発行会社であれば株券が存在しその株券所持人の権利が推定されます（会131条1項）。一方，株券を発行しない会社においては，会社側の態勢

不備により株主の権利証明につき株主が不利益を受けるおそれも考えられるので，株主は，当該株主についての株主名簿記載事項（会121条）を記載した書面あるいは記録した電磁的記録の交付・提供を会社に請求できることとされています（会122条）。

B 株券発行会社の場合

株券発行会社の株式の譲渡には，譲渡当事者間の合意のほかに株券交付（準物権行為〔準物権的意思表示を要素とする法律行為。準物権行為後には権利変動自体のための履行義務は残りません〕です）を要します（会128条1項本文）。株券の交付があれば譲渡は完成します。株式譲渡のための特別な対抗要件が存するわけでもありません。株式譲渡方法が明確・簡易なのです。ただし，株主たる地位を会社に対抗（主張）するには株主名簿の名義書換が必要です（会130条）。株券所持人は株主と推定されるので（会131条1項。なお，これは株主権推定であり，株式譲渡の対抗要件を意味するのではありません），株券発行会社においては，株式譲受人が株券を提示して単独で会社に対して名義書換を請求できます（会133条，会規22条2項1号）。

C 振替株式の場合

株式上場会社は，株券を発行できず，上場株式につき株式振替制度を利用しなければなりません。

株式振替制度利用会社の株式で振替機関（原則として振替業〔振替8条・9条1項〕のみを営む者として主務大臣〔内閣総理大臣［金融庁長官に委任］および法務大臣。振替285条1項・286条1項〕の指定を受けた株式会社〔振替2条2項・3条〕）が取り扱うもの（振替株式）についての権利の帰属は，振替機関または口座管理機関（証券会社や銀行など〔振替2条4項・44条〕）が作成する振替口座簿の登録により定まります（振替128条1項）。したがって，振替株式を有する株主は，振替口座簿の中に口座を開設し（開設者＝加入者），口座に振替株式を登録（株主である加入者の氏名〔名称〕・住所，加入者が有する株式の種類ごとの数など）します（振替129条）。口座に登録された振替株式の譲渡人は，当該口座簿を作成した振替機関・口座管理機関に対して，譲受人の口座への振替を申請します（振替132条）。この申請に

基づき譲受人の口座に振替株式が登録されることによって，振替株式の譲渡は効力を生じます（振替140条）。つまり，譲渡の合意とともに，口座への振替登録が振替株式譲渡の効力要件とされます。株式の帰属と譲渡が，口座登録と口座振替で実現するわけですね。

　振替株式の譲渡は口座間の振替によって行われますが，会社との関係で株主として扱われるのは株主名簿に登録された株主です（会130条1項）——会社以外の第三者に対しては，口座振替によって株主となった者は，自己が株主である旨を当然に主張できます（振替161条3項）。そこで，振替機関は，株式振替制度利用会社に対して，当該会社が定める基準日・中間配当基準日など一定の日に，振替口座簿に登録された株主の氏名（名称）・住所・持株の種類および数などの事項を，一斉に速やかに通知します（振替151条。総株主通知。通例は，定時株主総会の基準日と中間配当基準日の年2回行われます）。この総株主通知に従って，株式振替制度利用会社は株主名簿の名義書換を行います（振替152条1項前段。実際の名義書換が基準日など一定の日よりも後の日になっても，基準日など一定の日に名義書換がなされたと擬制されます〔振替152条1項後段〕）。

　株主名簿の名義書換は総株主通知によって行われるので，株主が請求する個別の名義書換手続は適用されません（振替161条1項）。そこで，基準日株主が行使すると定められた権利（会124条1項）以外の権利（少数株主権等〔振替147条4項括弧書〕）の行使については，株主名簿の登録を基準とせず，振替口座簿に登録された株主からの申出に基づき振替機関が行う株式振替制度利用会社に対する（口座登録事項の）通知（個別株主通知）によることとされています（振替154条。個別株主通知後に振替株式が譲渡される可能性があるので，少数株主権等の権利行使は，通知到達の翌日から4週間〔振替施行令40条〕以内に限定されます）。個別株主通知の制度は，直近の総株主通知（株主名簿の名義書換）以降に振替株式の株主となった者が，次の総株主通知まで個別の権利（少数株主権等）を行使できないのは不合理なので設けられたのです。一方，株主名簿上の株主であっても，少数株主権等の行使には個別株主通知を要することになります（裁判において個別株主通知を行うべき時期につき，最決平成22年12月7日民集64巻8号2003頁参照）。この限度において株主名簿制度の適用が除外されるわけです（振替154条1項）。

　なお，加入者は，その口座に登録された振替株式についての権利を適法に有

するものと推定されます（振替143条）。そして加入者が真に保有する株式数よりも過大に株式数が登録されている場合，例えば100株しか保有していないのに150株の登録がある場合，当該加入者から150株譲り受けた者は，50株につき譲渡人が無権利であることを重過失なく知らなければ，譲受人口座に150株が登録された時点で50株を善意取得します（振替144条）——100株は承継取得。譲受人が善意取得した部分につき，当該種類の振替株式の発行済総数を超える場合もありえます。つまり，存在しない株式を善意取得することになるわけです（株券や動産による善意取得・即時取得の場合にはこのような事態は起こりえません）。そこで，超過登録をした振替機関・口座管理機関は，善意取得の結果として発行済株式総数を超過することになる数の振替株式を取得して，株式振替制度利用会社に対して取得した振替株式の権利を放棄する旨の意思表示をしなければならないこととされています（振替145条・146条）。

2　株式の担保化

　株式は財産的価値を有するので担保の対象となりえます。担保化には質入（略式質，登録質）と譲渡担保（略式譲渡担保，登録譲渡担保）の方法があります。実務では，担保権設定の事実が明らかにされず（匿名性），また，簡易になせる略式質や略式譲渡担保の方法を採るのが一般的です。

A　株式の質入
　原則として株主と質権者との間の質権設定の合意に基づき（会146条1項），株券発行会社においては合意に加えて株主が質権者に株券を交付することにより（会146条2項），振替株式については合意に加えて加入者（質権者）口座の質権欄への振替質権登録により（振替141条），株式の略式質が成立します。株券発行会社においては，質権を当事者以外の第三者や会社に対抗するには，質権者が株券を継続して占有する必要があります（会147条2項）。さらに，質権設定者（株主）の請求により（会148条），あるいは振替株式については質権者（口座加入者）からの申出により（振替151条3項4項），会社が質権者の氏名（名称）・住所を株主名簿に登録した場合（会147条1項。なお，会152条）が登録質です。

株式の質権者には，民法上，株券を留置する権利（民362条2項・347条），優先弁済権（民362条2項・342条），転質権（民362条2項・348条）および物上代位権（民362条2項・350条・304条1項）が認められます。物上代位に関しては，株式の併合・分割・剰余金配当などによって株主が受けるべき金銭・株式等に及びます（会151条）。さらに，登録株式質権者（会149条1項）は，会社から直接に，剰余金配当・残余財産分配・株券などの支払・引渡を受けることができます（会153条・154条）。

B　株式の譲渡担保

株主と担保権者との間の譲渡担保権設定の合意に基づき，株券発行会社においては合意に加えて株主が譲渡担保権者に株券を交付することにより（会128条1項本文），振替株式については譲渡担保権者の口座への株式振替登録により（振替140条），株式の略式譲渡担保が成立します――株式譲渡や（株券発行会社の場合の）略式質とは，当事者の効果意思の内容で区別されることになります。さらに，株主名簿の株主名義を譲渡担保権者名義に書き換えた場合が登録譲渡担保です。なお，振替株式の場合には，総株主通知（株主名簿の名義書替）によって登録譲渡担保になります。そこで，振替株式の譲渡担保権者は，自己の口座が開設されている振替機関・口座管理機関に対して，譲渡担保権設定者（形式的には振替株式譲渡人）を株主として総株主通知するよう申し出ることができます（振替151条2項1号括弧書。略式譲渡担保）。

登録譲渡担保権者は会社との関係では株主として扱われます。さらに，質権者が優先弁済を受ける方法は原則として競売である（民事執行法190条・122条）のに対して，譲渡担保権者には，任意売却や所有権取得の方法が認められます。

3　株主名簿制度

A　株主名簿制度の意義

株式譲渡自由原則のもとでは，株主は常に変動することが制度的に予定されています。他方で，会社は株主に対して，株主総会招集通知を発したり，剰余金配当をなしたりしなければなりません。これらの義務を履行するために，会

社は株主を把握しておく必要があります。しかしこれには困難を伴います。既述のように，株券発行会社の場合には株券を所持する者は株主と推定されるという強力な推定規定はありますが，そもそも会社への通知が株式譲渡の要件とされていないからです。そこで，変動可能性のある多数の株主を会社のもとで一元的に把握する法技術として株主名簿の制度が設けられています。

　株主は株主名簿に名義を登録しなければ，会社に対して株主である旨を対抗（主張）できません（会130条）。この登録は，各株式につき最初に発行を受けた者については会社の義務として行います（会132条1項1号）。株式の譲渡があった場合には，前述のように，原則として株主名簿上の株主（譲渡人）と譲受人とが共同して（会133条2項），株券発行会社においては株式取得者が単独で（会133条，会規22条2項1号。会131条1項参照），会社に名義書換を請求することによって行われます。ただし，振替株式については発行会社への振替機関からの総株主通知によって行われます（振替151条1項・152条1項）。

　名義書換しなければ対抗力が付与されないのは，株主名簿に名義登録されなければ株主になれないだとか，株式の譲渡を会社に対抗できない，という趣旨ではありません。株主名簿制度は，株主が本来有する株主権対抗力（自分が株主である旨を主張できる法律上の力。権利者が権利を有することを主張できるのは当然の原則です）を会社に対する関係で制限し，名義書換により名義人株主はその対抗力を回復するという仕組です。それとともに，株主名簿上の名義人と真の株主が異なる場合でも，名義人を株主として扱った会社は免責されます（本来なら，株主でない者を株主と扱っても会社は株主に対する義務を履行したことになりません）。株主名簿制度がこのようなものであるため，会社は株主名簿上の名義人を株主として扱うことになります。名義人が真の株主であれば株主を株主として扱うことになり問題はありません。両者が異なる場合にも，真の株主は会社に対する株主権対抗力を制限されており，かつ名義人を株主として扱った会社は免責されるからです。

　なお，株券発行会社の場合には株券占有者が，振替株式については口座に登録された譲受人株主が，法律上，株主推定を受けます（会131条1項，振替143条）。つまり，第三者との関係で，株主である旨を当然に主張できるという前提（会130条2項，振替161条3項）で，株主推定を受けるわけです。一方，これ以外の

会社の場合には第三者との関係においても株主名簿の名義書換が対抗要件とされています（会130条1項）。つまり，株主権推定以前に，第三者との関係で，株主である旨の主張が制限されるわけです。後述・本章4D参照。

B　株主名簿の作成・備置

株主名簿記載事項は，株主の氏名（名称）・住所，株式の種類・数，株式取得日，さらに，株券が発行されている場合には株券番号です（会121条）。そしてその作成（書面あるいは電磁的記録として作成します），本店での備置が会社に義務づけられています（会125条1項）。株主および会社債権者は，当該会社の営業時間内はいつでも株主名簿の閲覧・謄写を請求できます（会125条2項3項）。なお，親会社の社員にも，その権利行使に必要なときに裁判所の許可を条件として，子会社株主名簿の閲覧・謄写請求権が認められています（会125条4項5項）。

C　株主名簿管理人

株主名簿の作成・備置や名義書換などの事務代行者である株主名簿管理人を，定款の定めにより設置できます（会123条。登記を要します〔会911条3項11号〕）。株券喪失登録簿（会222条）や新株予約権原簿（会251条）に関する事務についても委託できます。株主名簿管理人には信託銀行や証券代行会社などが選任され，その営業所に株主名簿が備え置かれます（会125条1項）。会社事務合理化の一環として利用される制度です（結果として，株式事務の適正性も担保されます）。なお，上場内国会社は株主名簿管理人を設置しなければなりません（上場規程424条・2条18号。設置廃止は上場廃止事由です〔上場規程601条1項11号〕）。

4　名義書換の効果

A　対会社株主権対抗力

前述のように，株主名簿の名義書換を受けなければ，会社に対して株主である旨を対抗できません（会130条）。つまり，名義書換未了株主は，たとえ株券の提示などにより株式の所有を証明しても，会社に株主権を行使できないのです。株主名簿制度により制限されていた対会社株主権対抗力を，名義書換に

よって株主は回復することになります。

　もっとも，名義書換未了株主が常に会社に対して株主権の主張をなせないわけではありません。株主名簿は会社・株主間の関係を合理的に処理するための制度です。この制度趣旨から，株主名簿制度の対会社株主権対抗力制限効は限界づけられ，名義書換未了株主であっても会社に対して株主権の主張をなしうると解すべき場合も存在します。例えば，名義書換請求権は株主権の重要な一内容であり，株主でない者の請求による名義書換は無効です。会社が名義を書き換えるのは請求者が株主だからで，名義書換請求関係においては名義書換未了株主も会社に株主権を主張できるわけです。

　なお，振替株式の場合における個別株主通知による少数株主権等の行使につき本章1C参照。

B　資格授与的効力（株主権推定力）

　会社に対する株主権の行使には対会社株主権対抗力が必要です。この対抗力を備えているかどうかは株主名簿の名義が基準となります。したがって，株主は自己の株主権を証明しても原則として会社に対して権利行使できません。株主名簿上の名義人である旨を証明して権利行使することになるわけです（実質的権利の証明ではなく形式的資格の証明であり，権利主張者と名義人の同一性の証明です）。つまり，名義書換には会社に対する株主資格——権利行使資格を設定する効果が生じるのです。これは資格授与的効力と呼ばれますが，その内容は株主権推定力です。株主権推定力の結果，株主名簿上の名義人であることを示す者の株主権行使を，名義書換の無効あるいはその者が株主ではないことを証明できない限り，会社は認めなければなりません（会社は株主であることの証明を求められないのです）。

　資格授与的効力は有効な名義書換により生じます。無権利者からの請求に応じてしまった名義書換は無効であり資格授与的効力は生じません。また，名義書換により会社・株主間の継続的な関係が株主資格として設定されるのであり，たとえ後に名義人が株式を譲渡して無権利者となっても，この資格は当該株式についての次の有効な名義書換が行われるまで継続します。

　なお，対会社株主権対抗力の問題と資格授与的効力とを混同しないよう注意

する必要があります。会社は株主に対して個別に各種通知等の義務を負っています。名義書換未了株主に会社がこれらの義務を果たさなくて済むのは，株主権対抗力が制限されているからで，資格授与的効力（株主権推定力）を備えていないからではありません。株主名簿上の名義人に上記義務が履行されるのは，名義人が真の株主の場合には対会社株主権対抗力を有する株主だからで，名義人が無権利者の場合には会社が免責されるからです。

C　会社免責力

このように，会社は株主名簿上の名義人を株主として扱うことになります。名義人が真の株主である場合には，権利者を権利者として扱うわけで問題はありません。名義人が株主でない場合には株主としての取扱は無効ですが，会社は免責されます。株主名簿の名義書換から会社免責力が生じるわけです。

会社免責力は，株主の請求により名義書換が有効に行われた場合には，それによって生じる資格授与的効力（株主権推定力）を根拠として認められ，無権利者の請求による無効な名義書換の場合には，名義書換に関する会社免責（株券所持〔会 131 条 1 項〕や振替口座の登録〔振替 143 条〕による株主推定〔資格授与的効力〕を前提に，善意無重過失で名義書換に応じた会社は免責されます〔有価証券の一般理論。資格授与的効力の反面として認められる免責なので，無権利の証明が容易でないときには悪意であっても会社は免責されます〕。名義人株主と株式取得者の共同請求の場合も，名義人株主の有する資格授与的効力を前提に同様に解されます）がその後の免責の根拠となります（名義書換は会社・株主間の継続的な関係を資格として設定する契機となるものなので，一度限りの権利行使の問題と異なり，名義書換の免責はその後に名義人を株主として扱った会社免責へと引き継がれると解されます）。

株主に対する通知・催告は，株主名簿に登録された株主の住所あるいは株主が会社に通知した宛先（場所または連絡先）に発信すればよく，たとえ到達しなくても通常その到達すべきであったときに到達したものとみなされます（会126 条 1 項 2 項）——登録株式質権者についても同様です（会 150 条）。上記住所あるいは宛先に発信した通知・催告が継続して 5 年間到達しなかったときは，以後，会社は当該株主（所在不明株主）に対する通知・催告をなす必要がなくなります（会 196 条 1 項）——登録株式質権者についても同様です（会 196 条 3 項）。

その場合の当該株主に対する会社の義務履行の場所は会社本店とされます（会196条2項・4条）。なお，第13章3C②参照。

D 第三者対抗要件

株券発行会社の株式の譲渡および振替株式の譲渡を除き，第三者との関係においても名義書換が株式譲渡の対抗（主張）要件とされています（会130条1項）。二重譲渡に対処する明確な基準とする趣旨からです（株式の譲渡が株券交付や口座振替で行われる場合には二重譲渡は生じません）。一方，前述のように，株券発行会社の株式や振替株式については，名義書換未了株主も，第三者に対して株主である旨を主張（対抗）でき，さらに，株券占有・口座登録によって株主権が推定されることになります。

5 名義書換未了株主の法的地位

A 名義書換未了株主と会社との関係

名義書換未了株主も株主ですが，対会社株主権対抗力を制限されているので，その権利行使主張を会社は拒むことができます。しかしながら，これは対抗力制限の問題であり，株主権の所在の問題ではないので，会社が名義書換未了株主を株主として扱うことは可能です。会社のための制度である株主名簿制度の利益を会社が放棄し，真の株主を株主として扱うわけで，このような取扱ができないという理由はありません。

ところが，株主名簿は会社・株主間の法律関係の画一的処理を実現するためのものだから，単に対抗力を制限するだけではなく，会社・株主間の関係を固定化する意味を有し，会社は名義書換未了株主を株主として扱うことができない，とする所説があります。しかしそうだとすると，会社は常に株主名簿上の名義人を株主として扱わなければならず，株主権推定力としての資格授与的効力も会社免責力も認める余地はなくなります（推定ではなく株主確定ですし，確定である以上免責するもしないもないからです）。こうなってくると，名義書換未了株主が株主であること自体問題になります。実際，この所説を前提に，名義書換未了株主が有するのは名義書換により株主になる地位であり，名義書換により

初めて株式を取得する，という主張がなされています。名義書換により株主になる地位の内容は，あるいは名義書換請求権，あるいは株主権の中の財産的権利，また基本権たる株式だとされます。株式譲渡の対象となるのはこのような権利だというわけです。けれども，株式の内容を社員権と考える以上，株式を譲渡の対象となる部分とならない部分に区別する構成には無理があります。さらに株式譲渡の当事者の意思からも株式が譲渡されるのであり，株式を構成する内容の一部が譲渡されるのではないというべきでしょう。

B 名義書換未了株主（株式譲受人）と名義人（株式譲渡人）との関係

株式譲受人が株主名簿の名義書換を失念中に，株主割当の方法（株主が持株数に比例して株式の割当を受ける権利を付与される場合。時価よりも低い価額で発行できます。第26章2D参照）で株式が募集され，依然として株主名簿上の名義人である株式譲渡人が株式を引き受けると（当該株式は失念株と呼ばれています），どのような法律関係になるでしょうか。なお，株主割当による新株引受権の価値分を減じた価格で株式が譲渡された場合のように，当該新株は譲渡人が引き受けるとの合意が譲渡当事者間にあると認められるときには「失念株」は問題ではありません。

会社との関係では株主名簿上の名義人が株主として扱われるので，もはや株主ではない株式譲渡人でも失念株を有効に取得できます。しかし，株主割当ですから，本当は株式の割当を受ける権利は真の株主である株式譲受人が有していたことになります。したがって，譲渡当事者間の関係では，譲受人は譲渡人に対して，引き受けられた株式あるいはそれにより得られた利益の引渡を請求できると考えるのが一般的です（なお，会社支配争奪局面でこの問題が生じる場合もありうるので，少なくとも，失念株引渡請求の可能性を全く排除してしまう構成を採るべきではないでしょう）。

この請求の理論的根拠として，不当利得と準事務管理が挙げられています。実質的衡平の観点から当事者の利益調整を図る不当利得（民703条）にあたりそうですが，譲渡人が株式を引き受けたから譲受人が損失を被ったのではなく，利益と損失の間の因果関係を欠くと思われます。また，事務管理意思（本人のためにする意思）を欠く場合にも準事務管理として事務管理の規定（民701条・

646条）の類推適用を認める立場がありますが，多分に便宜的な構成で，否定的な見解が強いようです。前記のような請求を認めるべきだとの価値判断を基本的に支持する以上，その対象や範囲を明確にする意味からも立法的解決が望まれます（なお，振替株式については，振替機関による通知失念が問題になります）。この点，日本証券業協会の「株式の名義書換失念の場合における権利の処理に関する規則」によれば，協会員たる証券会社間においては，譲受人は6か月の間は配当金・株式などの返還を請求でき，譲渡人はその返還にあたり払込金などの支払いを受けることとされています。

6　名義書換の不当拒絶

　会社との関係で株主として扱われる資格を設定する契機なので，株主名簿の名義書換は株主にとって非常に重要な意味を持ちます。一方，株券を提示してあるいは名義人株主と共同でなされる名義書換請求に応じれば，たとえ無権利者の請求であっても会社は免責されます（本章4C参照）。振替株式について振替機関の通知に応じて名義書換する場合も同様です。したがって，請求者の無権利を容易に証明できる場合を除けば，会社は請求を受理して名義を書き換えなければならないのであり，書き換えるか否かの裁量の余地はありません。それにもかかわらず——正当な理由がないのに，会社が名義書換を拒む場合があり，これを名義書換の不当拒絶と呼びます。

　不当拒絶を受けた株主の権利行使を，株主名簿上の名義人でないことを理由に会社は拒めないと解されます。すなわち，不当拒絶を受けた株主は株主名簿上の名義人ではありませんが対会社株主権対抗力を回復し（株主名簿制度による対会社株主権対抗力制限効の限界），会社はこの者を株主として扱わなければならなくなるわけです。

7　基　準　日

　株主としての権利行使は権利行使時に株主である者（会社との関係ではその時点の株主名簿上の株主）でなければならないはずです。もっとも，多数の株主が同

時に権利行使する場合には，あらかじめ当該権利を行使できる株主を確定することを認める措置に合理性が認められます。そこで，基準日を定めることが認められています。議決権行使や剰余金配当を受けるなど会社に対して株主権を行使できる者を確定するために，権利行使日の前3か月以内の特定の日（当該基準日および権利内容を定款で定めるか基準日の2週間前までに公告する必要があります）において，株主名簿に名義が登録されている者（基準日株主）を権利行使者とする制度です（会124条1～3項）。

基準日株主が行使できる権利が株主総会における議決権である場合においては，会社は，基準日後に株式を取得した者を権利行使者として定めることもできます（会124条4項本文）。例えば基準日後の吸収合併による新たな株主を，取締役選任決議に参加させることができるわけです。ただし，基準日株主の権利を害することはできません（会124条4項但書）。したがって，既存の株式を基準日後に譲り受けた株主には，原則として議決権行使を認めることはできません（基準日株主の議決権行使を排除することになるからです）。

8　定款による譲渡制限株式の設定

A　定款による譲渡制限株式制度の意義

日本の株式会社の大半は小規模閉鎖会社であり，株主構成は家族や親戚，親しい仲間など気心の知れた者のみであるという場合が数多く見受けられます。このような会社にとって，考え方の異なる者が株主として会社運営に参加してくると，会社経営が混乱し既存株主が従来享受していた利益が損なわれるおそれがあります。資本規模が大規模な会社であっても，合弁企業など限定された出資者のみで構成される会社もあり，各会社の事情によっては，上記のような既存株主の利益も考慮に値するといってよいように思われます。この趣旨は，ある種類株式（例えば，拒否権付種類株式）を譲渡制限株式にする場合にもあてはまります。

そこで，株式譲渡は原則として自由ですが（会127条），会社法は，「譲渡による当該株式の取得について当該株式会社の承認を要する」旨を，すべての株式の内容としてあるいは種類株式の内容として，定款に定めること（定款の相

対的記載〔記録〕事項）を許容しています（会107条1項1号2項1号・108条1項4号2項4号）。そして，このような内容を有する株式は譲渡制限株式と名づけられています（会2条17号）。なお，譲渡制限株式については株式振替制度を利用できません（振替128条1項）。

　この制度は，従来株式譲渡の制限を認めるものだとの理解が強かったようです。しかしながら，株式の譲渡は当事者の合意（あるいは合意と株券交付）により完成するのであり，これは投下資本回収の観点からもその手段として保障されなければなりません（株式譲渡の効力が会社の意思により左右されるような制度は株式会社制度の基本的枠組からはみ出すものです）。既存株主と考え方の違う者が株主（当該種類株式の株主）となることによって会社経営が混乱することを防止し，既存株主の利益を保護するという趣旨を有するのが譲渡制限株式制度であり（総会屋〔第17章参照〕の排除とは観点が異なります），この制度趣旨実現には株式譲渡の効力を否定する必要はなく，会社との関係で株主として扱われる者（会社との関係で株主資格を有する者）が制限できれば十分です。株式譲受人への株主名簿の名義書換を適法に拒否できることを認めた制度と把握するべきでしょう。

　定款による譲渡制限株式制度の趣旨は既存株主の利益保護なので，利益保護の対象となる株主が存在しない場合には（一人会社においてその一人株主が持株を譲渡した場合〔最判平成5年3月30日民集47巻4号3439頁〕，株主全員が承認している場合〔有限会社につき，最判平成9年3月27日民集51巻3号1628頁参照〕），定款規定にもかかわらずこの制度は適用されず，会社の承認は不要です（なお，株主の交替自体は会社資産に影響を与えるものではないので，会社債権者の利益を考える必要はありません）。

　なお，種類株式発行会社（会2条13号）がある種類の株式の内容として譲渡制限種類株式でもあるとする定款の定めを設ける場合には，当該種類株式の種類株主を構成員とする種類株主総会の決議を要します（会111条2項・324条2項1号）。また，すべての株式に譲渡制限株式制度を採用する定款変更決議は，この事項につき議決権を行使できる株主の半数以上であって，当該株主の議決権の3分の2以上の多数決によります（会309条3項1号）。いずれの場合も，反対株主に株式買取請求権が認められます（会116条1項1号2号）。譲渡制限株式制度採用にあたってその対象となる新株予約権が存在するときには，新株予約

権者は当該新株予約権の買取を会社に請求できます（会118条）。株券発行会社の場合には，株券提出手続が適用されます（会219条・220条）。

B　定款による譲渡制限株式制度の概要

定款による譲渡制限株式制度のもとでは，会社は名義書換を適法に拒否できますが，株主の投下資本回収の保障との調整のための手続が用意されています。なお，承認等を決定する会社の機関は，定款に別段の定めを置くこともできますが，原則として株主総会であり，取締役会設置会社においては取締役会です（会139条1項）。

会社に対する取得承認請求は，譲渡対象株式の種類および数を明示して，譲渡制限株式を譲渡しようとする株主が，あるいは譲渡制限株式の譲受人が名義人株主と共同してまたは株券を提示して，行います（会136～138条，会規24条）。取得の承認は株式譲受人に関する名義書換拒否権の放棄，不承認はその拒否権の維持を意味します（会134条1号2号参照）。不承認の場合に備えて会社あるいは会社指定の買取人が買い取るべき旨を請求することもできます（会138条1号ハ2号ハ）。

取得承認請求に対して請求の日から2週間以内に，会社が承認あるいは不承認の通知をなさないときには，会社の承認が擬制されます（会145条1号）。また，承認等請求者に対して，指定買取人が買取通知と下記供託を証する書面の交付を不承認通知後10日以内に行わず，かつ，会社も買取通知と下記供託を証する書面の交付を不承認通知後40日以内に行わないときには，会社の承認が擬制されます（会145条2号3号，会規26条1号2号）。なお，上記各期間につきそれを下回る期間を定款で定めることもできます。また，会社の買取には財源規制がかかります（会461条1項1号）。

上記買取通知により承認等請求者と会社あるいは指定買取人との間で当該株式の売買契約（債権契約）が成立します（最決平成15年2月27日民集57巻2号202頁）。買取請求には，当該株式数に1株あたりの純資産額を乗じた額を本店所在地の供託所に供託する必要があります（会141条2項・142条2項，会規25条）。会社あるいは指定買取人が対象株式を買い取るべき旨の当初の請求につき，承認等請求者は，買取通知がなされるまでは撤回することができますが，買取通

知を受けた後は，会社あるいは指定買取人の承諾を得なければ撤回はできません（会143条）。なお，会社あるいは指定買取人が売買債務を履行しないときなどにおいて，承認等請求者が上記株式の売買を解除した場合には，当初の承認請求に対する会社の承認が擬制されます（会145条3号，会規26条3号）。株券発行会社の場合の株券供託については，会社法141条3項4項・142条3項4項参照。

なお，買取通知によって成立する売買契約における売買価格は当事者の協議で定めますが，当事者は買取通知日から20日以内に裁判所に対して売買価格の決定を申し立てることができます（会144条）。裁判所が行う売買価格の決定につき，最決令和5年5月24日判例タイムズ1514号33頁は，DCF法（discounted cash flow。将来期待されるフリー・キャッシュ・フローを一定の割引率で割り引くことによって株式の現在価値を算定する方法）によって算定された評価額から非流動性ディスカウント（非上場株式〔本件では譲渡制限株式〕は流動性が低いので売却コストを評価額から割り引くこと）を行うことができると解しています。この点につき第27章2C②参照。

C 会社の承認を欠く譲渡制限株式の譲渡の効力

多数説・判例（最判昭和48年6月15日民集27巻6号700頁）は，この制度の趣旨が既存株主にとって好ましくない者が株主となることの防止である点から，会社の承認を会社に対する関係で株式譲渡の効力要件と考え（承認を欠く譲渡は対会社関係では無効。したがって承認は「株式譲渡」の承認），一方，譲渡当事者間では承認がなくても譲渡は効力を有すると解しています。そして，対会社関係での譲渡の無効は，会社との関係では譲受人は株主と認められないことを意味します（最判昭和63年3月15日金融・商事判例794号3頁）。

ところが，前述のように承認等の手続は，会社と株式譲受人との間でも行われることが予定されています。株式取得承認や株式買取請求は株主だから認められるのであり，対会社関係で株主と認められない者がこれらの請求をなしうるというのは背理でしょう。譲受人が会社との関係でも株主（ただし名義書換未了株主）だからこのような請求ができるのです。

前述のように，当事者間の譲渡の合意（あるいは合意と株券交付）により会社と

の関係でも株式譲渡は完成します。会社の承認を欠く譲渡も有効です。株式譲受人からの承認請求は，会社に対する名義書換拒否権の放棄請求であり，定款のこの制度のもとでは，株式取得者（名義書換未了株主）にとって株主名簿の名義書換の前提となります（会134条1号2号参照）。このように定款による譲渡制限株式制度は，株主名簿の名義書換を会社が適法に拒否できることを認めた制度と把握されます。

第13章

株式譲渡の制限

1 会社・株主間の契約による株式譲渡の強制

　近時，いわゆる従業員持株制度を採用する会社が増加していますが，会社法にはその内容についての規定はなく，どのような契約が許容されるか解釈上の争いがあります。特に，従業員持株制度に基づきあらかじめ定めた確定金額で取得した株式を退職時に同額で会社の指定する者に譲渡する旨の合意（譲渡強制特約）を，従業員（株主）が会社との間でなす場合が問題とされます。

　既述のように，株式譲渡自由原則のもと，譲渡制限株式制度は，会社は定款によっても株主の投下資本の回収を制限できないことを意味しています（持分会社の社員と異なり株主に対しては退社による出資返還が禁止されている点に注意）。したがって，契約自由原則のもと自由意思による合意であっても，投下資本回収を不当に妨げるような内容を有しない限りにおいてのみ，会社（あるいは会社と一体性を有する従業員持株会）は株主と上記のような株式譲渡強制特約を締結できると解すべきでしょう。

　不当性の基準は，このように会社法の基本的枠組の問題と捉えると定款による譲渡制限株式制度の解釈によりますが，これを契約自由の妥当領域で捉える見解では民法90条の問題になります。いずれにしても問題は投下資本の回収にあるので（単なる貸付金の回収ではありません），譲渡強制特約の不当性は株式投資の本質から判断しなければなりません。株主は投下資本を失う危険を負担しているのですから，キャピタルゲイン（投下資本の値上がり益）を排除する内容の契約を会社が締結するのは不当だといえます。

　たとえ高率の剰余金配当がなされていたとしても（貸付金利としては高利だといえる場合でも），それ自体は株主の権利なのでキャピタルゲイン排除合意を適法

化できるわけではありません。また，小規模な閉鎖的会社では株式譲渡の度ごとの価格算定は実際的ではないから，あらかじめ定めた確定金額での買戻には合理性があるとの指摘も見受けられますが，定期的な算定など合理的な工夫は可能でしょう。このような努力をなさないで初めから確定金額での買戻を適法視することはできないと考えます。

　この点，最判平成21年2月17日金融・商事判例1312号30頁は，公開会社でない株式会社の株式につき，持株会が従業員に売却する価格と退職時などに強制的に買い戻す価格とが同額である事例に関して，買い戻し特約の効力を認めています。公開会社ではこのような特約の効力は認められないという趣旨だと解すれば，その限度では評価できるでしょう。

2　株券発行前の株式譲渡

　株券発行会社における株式の譲渡には株券の交付が必要ですが（会128条1項本文），株券の発行は株式発行の後になります（会215条1項）。そこで，株券発行前においても株式を譲渡できるかが問題となります。既述のように，株式会社には一般的な退社制度がなく，株主には投下資本回収の手段としての株式譲渡の自由が保障される必要があります。さらに，会社法128条2項が「株券の発行前にした譲渡は，株券発行会社に対し，その効力を生じない」と規定していることからすると，株券発行前の株式譲渡も全面的に無効なのではなく，譲渡当事者間においては効力を有すると解されます（同条項の反対解釈。最判令和6年4月19日裁判所ウェブサイト）。この場合には，株券の存在を前提とする会社法128条1項本文は適用されず（株券という有価証券が発行された後にはその交付を株式譲渡の効力要件とするのが同条項の趣旨です），意思表示のみによる譲渡になります（ここでの当事者の合意は準物権的効果意思を含むわけです）。そして，譲受人は，譲渡人に対して当該株式に係る株券の引渡を請求できると解され，この請求権を保全する必要がある場合には，会社に対する当該株券引渡請求権の代位行使が可能です（民423条1項本文。前掲令和6年最判）。

　一方，対会社関係においては，株券発行前の株式譲渡は128条2項により効力を認められません。けれども，同条項は，「株式会社が株券を遅滞なく発行

することを前提とし，その発行が円滑かつ正確に行われるようにするために，会社に対する関係において株券発行前における株式譲渡の効力を否定する趣旨」の規定だと解されます（最判昭和47年11月8日民集26巻9号1489頁）。したがって，正当な理由なく株券の発行が遅滞しているような場合には（上記昭和47年最判は，株式会社になって以来，4年以上にわたって全く株券が発行されていなかった事案でした），同条項は適用されず，意思表示のみによる株式譲渡が会社との関係でも効力を認められます。問題は，「正当な理由なく株券の発行が遅滞しているような場合」の評価ですが，信義則に照らして不当遅滞と捉えられる場合だとする所説と，株券発行事務に通常必要な合理的期間を経過した場合だとする所説が有力です。

3　自己株式の取得規制

A　自己株式の取得規制

　会社による自ら発行した株式（自己株式）の取得は，特に上場会社では，余剰資金の株主還元による資本効率（株主資本配当率〔DOE〕や自己資本利益率〔ROE〕）の向上を目的として実施される傾向があります（剰余金の配当および自己株式の取得に関する企業の中長期的な方針をペイアウト〔Payout〕政策と呼びます）。自己株式の消却・売却等につき，本章3F参照。

　自己株式の取得は株主構成（会社支配権）に係る事柄なので，基本的に株主総会の権限に属します。もっとも，取得事由や取得先を限定して行う場合には，業務執行に準じて取締役（会）の権限として扱ってもよいでしょう。ただし，自己株式の取得には出資払戻規制や株主平等など特別の考慮を要します。そこで会社法は，155条に列挙する事項以外の場合には自己株式の取得を禁じた上で，以下のような規制を課しています。

B　株主との合意による自己株式の有償取得規制（会155条3号）

① 原　則

　会社法156条は，取得理由や取得先を限定せずに自己株式を有償で取得することを認めていますが，手続面での規制として株主総会決議を求めています

（同条2項参照）。自己株式取得を株主総会決議事項とするのは，剰余金の処分権限が株主総会に属すること（会452条・454条1項。後述のように取得財源が分配可能額であり，また会社が取得して保有する自己株式に資産性はないことから，自己株式の取得は剰余金処分の性質を有します）だけでなく，株主平等（自己株式の有償取得は，一部の株主のみに対する優遇的措置になるおそれがあります）や会社支配の公正確保（会社資金による自己株式の取得を経営陣が自己の地位維持のため等に利用するおそれがあります）を図ろうとするからです。

　この総会決議では，取得しうる株式数，対価総額や取得期間（1年以内）が定められ（会156条1項），これに基づき，具体的な取得は取締役（会）が決します（会157条2項参照）。取得事項は取締役（会）の決定ごとに均等に定めなければなりません（会157条3項。株主平等）。会社は，取締役（会）が決定した取得事項を株主に通知し（公開会社では公告でもって代えることができます。会158条。なお，振替161条2項），株主からの申込によって自己株式を取得します（会159条）。

　もっとも，市場取引あるいは公開買付の方法による自己株式の取得も認められ（なお，上場会社による上場自己株式取得につき，金商27条の22の2第1項参照），この方法を採用する場合には，すべての株主が平等な売却機会を有することになるので上記の通知（公告）は必要ないなど，その性質上会社法157条〜160条は適用されません（会165条1項）。

　自己株式の取得には財源規制（分配可能額の範囲内〔会461条1項2号3号〕）が課されます。そうしないと実質的に出資の払戻になり資本維持に反する――会社債権者を害することになるからです。そして，取締役・執行役は，その職務執行につき無過失を証明しない限り，次の責任を負います。財源規制違反行為を行った場合には，分配可能額超過額につき連帯して会社に支払う責任（会462条1項1号2号2項），また，自己株式を取得した事業年度に係る計算書類が定時株主総会の承認（会438条2項）を受けたときあるいは取締役会の承認で確定するとき（会439条。第25章4B参照）において欠損が生じた場合には，その塡補責任（当該事業年度における自己株式の取得価額総額が欠損額よりも少ないときにはその取得総額賠償責任）です（会465条1項2号3号）。なお，これらの責任の免除につき，会社法462条3項・465条2項参照。

　②　特定の株主からの有償取得（手続規制の例外）

会社法 156 条の総会決議は通常決議で足りますが、特定の株主から会社が自己株式を取得するときには総会特別決議が必要です（会 160 条 1 項・309 条 2 項 2 号）。この場合には、売主とされた特定の株主以外の株主は、株式総会の議案に自己をも売主に追加することを会社に請求できます（会 160 条 2 項 3 項）。株主平等を保障し、さらに取得価額の公正性を確保しようとする趣旨です。

　ただし、売主追加請求の制度は次の場合には適用されません。取得価額が当該株式の市場価格を超えないとき（会 161 条、会規 30 条）、株主の相続人等一般承継人からの取得であって、公開会社でない場合かつ当該一般承継人が株主総会・種類株主総会において議決権を行使していない場合（会 162 条。なお、会 174 条〔一般承継人に対する会社による譲渡制限株式の売渡請求〕参照）、子会社から取得するとき（会 163 条）、定款に売主追加請求制度を適用しない旨の定めがあるとき（会 164 条）、以上です。

　なお、子会社から自己株式を取得する場合には、会社法 157 条〜160 条は適用されず、また、取締役会設置会社においては 156 条の事項は取締役会決議で定めます（会 163 条）。後者は、子会社保有の親会社株の売却処分（会 135 条 3 項参照）に便宜を与える趣旨です。本章 3H 参照。

③　定款の定めに基づく取締役会決議による有償取得（手続規制の例外）

　取締役会設置会社においては、市場取引あるいは当該会社自身が行う公開買付を取得方法とする場合には、会社法 156 条の事項につき、定款で取締役会決議でも定めることができる旨を定めることができます（会 165 条 2 項 3 項）。自己株式を機動的かつ柔軟に取得できるようにする趣旨です。上場会社での自己株式の取得は、この定款規定に基づいて行われる例が多いようです。

　市場取引あるいは公開買付を取得方法としなければならないので、会社法 157 条〜160 条は適用されません（会 165 条 1 項）。

C　会社法 156 条以外の場合

①解釈上の例外

　自己株式取得規制がこのようなものである以上、解釈上会社法 156 条が適用されない自己株式の有償取得も出てきます。会社の名で行う（取得行為の当事者は会社であり、その権利義務も会社に帰属します）が、他人の計算（取得行為の経済的効

果はその他人に帰属します）で自己株式を有償取得する場合がそうです。信託会社が顧客（信託委託者）の信託財産として自己株式を取得する場合や，証券会社が顧客の委託を受けて自己株式を取得する場合があります。

② 156 条の場合以外に 155 条が認める場合

取得条項付株式の取得，不承認の場合の譲渡制限株式の買取，取得請求権付株式の取得，全部取得条項付株式の取得，株主の相続人等一般承継人からの譲渡制限株式の買取，単元未満株式の買取，所在不明株主の株式の買取，端数の合計数に相当する数の株式の買取，他の会社の事業全部を譲り受ける場合，吸収合併の場合，吸収分割の場合，以上のほか会社法施行規則（会規 27 条）で定める場合（無償取得，他の法人等から現物配当として交付される場合，株式買取請求に応じる場合など）があります。

所在不明株主の株式の買取（会 197 条 3 項）は，株式事務の合理化のために認められた所在不明株主の株式売却制度（同条）によるものです。株主名簿に登録された株主の住所またはその株主が会社に通知した宛先に対して会社が発信した通知・催告が継続して 5 年間到達しない者——所在不明株主（第 12 章 4C 参照）が，さらに，上記住所等において継続して 5 年間剰余金の配当を受領していない場合には（配当金支払方法が銀行口座振込であれば，通知・催告は到達しないけれども配当金は受領されている場合があります），その株式が売却制度の対象になります。所在不明株主に対しては，会社は株主に対する通知・催告をなさなくてもよいのですが（会 196 条），当該株主に対する会社の義務が消滅してしまうわけではありません。そこで，さらに，剰余金不受領要件を満たすと，会社は，その株式を原則として競売し代金をその者に支払う措置をなしうるとされているのです（会 197 条 1 項）。会社は競売に代えて売却もでき（会 197 条 2 項，会規 38 条），会社自身が買い取ることができます（会 197 条 3 項。分配可能額の限度内という財源規制を受けます〔会 461 条 1 項 6 号〕）。取締役会設置会社における所在不明株主の株式の買取には取締役会決議を要します（会 197 条 4 項）。

D 取得規制に抵触する自己株式の違法取得行為の効果

自己株式の取得に厳重な規制が設けられているのは，株式会社法の基本的制度である資本維持や株主平等を害するおそれがあるからです。規制の趣旨がこ

のような弊害防止である以上，不適法な自己株式取得行為は効力を生じないと解されます。もっとも，取得は取引行為なので取引の安全も考慮する必要があります。そこで，総会決議違反や決議欠缺，財源規制違反など自己株式取得規制違反を知らない譲渡人との関係では，会社はその取得行為の無効を主張できないと解すべきでしょう。

この点さらに，自己株式取得規制は会社保護のための制度だから，譲渡人から株式譲渡行為の無効を主張することはできないとする所説が近時有力です（有限会社の自己持分取得に関して，最判平成 5 年 7 月 15 日金融・商事判例 966 号 3 頁参照）。けれども，違法な自己株式取得は会社の意思で治癒できません（資本維持や株主平等が害されるのです）。会社側にのみ無効主張権を与える解釈は，自己株式取得規制の趣旨を矮小化するものでとうてい賛成できません。

なお，財源規制に違反する自己株式取得行為は有効だとの見解も主張されています。しかしながら，手続違反の場合には無効と解するほかなく，財源違反の場合のみを有効視することはできないでしょう（第 25 章 6E 参照）。

E　保有自己株式の法的地位

会社は取得した自己株式を，消却や処分の義務も数量や期間などの制限も課されることなく，保有することができます（いわゆる金庫株）。

ただし，会社保有の自己株式は特別な扱いを受けます。まず，議決権が停止されます（会 308 条 2 項）。会社支配の公正を確保する趣旨です。剰余金配当請求権も停止されます（会 453 条括弧書）。残余財産分配請求権も同様です（会 504 条 3 項括弧書）。これを認めると清算が終了しません。また，自己株式は，株式無償割当の対象とならず（会 186 条 2 項），募集株式や新株予約権の発行における株主割当を受ける対象にもなりません（会 202 条 2 項括弧書・241 条 2 項括弧書）。

自己株式は，原則として株式併合（会 180 条 1 項），株式分割（会 183 条 1 項）の対象となります。もっとも，会社は，自己株式を株式併合あるいは株式分割の対象から除外する旨を定めうると解してよいでしょう（会 180 条 2 項・183 条 2 項の決議によります）。一方，自己株式のみを株式併合あるいは株式分割の対象とする必要はなく，現行法はそれを予定していないと解されます。

自己株式は，株主に対する資本の払戻と把握され，資産性が否定されるので，

貸借対照表では株主資本の控除項目として処理されます（第25章2B参照）。

なお，会社が保有する自己株式に関する情報開示につき，本章3G参照。

F　保有自己株式の消却・処分等

会社は，保有する自己株式を消却することができます（会178条1項）。株式消却とは会社存続中に特定の株式を消滅させる会社の行為です。保有自己株式には資産性がなく，消却により会社が損失を被ることはありません。保有する自己株式を会社が消却するには，消却する自己株式の種類および数を定め（会178条1項。取締役会設置会社においては取締役会決議で定めなければなりません〔会178条2項〕），この決定（決議）後遅滞なく，株式失効の手続をなす必要があります。株式失効手続（消却する株式が特定されます）は，株主名簿から当該株式の登録を抹消することにより行います（当該株式を表章する株券が発行されている場合にはそれを破棄する必要があります）。失効手続の終了時（特定の株式を消却する会社の意思が表示されたと解されます）に株式消却の効果が生じます。

株式が消却されても，発行可能株式総数は，その減少手続（定款変更〔会113条2項参照〕）によらない限り減少しません。一方，発行済株式総数は減少するので，その減少数だけ未発行残枠が増加することになります。その結果，公開会社においても，発行可能株式総数が発行済株式総数の4倍を超えることもありえることになります。その場合においても，授権資本制度は既存株主の持株比率の低下の限界（4分の1まで）を画する意義を有しています（第6章1F）。なお，上場会社においては，発行済議決権株式の3倍を超える議決権株式の第三者割当発行が原則として上場廃止基準とされています（上場規程601条1項15号，上場規程施行規則601条12項6号）。

会社が保有する自己株式については，後述（第26章2）する新株発行と同様の手続で処分をなすこともできます（会199条1項。募集株式の発行等）。募集株式発行等手続によるのは，取得した自己株式を消却した上でなす新株発行と金庫株の処分とは，ともに会社による新たな株主の選抜として社団法上の行為（会社支配権再編行為）であり，また経済的効果の点で実質を同じくする（もっとも，新株発行の場合の払込・給付財産の額は資本金あるいは資本準備金に計上されます〔会445条1～3項〕。一方，自己株式処分差益〔差損〕はその他資本剰余金に計上〔から減額〕さ

れます〔企業会計基準第1号9項10項〕）からです。

消却，処分以外に，会社は保有自己株式を，単元未満株主の買増請求に応じて売り渡し（会194条1項），あるいは，新株予約権が行使された際や，吸収合併・吸収分割・株式交換に際して，新株を発行せずに，新株主となる者に移転することができます。

G 情報開示

自己株式に関する情報開示として，自己株式の当期首残高・当期末残高および当期変動額（各変動事由ごとの当期変動額・変動事由〔取得事由や消却・売却など〕を明示）が株主資本等変動計算書の表示事項とされ（計規96条7項），さらに，当該事業年度末日における保有自己株式の種類ごとの数が注記表の表示事項とされています（計規105条2号）。

H 子会社による親会社株式取得の禁止

親子会社間には経営（財務および事業方針決定）につき支配従属関係があります（第1章7B参照）。そこで，子会社による親会社株式取得は原則として禁止されています（会135条1項）。親会社資産の実質的な払戻（資本維持違反）・親会社資本の空洞化（資本充実・維持違反），一部の親会社株主に対する優遇措置（株主不平等），親会社取締役による親会社支配（会社資金による不公正な支配）などが子会社を経由・利用して行われるおそれが強いからです。以上のような弊害が生じるのは，親会社にとっての子会社が株式会社である場合（会2条4号）に限らないので，親会社株式取得規制については子会社概念が拡大されています（会規3条4項。第1章7B参照）。

親会社株式取得規制は上記のような趣旨によるので，組織再編関係によって親会社株式を取得する場合や無償で親会社株式を取得する場合などは，取得禁止対象から除外されています（会135条2項・800条1項，会規23条）。

子会社が適法に取得した親会社株式も相当の時期に処分する必要があります（会135条3項。なお，会800条2項参照）。保有している状態が弊害を生じさせるからです（この点につき，第16章1B参照）。なお，本章3B②・会社法163条参照。

I 不適法な自己株式取得による損害

　前述（本章 3B①）した取締役・執行役の分配可能額超過額支払責任（会 462 条 1 項 1 号 2 号 2 項）や欠損塡補責任（会 465 条 1 項 2 号 3 号）以外にも，不適法な自己株式取得によって損害が生じたときには，取締役・執行役の会社に対する責任が問題になります（会 423 条 1 項）。この損害概念に関してはいくつかの考え方が示されています。

　不適法な自己株式取得とその売却が一連の行為として短期間に行われているような場合には，取得価格と売却価格との差額が会社の損害になると捉えるのが合理的でしょう（例えば，いわゆる防戦買いの場合には高値で買い取って安値で売却するのが一般的なので，その差額が会社の損害として残ることになります）。

　違法取得の自己株式を会社が保有している場合には，上記差額の意味での損害は生じていません。そこで，取得行為は無効だから取得価格自体が損害になる，あるいは取得価格と取得時の時価との差額が損害になる，このような見解が示されています。前者については，違法取得につき譲渡人が悪意の場合には，会社は取得行為の無効を主張して取得代金の返還請求権を行使できます。譲渡人が善意の場合（会社は取得行為の無効を主張できません）にも，会社は当該自己株式の資産的価値を把握しています。どちらにしろ，取得価格をそのまま損害とは評価できません（取得価格損害説は問題を損害賠償の面ではなく一種の制裁として把握するものです）。そこで，取得価格と時価との差額を損害と考えることになりますが，後者の見解のように取得時の時価を基準にしなければならない理由はないでしょう（取得時を基準とするのは，その後の〔取締役・執行役に帰責性のない〕株価下落分を取締役・執行役の責任に含めない趣旨でしょうが，違法な取得行為の結果発生した損害である点を看過してはならないでしょう）。つまり，損害賠償請求時の時価と取得価格との差額が損害だということになります。なお，取得後の株価上昇により時価が取得価格を上回る場合には会社は損害を被っていません。

　子会社による親会社株式取得が不適法な場合の親会社の損害算定は困難な問題です。損害は直接には子会社に生じているからです。子会社が親会社の一人会社である場合，つまり完全子会社（100% 子会社）が親会社の指示により親会社株式を違法に取得して損害を被ったときには，子会社の損害額がすなわち親会社の損害額だと把握してよさそうです（最判平成 5 年 9 月 9 日民集 47 巻 7 号 4814

頁参照)。けれども，完全子会社でない場合や完全子会社でも独立性が強い場合には，他法人の損害がそのまま自らの損害になるという構成は採りがたいように思われます。そこで，子会社が損害を被ることにより生じる，親会社保有の子会社株式の評価損が親会社の損害だと考えるのが論理的であるようです（東京高判平成6年8月29日金融・商事判例954号14頁参照）。しかし，子会社の損害額と子会社株式の評価損とでは一般に後者の方が小さいので（上記東京高判の事例では7億2000万円弱と1億4600万円弱），子会社を介在させれば親会社の取締役・執行役は責任を減額できて不都合ではないのか，との批判がなされます。そもそもこのような問題が生じるのは親会社の子会社に対する影響力が強い場合ですから，論理的といっても実は観念論に過ぎないのかもしれません。またさらに，親会社取締役・執行役の親会社に対する責任を肯定しても，子会社の損害は解消せず問題は残ります。この点につき，後述（第23章4）の多重代表訴訟制度参照。

第14章

運営・経営・管理機構の構成

1 株 主 総 会

会社の実質的所有者である株主は株主総会を組織し，会社法「に規定する事項及び株式会社の組織，運営，管理その他株式会社に関する一切の事項について決議」します（会295条1項）。後述の取締役会設置会社においても，会社法「に規定する事項及び定款で定めた事項に限り，決議」します（会295条2項。第15章1参照）。株主総会の法定の権限とされている事項の決定は，定款をもってしても，取締役や執行役など株主総会以外に委任できません（会295条3項）。株主総会は会社の最高意思決定機関です。

2 取締役，取締役会，指名委員会等，執行役

既述（第1章4A）のように，持分会社では各社員が原則として業務執行機関であり，会社代表機関です——会社の実質的所有者が会社経営権限を有するわけです。これに対して，株式会社では，会社の実質的所有者である株主が株主総会を組織し，最重要事項につき株主の意思を会社の意思として1つにまとめますが，会社経営については取締役あるいは取締役会に委ねます。つまり，所有と経営が制度的に分離された企業形態なのです。

経営自体も，取締役会設置会社（指名委員会等設置会社を除きます）においては会社代表権限は取締役会にはなく代表取締役，指名委員会等設置会社においては代表執行役という別個の機関に与えられており，機関の分化が制度的に一層進められています。経営活動つまり業務執行に対する監査の権限を監査役に与える制度も機関の分化（株主・株主総会から監査役へ）を示すものです。

株主総会が最上位の機関であり，取締役を選任（解任）（会329条1項・339条1項）することにより会社経営を間接的に支配・監督します。取締役会は代表取締役・代表執行役の上位機関であり，代表取締役・代表執行役を選定（解職）（会362条2項3号・420条1項2項）し，会社代表行為に関して指揮・命令・監督します。

公開会社（会2条5号），監査役会設置会社（会2条10号），監査等委員会設置会社（会2条11号の2）あるいは指名委員会等設置会社（会2条12号）では，取締役会を設置しなければなりません（会327条1項）。これ以外の株式会社においては，取締役会は定款によって任意に設置できます（会326条2項。定款の相対的記載〔記録〕事項）。取締役会は3人以上の取締役全員で組織される会社の業務執行機関です（会331条5項・362条1項2項）。取締役会設置会社には，指名委員会等設置会社とそれ以外がありますが，前者の会社代表機関は代表執行役であり（会420条），後者の会社代表機関は代表取締役です（会362条3項・349条4項）。

取締役会が設置されない会社においては，取締役が業務執行機関であり原則として会社代表機関でもあります（会348条・349条1項）。

指名委員会等設置会社においては，取締役会のもとに指名委員会，監査委員会および報酬委員会が設置され（各委員会は社外取締役が過半数を占める3人以上の取締役により組織され，その委員は取締役会が取締役の中から選定します〔会400条1〜3項〕），取締役会の業務監督機能の強化が図られます。また，業務執行機関である取締役会から委任されて執行役（執行役は取締役会が選任します〔会402条2項〕）が業務執行に携わります（会416条4項・418条）。なお，指名委員会等設置会社では，取締役会は取締役には業務執行を委任できません（会415条）。

3　監査役，監査役会，会計監査人，監査等委員会

監査役は取締役の職務執行を監査する会社機関です（会381条1項）。監査等委員会設置会社（監査等委員会が業務監査を行います）および指名委員会等設置会社（監査委員会が業務監査を行います）以外の，取締役会設置会社および会計監査人設置会社は監査役を置かなければなりません（会327条2項本文3項）。ただし，

公開会社ではない会計参与（第25章3参照）設置会社の場合には監査役設置は強制されません（会327条2項但書）。これ以外の場合には，監査役は定款によって任意に設置できます（会326条2項）。なお，監査等委員会設置会社および指名委員会等設置会社には監査役は設置できません（会327条4項）。

経営機関とは上下の関係がなく独立している監査役についても，最上位の機関である株主総会が選任（解任）（会329条1項・339条1項）して間接的に支配・監督します。

公開会社である大会社（資本金5億円以上あるいは負債総額が200億円以上の株式会社〔会2条6号〕）は，監査等委員会設置会社および指名委員会等設置会社を除いて，3人以上（半数以上は社外監査役）の監査役全員で組織される監査役会（会335条3項・390条1項）および会計監査人を設置しなければなりません（会328条1項）。会計監査人は，公認会計士あるいは監査法人の資格を有し，会計監査（外部監査）を行います（会337条1項・396条1項）。

監査等委員会設置会社，指名委員会等設置会社および大会社には，会計監査人設置が強制されます（会327条5項・328条）。これ以外の場合には，会計監査人は定款によって任意に設置できます（会326条2項）。

監査等委員会設置会社では，前述のように監査役は設置できず，社外取締役が過半数を占める3人以上の取締役（監査等委員〔会38条2項括弧書〕）により組織される監査等委員会（会331条6項・399条の2第1項）が取締役の職務執行を監査します（会399条の2第3項1号）。なお，監査等委員である取締役は，それ以外の取締役とは区別して株主総会で選任されます（会329条1項2項）。

なお，大会社は1万社程度存在し，そのうち資本金5億円以上の株式会社は約6000社です。

4 組合せの多様性

会社最高意思決定機関である株主総会（会社法第2編第4章第1節第1款）および取締役（会326条1項）はすべての株式会社に必要とされますが，取締役会，会計参与，監査役，監査役会，会計監査人，監査等委員会，あるいは指名委員会等を設置するにはその旨を定款に定める必要があります（会326条2項）。そ

して，本章2・3で述べた規整をまとめると，下記のような組合せが可能です。なお，取締役・執行役と共同して計算書類等を作成する権限を有する会計参与（会374条1項6項）は，⑫の場合に設置が条件とされますが（会327条2項但書），他の場合にはすべて定款によって任意に設置できます（会326条2項）。

A 大会社ではない公開会社

①取締役会＋監査役

②取締役会＋監査役会

③取締役会（監査等委員会設置会社）：会計監査人設置強制

④取締役会（指名委員会等設置会社）：会計監査人設置強制

B 大会社である公開会社：会計監査人設置強制

⑤取締役会＋監査役会

⑥取締役会（監査等委員会設置会社）

⑦取締役会（指名委員会等設置会社）

C 大会社でも公開会社でもない株式会社

⑧取締役会＋監査役

⑨取締役会＋監査役会

⑩取締役会（監査等委員会設置会社）：会計監査人設置強制

⑪取締役会（指名委員会等設置会社）：会計監査人設置強制

⑫取締役会：ただし，会計参与設置，会計監査人非設置が条件

⑬取締役：ただし，会計監査人非設置が条件

⑭取締役＋監査役

D 大会社であるが公開会社でない株式会社：会計監査人設置強制

⑮取締役会＋監査役

⑯取締役会＋監査役会

⑰取締役会（監査等委員会設置会社）

⑱取締役会（指名委員会等設置会社）

⑲取締役＋監査役

　なお，上場会社（4000社余）は，監査役会設置会社（2200社強），監査等委員会設置会社（約1600社），あるいは指名委員会等設置会社（約100社）でなければなりません（上場規程437条）。

　コーポレート・ガバナンス（企業統治）の要点である社外性（第19章3，第20章4C6C，第24章5B6A参照）が，監査役会設置会社で社外監査役，監査等委員会設置会社・指名委員会等設置会社で社外取締役の制度として取り入れられています。コーポレート・ガバナンス論は，ⓐ会社支配権の所在（会社は誰のものか＝会社の運営・経営は誰のために行われるのか＝〔会社運営・経営に携わる〕取締役は誰が選任するのか＝株主総会で株主が選任する＝会社支配権は株主に属する），およびそれを前提とするⓑ会社経営に対する監督・監査のあり方についての議論です。社外性はⓑにおける重要な視点です。

コーポレートガバナンス・コード（Corporate Governance Code＝CGコード）

　企業の持続的成長と中長期的価値向上のために上場会社に求められる自律的な対応（コーポレート・ガバナンスの強化）について，コーポレートガバナンス・コード（5の基本原則，31の原則，47の補充原則〔全83原則〕。詳細を定める〔rule base。細則主義〕のではなく，原則を提示します〔principle base。原則主義〕）が東京証券取引所によって2015年に策定されています（2018年，2021年改訂。名古屋，福岡，札幌各証券取引所においても同様）。これはいわゆるsoft law（裁判所でエンフォースされない規範，私的秩序）の一種です。CGコードのエンフォースメント（実効性）は，各上場会社による対応の開示（市場の反応）と金融商品取引所（証券取引所）の制裁（上場規程504条・505条・508条・509条・601条1項10号a，上場規程施行規則601条8項）によって担保されます。

　上場会社は，CGコードの趣旨・精神を尊重してコーポレート・ガバナンスの充実に取り組むよう努めなければなりません（上場規程445条の3）。そして，上場会社は，自主的にCGコードの趣旨に則った具体的な方針を定めるか（諸原則の具体的な実施），実施しない原則があればその理由を説明する必要があり

ます（上場規程436条の3。comply or explain。グロース市場の上場内国会社には基本原則についてのみ求められます）。例えば，CGコード補充原則4－11③は「取締役会は，毎年，各取締役の自己評価なども参考にしつつ，取締役会全体の実効性について分析・評価を行い，その結果の概要を開示すべきである。」と定めています。これをcomplyする場合には，例えば上記分析・評価は誰がどのように行うかまでの細則はCGコードに定められていないので，実施する上場会社が，当該補充原則の趣旨と当該会社の特性に照らして自主的・具体的に定めることになります。complyしない場合には，実施しない合理的理由を説明することになります（企業の規模や業種などによってガバナンスの在り方は異なりうるので，必ずしもcomplyしなければならないわけではありません）。CGコードに関する事項は「コーポレート・ガバナンスに関する報告書」に記載され，公衆の縦覧に供されます（上場規程419条，上場規程施行規則415条）。

　なお，コーポレート・ガバナンスへの取組の深化を促す観点から「コーポレート・ガバナンス・システムに関する実務指針」（経済産業省）が策定されています（2017年。2018年，2022年改訂）。

「責任ある機関投資家」の諸原則：日本版スチュワードシップ・コード Stewardship Code

　機関投資家（資産保有者〔年金基金，保険会社など〕，資産運用者〔投資運用会社，信託受託者など〕，議決権行使助言会社など）が，顧客・受益者と投資先企業の双方を視野に入れ，「責任ある機関投資家」としてスチュワードシップ責任（当該企業の企業価値の向上や持続的成長を促すことにより，「顧客・受益者」の中長期的な投資リターンの拡大を図る責任）を果たすに当たり有用と考えられる諸原則（8原則，33指針。principle base）で，金融庁が2014年に策定しています（2017年，2020年改訂）。

　この諸原則は，機関投資家（受入表明数は330余〔金融庁が通知を受けた分〕）が，投資先企業やその事業環境等に関する深い理解に基づいて，投資先企業との建設的な「目的を持った対話」（エンゲージメントengagement）や議決権行使などを通じて実施することが期待されますが，実施しない場合にはその理由を説明する必要があります（comply or explain）。機関投資家が株主として積極的に経営監視を行うことが，対象会社のガバナンスの強化に資すると考えられ（対象会

社には説得的な説明が求められます），その意味で，CGコードと車の両輪をなしています。

　なお，金融庁が2018年に策定した「投資家と企業の対話ガイドライン」（2021年改訂）は，エンゲージメントにおいて重点的に議論することが期待される事項を取りまとめています。例えば，ESG（environment〔カーボンニュートラルなど〕，social〔ジェンダー・ダイバーシティ，サプライチェーンにおける人権状況確認など〕，governance〔DX推進など〕）は関心の高い事項です。

第15章

株主総会の権限と招集・運営

1　株主総会の権限

　前章で述べたように，株主総会は会社の最高意思決定機関です。制度的に機関の分化が推し進められている取締役会設置会社においても，次のような基本的事項は株主総会の権限です（会295条3項参照）。すでに出てきた，一定の場合の自己株式取得（会156条1項），株式併合（会180条2項），取締役・会計参与・監査役・会計監査人の選任・解任（会329条1項・339条1項），資本金減少（会447条1項），剰余金の処分（会450条2項・451条2項・452条・454条1項），定款変更（会466条），事後設立（会467条1項5号）のほか，計算書類の承認（会438条2項），事業の全部譲渡など（会467条1項），解散（会471条3号），吸収合併・吸収分割・株式交換（会783条1項・795条1項），新設合併・新設分割・株式移転（会804条1項），株式交付（会816条の3第1項）などです。

　このほか，取締役会設置会社においても，定款で定めれば個別の業務執行事項を株主総会決議事項とすることもできます。ただし，業務執行権限自体は取締役（会）に帰属しているので，業務執行一般を株主総会の権限とすることはできません。また，代表取締役の選定・解職につき，第21章1B参照。

2　株主総会の招集

A　定時株主総会，臨時株主総会

　株式会社は，毎事業年度終了後一定の時期に株主総会を招集しなければならず，この総会を定時株主総会と呼びます（会296条1項）。内容的には決算の確定（計算書類の承認）が議題となる，あるいは確定した計算書類の内容が報告事

項となる株主総会です（会438条2項・439条。第25章4参照）——取締役や監査役の選任・定款変更など，株主総会の決議権限の範囲内（会295条1項2項）で他の事項につき決議することもできます。決算日から，計算書類作成に要する期間，監査期間，株主招集に要する期間および原則として2週間以上（会299条1項。本章2B参照）が経過した時期が，定時株主総会が開催される一定の時期となります（第25章4参照）。そして，この一定の時期は，定時株主総会において行使することができる議決権基準日（実務では，通例，決算日を基準日としています）から3か月以内に設定する必要があります（会124条2項，第12章7参照）。

　定時株主総会以外にも，必要ある場合には，随時，株主総会を招集でき（会296条2項），これを臨時株主総会と呼びます。定時株主総会の間隔は通常1年間なので（事業年度は通常1年間ですが〔1年を超えることはできません（計規59条2項）〕，半年とする企業も0.5％程度存在します），次の定時株主総会が開催される時期よりも前に決議すべき事項が存する場合などに臨時株主総会が招集されることになります。

B　招集手続

　株主総会の決議権限の範囲内で，有効な株主総会決議をなす要件が問題となります。株主総会の決議でなければなりませんから，会社法はまず招集手続を要求しています（なお，決議の効力が問題になるのであって，株主総会の開催や招集手続は決議の前提要件に過ぎません）。

　招集手続の第1は株主総会の招集です。招集は，取締役が，開催日時・場所・会議の目的（決議事項・報告事項）など基本的事項を決定して行います（会296条3項・298条1項，会規63条）。取締役会設置会社においては取締役会決議により招集します（会298条4項）。株主の単なる集会とは区別される株主総会の招集です。

　第2に，当該株主総会の全決議事項につき議決権を行使できない株主（議決権制限株式，単元未満株式，自己株式，議決権を停止される相互保有株式〔第16章1B参照〕の株主。なお，会160条4項参照）を除いて，各株主に対する招集通知の発信が必要です（会299条1項・298条2項括弧書）。招集通知は，株主名簿に登録された株主の住所あるいは株主が会社に通知した宛先に発すればよく，各株主に到達す

ることまでは必要とされません（会126条1項2項。第12条4C参照）――会社と
多数の株主との集団的関係を画一的に取り扱う趣旨。招集通知の性質は一般に
観念の通知（事実の通知）だと解されています（ここでは取締役・取締役会により株
主総会が招集されたという事実の通知）。観念の通知は法律行為に準じて扱われるの
で，招集通知は会社の法律行為をなす権限（代表権）を有する（代表）取締役・
代表執行役が発することになります。これは総会開催日と通知発信日との間が
2週間以上になるようにして発信する必要があります（会299条1項）。各株主
が総会出席の機会と準備の時間を確保できるようにする趣旨です（上場会社の半
数近くが，総会開催日の3週間前までに招集通知を発送しています〔総会白書2023〕。CG
コード補充原則1－2②参照）。ただし，書面投票や電子投票制度を採用する場合
を除き，公開会社でない株式会社においては，1週間（取締役会設置会社以外では
さらに定款で短縮できます）以上前に発信すれば足ります（会299条1項括弧書）。

　書面投票や電子投票制度を採用する場合あるいは取締役会設置会社の場合に
は，通知は，書面をもってまたは株主の承諾を得た上で電磁的方法（電子メー
ルなど）によらなければなりません（会299条2項3項。電磁的方法による招集通知は，
株主の承諾を要するので，この制度を採用する上場会社は6～7％に過ぎません〔総会白書
2023〕）。これらの場合の通知には，開催日時・場所，会議の目的，書面投票・
電子投票制度を採用するときにはその旨，そのほか，定時株主総会集中日（第
17章1参照）に開催するときはその理由，取締役等の選任・報酬等や定款変更・
組織再編など一定の事項が目的であるときにはその議案の概要，などを記載
（記録）しなければなりません（会299条2～4項・298条1項，会規63条）。一方，
これら以外の場合には口頭の通知で足り（開催日時・場所），会議の目的を通知
内容とすることも要しません（会299条4項対照）。

　なお，少数株主による総会招集（会297条）および裁判所の総会招集命令（会
307条1項1号・359条1項1号）の制度が認められています。また，清算中の会
社に関しては，会社法491条参照。

C　場所の定めのない株主総会

　株主総会を開催するには，その日時と場所を定めることを要します（会298
条1項1号）。会社法は，当該場所に株主が実際に集まって議事進行することを

予定しており，Zoomなどのウェブ会議システムを用いたオンラインのみで総会を開催すること（場所の定めのない株主総会。バーチャルオンリー株主総会）は想定されていないといえます（会場を設けるとともに，株主がオンラインでも株主総会に出席できるようにするハイブリッド〔出席〕型バーチャル株主総会は開催可能です〔会規72条3項1号括弧書参照〕）。そこで，産競法66条は，株式上場会社が経済産業大臣および法務大臣の確認（場所の定めのない株主総会を開催することが株主の利益の確保に配慮しつつ産業競争力を強化することに資する場合として省令で定められた要件の確認）を受けた場合には，株主総会を場所の定めのない株主総会とすることができる旨を定款で定めることができることとしています。

　上記確認の要件は，通信方法に関する事務責任者，通信方法に係る障害に関する対策方針，インターネット使用に支障ある株主の利益確保配慮方針（例えば，書面投票の推奨），株主名簿に登録されている株主数が100人以上であること，です（産競法に基づく場所の定めのない株主総会に関する省令1条）。以上の要件は，確認時だけでなく，場所の定めのない株主総会招集決定時にも必要です（産競法66条2項括弧書）。

　なお，2022年7月～2023年6月において，上場会社の0.7％がバーチャルオンリー株主総会を開催しています（総会白書2023）。

D　株主総会資料の電子提供措置

　取締役が株主総会の招集手続を行うときは，招集通知に際して株主に交付しなければならない資料（株主総会参考書類，議決権行使書面，取締役会の承認を受けた計算書類・事業報告，取締役会の承認を受けた連結計算書類）の内容である情報について，電子提供措置（自社のホームページなどウェブサイトへの掲載）をとる旨を定款で定めることができます（会325条の2，会規95条の2。登記事項です〔会911条3項12号の2〕。振替株式発行会社はこの定めを義務づけられます〔振替159条の2第1項〕）。つまり，これらの資料を書面で提供する必要がなくなり（会325条の4第3項），その費用を削減できるわけです。

　書面投票や電子投票制度を採用する場合あるいは取締役会設置会社の場合には，一定期間（総会開催日の少なくとも3週間前から開催日後3か月経過日まで。なお，電子提供措置の中断が生じた場合につき，会325条の6），招集通知記載事項および上

記の資料情報などについて（電子提供措置事項），継続して電子提供措置をとる必要があります（会325条の3第1項。ただし，同条2項3号）。また，上記の場合には，招集通知は総会開催日の2週間前までに発送されなければなりません（会325条の4第1項。記載〔記録〕事項につき，同条2項，会規95条の3）。

　上記の定款の定めがある場合には，原則として，株主は会社に対して電子提供措置事項を記載した書面の交付を請求することができます。この請求は議決権行使基準日までに行うことを要し，会社は招集通知に際して上記書面を交付します（会325条の5，会規95条の4〔制限できる事項〕）。

E　招集手続の省略

　書面投票や電子投票制度を採用する場合を除き（後述〔第16章2DE〕のように，これらの場合には，招集通知に際して，株主総会参考書類・議決権行使書面を株主に交付〔提供〕しなければならないからです），株主全員の同意があれば，招集通知を発する手続を経ることなく株主総会を開催できます（会300条。取締役〔会〕による総会招集の決定は必要です）。株主数が少ない会社に配慮した特例です。

　なお，取締役（会）による株主総会招集決定がなくても，株主全員が株主総会開催と議題に同意し，代理人を含んで株主全員が出席して決議すれば，当該決議は株主総会決議と評価されます（いわゆる全員出席総会。最判昭和60年12月20日民集39巻8号1869頁）。

F　株主提案権

　取締役（会）が招集する株主総会で審議される事項は取締役（会）が決定します。さらに，取締役会設置会社においては，総会開催中に出席株主が動議を出しても，議題自体の追加や審議事項と同一性のない議案修正の動議はたとえ多数が賛成しても認められません（会309条5項）。出席株主にとっては判断のための準備時間がありませんし，欠席株主にとってはまさに不意打ちになるからです。また，前述（本章2B）のように，株主自らが設定した議題につき決議する株主総会を当該少数株主は招集できます（会297条）が，持株要件が総株主の議決権の3％（これを下回る割合を定款で定めることもできます）以上であり，株主が広く分布する上場会社ではこの権利行使は非常に困難です。そこで，取

締役（会）が招集する株主総会の機会を利用して，当該事項につき議決権を行使できる株主が審議事項を提案できる提案権制度が認められています。株主の意思を総会に反映させる工夫の１つです。

　当該事項につき議決権を行使できる株主は，一定の事項を会議の目的（議題。例えば「取締役２名選任の件」）とすることを請求できます（会303条１項。議題追加権）。総会開催前でも開催中でも請求できますが，取締役会設置会社においては後述のような規制があります。また，当該事項につき議決権を行使できる株主は，開催中の株主総会において取締役（会）の決定した議題につき議案（例えば上記議題につき「取締役にＡを選任する件」）を提出することができます（会304条。議案提出権）。ただし議案の提出は，その議案が，法令・定款違反の場合，あるいは実質同一議案につき株主総会において総株主の議決権の10分の１以上（これを下回る割合を定款で定めることもできます）の賛成を得なかった日から３年を経過していない場合には，認められません。

　当該事項につき議決権を行使できる株主は，総会開催日より８週間（これを下回る期間を定款で定めることもできます）以上前に，当該株主が提出しようとする議案の要領を株主に通知すること（総会招集が書面あるいは電磁的方法により通知される場合には，その通知に議案の要領を記載〔記録〕すること，電子提供措置の定めがある場合には同措置をとること）も請求できます（会305条１項４項５項・325条の４第４項。ただし，会305条６項参照）。

　以上のような株主提案権は単独株主権です。ただし，取締役会設置会社の場合には，議題追加権および議案要領通知請求権（10個以下に限定されます）は，総株主の議決権の１％（これを下回る割合を定款で定めることもできます）以上または300個（これを下回る数を定款で定めることもできます）以上の議決権を６か月（これを下回る期間を定款で定めることもできます）以上保有する株主に限り，総会開催日より８週間（これを下回る期間を定款で定めることもできます）以上前に，行使することを要します（会303条２項・305条１項但書）——当該取締役会設置会社が公開会社ではないときには株式保有期間要件は課せられません（会303条３項・305条２項）。

G 株主総会開催の省略：書面等による「みなし総会決議」

　会社法319条1項は，総会決議事項について取締役あるいは株主がなした提案に，当該事項につき議決権を行使できるすべての株主が書面あるいは電磁的記録により同意したときは，当該提案を可決する総会決議があったものとみなしています。招集手続の省略を超えて，決議の前提としての総会開催をも省略することを認めているのです。株主総会は開催されませんから株主総会決議は存在しませんが，当該決議事項議決権株主全員の書面あるいは電磁的記録による同意が319条1項により総会決議と擬制されるわけです。総会開催には，議決権株主が1箇所に集まってお互いに顔を見ながら，質疑応答・議論を通して理解を深めた上で決議をなす点に意義があります（議案に反対する株主が他の株主の前で反対意見を述べる点においても意義があるでしょう）。ところが，一人会社・完全子会社や気心の知れた少数の株主からなる会社（必ずしも小規模会社に限られず，資本規模の大きい合弁会社などでも同様の状況にある場合があるでしょう）においては，総会を開催するまでもなく，すでに当該決議事項議決権株主全員が提案に賛成している場合もあります。このような場合には形式的な決議を求める必要はないので（株主総会開催には株主・会社が労力・時間や費用を負担することにもなります），上述のような議決権株主全員の同意を総会決議とみなすこととされているのです。

　この場合には，株主総会は開催されませんが，株主総会議事録（正確には，株主総会議事録に準じた扱いを受ける，株主総会議事録に類するもの）を作成する必要があります（会規72条4項1号）。さらに，株主が同意をなした書面あるいは電磁的記録につき（取締役あるいは株主の提案内容およびその提案に株主が同意する旨の記載あるいは記録がなされているもの），会社に10年間の本店備置を義務づけ，株主，会社債権者および（権利行使のために必要であると裁判所が許可した）親会社社員に閲覧・謄写請求を認めています（会319条2～4項）。

3　株主総会の議事運営

A　株主総会議長

　総会議長は株主総会ごとに選任するのが会議体の一般原則に適います。けれ

ども実際には，適任者を要領よく選任するのには困難が伴います。そこで，定款であらかじめ定めておくのが一般的です（議長選任の手続を省略する趣旨なので，株主総会では，定款を変更せずに，定款に定められた者以外の者を当該総会の議長に選任できると解されます）。議長は審議内容を正確に把握する必要がある点に鑑みれば，取締役や執行役を総会議長とすることには一定の合理性があります。したがって，例えば，取締役会議長や代表執行役社長を総会議長とする旨の定めは有効だと解されます。もっとも，現実問題としてそうせざるをえない面はあるにしろ，業務執行は株主総会で評価の対象となるわけですから，取締役等業務執行に携わる者が議長職に就くのは好ましいとはいえないでしょう。

　会社法 315 条は，総会議長には総会秩序を維持し議事を整理する権限および総会秩序を乱す者を退場させる権限がある旨を規定しています。この規定がなくても当然認められる権限です。

B　取締役等の説明義務

　株主は株主総会に出席して討議した上で決議に参加します。その過程で議案について質問できるのは当然です。この権利を株主の質問権あるいは説明請求権と呼びます。会社法 314 条はこれを取締役，会計参与，監査役および執行役の説明義務として規定しています。義務の範囲を明確化するための技術的規定であり，同条がなければ説明義務つまりは質問権が認められなくなるわけではありません。

　説明義務が生じないのは，質問事項が会議の目的事項でないとき，説明をなすことにより株主共同の利益を著しく害するとき，当該事項の説明につき調査を要するとき（総会会日より相当の期間前に質問通知がなされた場合および調査が著しく容易な場合を除きます），説明をなすことによって当該会社その他の者（当該質問をなした株主を除きます）の権利を侵害することになるとき，当該株主総会において実質的に同一の質問が繰り返されたとき，その他正当事由があるときです（会 314 条，会規 71 条）。

C　延期，続行

　株主総会は，開催後終了する前に，後日再開（継続会）する旨を決議するこ

とができます。延期と続行は議事に入る前後の区別です。継続会は当初の総会と同一性を有しますから，新たな招集手続は不要です（会317条）。

第16章

議決権と株主総会決議

1 議決権とその制限

A 一株一議決権原則

　議決権は株主の共益権の中でも，もっとも基本的な権利（会社支配権の一態様）です。そして会社法308条1項本文は，株主「は，株主総会において，その有する株式一株につき一個の議決権を有する」と規定し，一株一議決権の原則を宣言しています。これは株主平等（株式平等）原則（会109条1項）の現れの1つです。

　法定の例外には，議決権制限株式（会108条1項3号），公開会社でない株式会社における定款の定め（会109条2項），単元株制度（会188条1項・308条1項但書），自己株式（会308条2項）などがあります。その他に重要な例外として，次に検討する会社間の相互保有株式を挙げることができます。

B 株式相互保有規制

　同一企業グループ内の会社間や取引関係にある会社間において，相互の結束強化・業務提携促進・安定株主確保などの目的で，互いに相手会社の株式を保有し合う現象が日本の経済界には広く見受けられます。

　株式を相互に保有しあうと，株主としての影響力を互いに保持することになります。この影響力を取締役・執行役が互いに用いて（会社が所有する他社株の権利行使権限は業務執行として取締役〔会〕に属します），相手方会社が所有する自社の株式の権利行使を歪曲化するおそれ（相互保有会社の取締役間で通謀すれば，取締役の地位保身に相互保有株式を利用することもできます。このような関係からのもたれ合い経営が懸念されます）——会社支配の公正さが害されるおそれがあります。

そこで，議決権行使の歪曲化を防止する目的で株式相互保有規制がなされています。すなわち，甲会社（甲社の子会社を含みます）が乙会社（この場合には組合等の事業体も含みます〔会規67条1項・2条3項2号〕）の経営を実質的に支配することが可能な関係にある場合——乙社における総株主の議決権（取締役・会計参与・監査役の選任および定款変更に関する議案の全部について議決権が行使できない株式に係る議決権を除きます）の4分の1以上の議決権（これに相当するものを含みます）を甲社（その子会社も含みます）が有する場合には，乙社はその有する甲社株式については議決権を停止されます（会308条1項括弧書）。ただし，乙社が甲社の完全親会社である場合〔この場合には，一方で，甲社もその有する乙社株式につき議決権を停止されます〕など，当該議案につき，乙社以外に甲社議決権を行使する者がいないときには，乙社の有する甲社議決権は停止されません（会規67条1項括弧書）。

　相互保有は資本の空洞化も招きます。自社が保有する相手方会社株式の経済的価値の裏づけとなる相手方会社資産の中には自社の株式が含まれていますから，資産性のない自己株式保有と同様の状況が生じ，その部分の資本については資産的裏づけを欠きます——空洞化するわけです。もっとも，この資本空洞化に対しては，子会社による親会社株式取得禁止（会135条1項）の限度で規制されるにとどまっています。

　なお，純粋な投資目的ではなく，取引先との関係維持など経営戦略上の目的で有する上場株式（相互保有株式に限りません）を政策保有株式と呼びます。もたれ合い経営や資本の空洞化の原因となり，また資本効率の低下が懸念されるので，保有の適否の検証が求められます（CGコード原則1－4参照）。

2　議決権の行使方法

A　議決権の不統一行使（会313条）

　1人の株主が複数の株式を有する場合には，一人格が行うにもかかわらず議決権を統一しないで行使することができます（例えば，10議決権のうち6議決権は議案賛成，4議決権は反対）。ただし，株主総会の手続が複雑になるので，取締役会設置会社においては，総会開催日の3日前までに不統一行使の旨および理由を会社に対して通知しなければ株主は議決権を不統一行使できません。

さらに，その理由が他人のために株式を有することでない場合には，会社は不統一行使を拒むことができます。他人のために株式を有する場合には，信託会社が複数の委託者（実質的株主）のために株式を信託的に所有する場合であるとか，外国の銀行等が日本の会社の株式の預託機関となって当該国の市場で預託証券を発行する場合があります（預託証券所有者が実質的株主。ADR＝American depositary receipt〔米国預託証券〕やEDR＝European depositary receipt〔欧州預託証券〕が流通しています）。これらの場合には，実質的株主の議決権行使が実質的に保障されることになります。

B　議決権の代理行使

①　議決権の代理行使規整

　議決権は株主本人に行使義務はなく，代理行使が可能です（会310条1項前段）。ただし，本人たる株主あるいは代理人は代理権を証する書面（委任状など）を会社に提出する（あるいは会社の承諾を得て電磁的方法で提供する）ことを要します（会310条1項後段3項4項，会令1条6号）。代理権を証する資料は総会から3か月間は本店に備え置かれ，営業時間内のいつでも株主はその閲覧・謄写を理由を明示して請求できます（会310条6項7項。会社が拒絶できる場合につき，同条8項）。紛争に備えて，事後の確認・調査を可能とする趣旨の制度です。また，この代理権は総会ごとに授与される必要があります（会310条2項）。総会ごとに判断を要することで議決権行使に関する株主の意識を高めることが期待できますし，さらに，議決権の常任代理は会社支配の手段として使用される危険があるからです。なお，会社は株主が総会に出席させる代理人の数を制限することができます（会310条5項）。上場会社では，代理人を1名に限定する定款規定を有する例が多いようです（なお，会298条1項5号，会規63条5号参照）。

②　議決権の代理行使制限

　議決権代理行使の代理人を会社は制限できるかが問題となります（定款の定めによっても代理行使を全く禁止してしまうことはできません）。実際，代理人は当該会社の株主でなければならない旨の規定が定款に置かれているのをよく見受けます。代理人といえども株主以外の者が株主総会に出席して決議に加わると，無用の混乱を招くおそれがあるので，あらかじめそれを防止しようとする趣旨

です（実質的には株主でない総会屋〔第17章参照〕の総会出席〔総会屋株主が手下の総会屋に議決権行使代理権を授与するような場合〕排除が主目的である場合が多いのでしょう）。

　このような資格制限がなされると、株主の議決権行使の機会が事実上奪われる可能性があり好ましいとはいえません（もっとも、後述〔本章2D〕する書面投票制度が強制適用される会社にあっては、その限度において議決権行使の機会が保障される事になります）。けれども、株主総会に参加する者をその構成員である株主に限定することには一定の合理性があり、かつ、資格制限を定款で行う以上（定款自治。定款の相対的記載〔記録〕事項と解するわけです）、事実上株主に不利益が生じても受忍限度内──上記のような定款規定は有効だと解されます（最判昭和43年11月1日民集22巻12号2402頁）。もっとも、上述の資格制限の趣旨からして、「株主である県、市、株式会社がその職員又は従業員を代理人として株主総会に出席させた上、議決権を行使させ」るような場合には、上記定款規定の効力は及ばないと解すべきでしょう（最判昭和51年12月24日民集30巻11号1076頁）。この点、このような定款規定は無効だとの立場から、判例の立場だと定款の拘束力の及ぶ範囲ないし総会決議取消原因が不明確となり法的安定性を害すると指摘されていますが、会社が任意に採用する自治規範を子細に検討すると見解が対立する場合もあるからその規範自体が無効である、というのでは批判の論理に飛躍があるように思われます。

　さらに、会社運営上好ましくない者が総会に参加するのを防ぐ趣旨ならば、このような定款規定は公開会社でない株式会社においてこそ意義を有しうるから、公開会社でない株式会社においてのみ、代理人資格制限規定は効力を有すると解する所説も主張されています。この所説に対しては、誰が株主として扱われるかという問題と誰が議決権を行使できるかという問題とはレベルが異なると指摘されています。しかしながら、レベルが異なるからこそ二重に制限する意味があります。もっとも、二重の制限が効果的だからといって、制限するなら両制限を併用しなければならないわけでもありません。両制度とも採用は会社の任意です。譲渡制限株式制度による株主資格制限は行わないが、代理人の資格は制限するという選択を排除すべきではないでしょう。公開会社でない株式会社に限定する所説は、むしろ、立法論（例えば、株式上場会社には議決権行使代理人資格制限を禁止する）としての意義を有すると考えます。

C 議決権代理行使の勧誘

株主総会決議を成立させるために最低限必要な出席株主の総議決権数を定足数と呼びます。株式が分散している大規模株式会社では，株主の総会への積極的な参加を期待するだけでは，この定足数を満たせない危険があります。そこで，会社が総会招集通知とともに受任者（代理人）欄白地の白紙委任状用紙を株主に送付し，議決権の代理行使を勧誘することがあります。これに株主が委任者として署名（記名押印）して返送すると（委任の申込），会社は適当な者（例えば総務部長。なお，当然ですが，当該総会開催会社自体は代理人にはなれません）を受任者として選任するわけです（委任の承諾。株主が差し出した委任状〔会310条1項後段〕の会社による受領）。また，少数派株主など会社以外の者が議決権の代理行使を勧誘することもあります。会社側が勧誘する一方，会社提出議案に反対する株主も勧誘をなすなど，いわゆる委任状争奪戦が生じた事例も見受けられます。これらの方法は，株主への情報提供が不十分なまま行われる危険があります。

そこで，議決権代理行使の勧誘が適切に行われるように，金融商品取引法194条は，「何人も，政令で定めるところに違反して，金融商品取引所に上場されている株式の発行会社の株式につき，自己又は第三者に議決権の行使を代理させることを勧誘してはならない」と規制しています。これを受けて，金融商品取引法施行令36条の2に，上場株式について議決権代理行使の勧誘を行う者は，委任状用紙および一定内容が記載（記録）された代理権の授与に関する参考書類を，被勧誘者に交付あるいは当該被勧誘者の承諾を得て電磁的方法で提供しなければならない，旨が規定されています（会社側が行うのではない勧誘で被勧誘者が10人未満である場合など，適用除外につき，金商法施行令36条の6）。なお，会社側により勧誘が行われる場合には，（勧誘を受けなかった）株主は上記参考書類の交付を会社に請求することができます（金商法施行令36条の5）。参考書類に記載すべき事項は，「上場株式の議決権の代理行使の勧誘に関する内閣府令」（金商法施行令36条の2による委任）に詳細に定められているほか，委任状用紙には各議案ごとに被勧誘者が賛否を記載する欄を設けなければなりません（同府令43条）。

以上のような議決権代理行使勧誘規制が設けられていますが，代理人が委任状に記載された賛否に反して議決権を行使した場合の法的関係が問題になるほ

か（例えば，議案賛成の指示に反して代理人が議案に反対した場合には，当該議決権行使は無権代理で無効だと解せるとしても，賛成票がその分増加するとまでは解せないでしょう），そもそも委任の申込に対して勧誘者は承諾する義務まではない（議案に反対する委任の場合など）のが原則であり，株主の議決権行使の保障という観点からは議決権代理行使勧誘規制にも限界があります。

D　書面投票制度

議決権代理行使制度に加えて，株主の議決権行使機会の拡充を目的として，会社法は書面投票制度を設けています。この制度は，株主総会招集ごとに，当該総会決議事項につき議決権を有する株主数が1000人以上の株式会社には適用が強制され（会298条2項本文），そのほかの会社では取締役（会）の決定により任意に採用できます（会298条1項3号）。

書面投票制度が適用されると，株主総会招集通知は書面あるいは電磁的方法によらなければならず（会299条2～4項），その際，会社は株主に，議決権行使について参考となるべき事項を記載した株主総会参考書類（会規65条・73～94条。ウェブ開示〔会規94条。議案など一部の事項は除かれます〕，ウェブ修正〔会規65条3項〕ができます）および議決権行使書面（会規66条）を交付あるいはこれら書類の情報を電磁的方法により提供しなければなりません（会301条）。株主は議決権行使書面に必要事項を記載して会社に提出することにより，代理人を通さず直接議決権を行使することができます（会311条1項）。書面により行使された議決権数は出席株主の議決権数に算入されます（会311条2項）。

議決権行使書面には，議案ごとに株主が賛否を記載する欄を設け，議決権行使期限，株主の氏名（名称），行使しうる議決権数，さらに賛否の記載がない場合の取扱などを記載します（会規66条）。また，会社は議決権行使書面を総会終結日から3か月間は本店に備え置かなければならず，営業時間内のいつでも株主は議決権行使書面の閲覧・謄写を理由を明示して請求できます（会311条3項4項。会社が拒絶できる場合につき，同条5項）。

このように，書面投票制度を用いれば，株主本人が総会に出席しない場合にも，代理人によらず株主の意思を直接株主総会決議に反映できます。ただし，株式上場会社が，総会招集通知に際して，当該総会決議事項につき議決権を行

使できる株主全員に対して議決権代理行使の勧誘をなすときには，書面投票制度は適用されないこととされています（会298条2項但書，会規64条。この例外の場合を除いて，上場会社では書面投票制度を採用しなければなりません〔上場規程435条〕）——もっとも，書面投票制度による率が圧倒的に高いようです。

なお，書面投票を行った株主が株主総会に実際に出席すると，当該書面投票は撤回されたと解されます（後述の電子投票でも同様です）。

E 電子投票制度

取締役（会）の決定により，株主総会招集ごとに，電子投票制度を採用することもできます（会298条1項4号）。採用する場合には，株主総会招集通知は書面あるいは電磁的方法によらなければならず（会299条2～4項），その際，会社は株主に，株主総会参考書類を交付あるいはその情報を電磁的方法により提供しなければなりません（会302条1項2項。ウェブ開示〔会規94条。議案など一部の事項は除かれます〕，ウェブ修正〔会規65条3項〕ができます）。さらに会社は，招集通知が電磁的方法で発信される株主に対しては招集通知とともに，そうでない場合には総会会日の1週間前までになされる株主の請求に応じて，議決権行使書面の内容となる事項を電磁的方法で提供しなければなりません（会302条3項4項）。

株主は，会社の承諾を得て（会令1条7号。電磁的方法の種類によっては会社が対応できない場合もあります。なお，会312条2項参照），議決権行使書面の内容となる事項を記録した電磁的記録に必要な情報を記録し，会社に電磁的方法で提供して議決権を行使することになります（会312条1項）——電磁的方法により行使された議決権数は出席株主の議決権数に算入されます（会312条3項）。典型的には，株主は，議決権行使書面に記載されているQRコードを読み取り，議決権行使ウェブサイト（株主名簿管理人が運営するサイトやICJ議決権電子行使プラットフォームなど）にログインして議決権を行使することになります。CGコード補充原則1－2④参照。

会社は株主から提供された事項を記録した電磁的記録を総会終結日から3か月間は本店に備え置かなければならず，営業時間内のいつでも株主は電磁的記録とされた議決権行使書面の内容事項の閲覧・謄写を理由を明示して請求でき

ます（会312条4項5項。会社が拒絶できる場合につき，同条6項）。

なお，84.4％の上場会社が電子投票制度を採用しており，総議決権数に対する電子投票された議決権数の割合が50％を超える会社も31.5％になるようです（総会白書2023）。

3　株主総会決議

A　総会決議の種類

株主総会決議はその要件により，通常決議（普通決議）と各種の特別決議に分類できます（なお，採決方法〔挙手や投票など〕には特に規制はありません）。

議決権を行使することができる株主の議決権の過半数を有する株主が出席し（定足数），その議決権の過半数をもってなす（決議要件）のが通常決議です（会309条1項）。定款で別段の定めができます。したがって，決議要件を加重する定款規定は有効です（一方で，決議要件を半数未満に引き下げることはできません）。また，多くの会社では定足数を排除する定めが定款に設けられています。ただし，取締役・会計参与・監査役の選任・解任決議（累積投票〔第19章2参照〕によって選任された取締役を解任する決議〔会342条6項〕，監査役解任決議〔会343条4項〕および監査等委員である取締役解任決議〔会344条の2第3項〕を除きます。これらの解任決議は特別決議によります〔会309条2項7号〕）に関しては，定足数を議決権を行使することができる株主の議決権の3分の1未満に下げることができず，また，決議要件につき過半数を上回る割合を定款で定めることができます（会341条）。

当該株主総会において議決権を行使することができる株主の議決権の過半数あるいは定款で定めた議決権数（3分の1以上の割合を定めることができます）を有する株主が出席し，その議決権の3分の2（これを上回る割合を定款で定めることもできます）以上の多数でなされるのが会社法309条2項の特別決議です。

その他，特殊な決議として，会社法309条3項が規定するのは，当該株主総会において議決権を行使することができる株主の半数（あるいは定款で定めたこれを上回る割合）以上であって，その議決権の3分の2（これを上回る割合を定款で定めることもできます）以上の多数でなされる決議であり（発行全株式を譲渡制限株式とする定款変更決議など），会社法309条4項が規定するのは，総株主の半数（こ

れを上回る割合を定款で定めることもできます）以上かつ総株主の議決権の4分の3
（これを上回る割合を定款で定めることもできます）以上の多数で行う決議です（会社
法109条2項による定款変更決議〔当該定めを廃止する定款変更決議を除きます〕）。

　なお，当該事項につき議決権を行使できるすべての株主の書面あるいは電磁
的記録による同意を総会決議と擬制する，みなし総会決議については第15章
2G参照。

B　株主総会議事録

　決議の効力には関係ありませんが，後日の証拠として，株主総会議事録を書
面あるいは電磁的記録をもって作成しなければなりません（会318条1項，会規
72条2項）。総会開催日時・場所，議事の経過要領および結果，総会議長の氏名，
総会に出席した取締役・執行役・会計参与・監査役・会計監査人の氏名（名称）
などが記載（記録）事項です（会規72条）。作成義務者は会議を主催した議長で
す（議長の命を受けた取締役が作成した場合には，その氏名が議事録の記載〔記録〕事項と
なります〔会規72条3項6号〕）。

　議事録は本店に10年間，その謄本を支店に5年間備え置くことを要します
（会318条2項3項）。株主および会社債権者は，営業時間内のいつでも，これを
閲覧または謄写請求できます（会318条4項）。さらに親会社社員は，権利行使
のために必要があるときには裁判所の許可を得た上で，子会社の株主総会議事
録を閲覧または謄写請求できます（会318条5項）。

　なお，株主総会議事録とは異なりますが，有価証券報告書を内閣総理大臣に
提出しなければならない会社は，株主総会における議決権行使の結果（各決議
事項の内容，各決議事項における賛成・反対・棄権の意思を表示した議決権数など）を臨
時報告書で開示しなければなりません（企業内容等の開示に関する内閣府令19条2
項9号の2）。例えば取締役選任議案において，候補者AとBの賛成割合が98％
と65％である場合，ともに取締役に選任されますが，Bには多くの反対票・
棄権票があったわけで，この事実が開示される意味は大きいといえます。

第 17 章

総会屋と利益供与禁止

1　総会屋とその弊害

　株主の権利行使に関して会社に不当に金品を要求する者たちを指して総会屋と呼びます。株主総会をめぐって活動することが多いからです。総会に出席して議題に関係なく執拗に質問をなしたり怒号を浴びせるなど議事運営を妨害する，それを前提に，提案権などの権利行使で実行力を誇示したり二束三文の情報誌購入を強要する，逆に会社側に立って他の総会屋や経営者に反対意見を有する株主を威圧するなど，時には暴力を伴うさまざまな活動を通して会社から金品を受け取るわけです。1982 年頃には約 6800 人存在し，脇の甘い企業に月末ごとに「集金」に訪れていたようです。総会屋対策の商法改正が昭和 56 年 (利益供与禁止規定新設) と平成 9 年（罰則強化）に行われた結果，警察庁組織犯罪対策部『令和 5 年における組織犯罪の情勢』によると 2023 年末には約 150 人に減りましたが，大半が暴力団構成員かその支配下にあり凶暴化しているといわれています。

　会社法の側面から総会屋の弊害を挙げると，総会屋との癒着は会社経営の健全性確保，会社財産の浪費防止，株主平等などを害するほかに，かつては総会屋が跋扈する株主総会では一般の株主は質問すらできないという憂慮すべき状況が生み出されてもいました。さらに，総会屋の力を分散させようと，3 月決算の上場会社 (2022 年では上場会社の 61%〔東証白書 2023〕) の多くが同一日 (6 月末の同一日。定時株主総会集中日) に定時株主総会を開催していました。しかしこれでは，一般株主の出席 (権利行使機会の提供) への配慮が欠落しており，株主軽視，株主総会の形骸化を助長し，大企業のこうした姿勢が総会屋に付け入られる隙を拡大していたといえます。もっとも，上場会社における定時株主総会の同一

日集中割合は近年減少してきています（2022年6月の〔第1〕集中日における集中度合いは26％程度です〔東証白書2023〕。CGコード補充原則1-2③参照）。また，公開会社の株主総会集中日に定時株主総会を開催する理由（特に理由がある場合に限ります）が株主総会招集通知の記載（記録）事項とされています（会規63条1号ロ。第15章2B参照）。

2 株主の権利行使に関する利益供与の禁止

　もっぱら総会屋排除を目的とする会社法120条は，会社は，何人に対しても株主（適格旧株主〔第23章3A参照〕および最終完全親会社等〔第23章4B参照〕の株主も含まれます）の権利行使に関して，自己または子会社の計算において財産上の利益を供与してはならないとしています（同条1項）。いわゆる利益供与禁止規定です。これに違反した行為がなされた場合には，利益供与を受けた者はそれを会社またはその子会社に返還しなければならず（同条3項），利益を供与した会社の取締役・執行役および利益供与の取締役会決議に賛成した取締役等は会社に対してその額の弁済責任を連帯して負います（同条4項，会規21条。利益を供与した取締役・執行役は無過失責任を負います。その他の取締役・執行役は自己の無過失を証明しない限り責任を免れません――過失責任ですが証明責任が転換されます）。また，会社に対する取締役，会計参与，監査役，執行役，会計監査人の損害賠償責任は別個に生じます（会423条1項）。従業員（雇用契約上の債務不履行）についても同様です。

　さらに，会社法970条に罰則が設けられています。利益供与禁止違反行為をなした取締役・会計参与・監査役・執行役・支配人その他の従業員ら（同条1項。利益供与罪。なお，同条6項参照），および情を知って利益供与を受けた者・第三者に利益を供与させた者（同条2項。利益受供与罪）は3年以下の拘禁刑または300万円以下の罰金。利益供与を要求した者も同様（同条3項。利益供与要求罪）。威迫を伴う利益受供与，要求の場合には5年以下の拘禁刑または500万円以下の罰金（同条4項）。利益供与罪以外の罪を犯した者には，情状によって拘禁刑と罰金の併科が可能です（同条5項）。しかも，会社法に定められた犯罪で有罪判決を受けた者は，刑の執行終了後または刑の時効完成後2年間は取締役・監

査役・執行役に就任できません（会331条1項3号・335条1項・402条4項。罰金刑に処せられた者，執行猶予中の者──猶予期間経過により刑の言渡しは失効するので〔刑法27条〕猶予期間中のみ〔一部執行猶予の場合は刑法27条の7参照〕──も含みます）。利益供与罪で有罪判決を受けた者は，上記期間中，取締役・監査役・執行役に就任できないわけです（就任中の者はその地位を失います）。したがって，社内権力を掌握する取締役等も居座りできません。

　会社法120条は主として総会屋を念頭に設けられたのですが，総会屋に対する利益供与のみを対象としているのではありません。会社経営の健全性確保，会社財産の浪費防止，株主平等などが立法趣旨であり，その対象はかなり幅広く捉えられます。しかも，「株主の権利行使に関して」の利益供与か，については推定規定が置かれています（同条2項）。そこで，例えば，株主優待制度や親子会社間の取引（子会社の親会社に対する取引機会の提供）も問題になりそうです。ただし，前者については社会通念上合理的範囲内にあれば，後者については通常の取引条件のもとで行われるのであれば，それが証明されることにより推定は破られると解してよいでしょう。

　近年は，総会屋を含む反社会的勢力への企業の対応（関係遮断）が，従来にも増して注視されています。業務の適正を確保するのに必要な内部統制システム（法令遵守，リスク管理）の整備強化が求められます。そもそも，経営の情報開示が不徹底で，株主や監査役の監督・監査機能が働きにくい状況が反社会的勢力と関係してしまう土壌になります。内部統制システムの整備とともに，経営情報の開示強化および株主の監督是正権の強化（権利行使の障害除去）が必要でしょう。

第18章

株主総会決議の瑕疵

　株主総会決議の成立過程に手続的瑕疵があったり決議内容が法令または定款に違反する瑕疵があれば，一律に当該決議は効力を生じないと考えてもよさそうです（株主総会が有効だとか無効だとかいうのではなく，株主総会決議の効力が問題になります）。けれども，総会決議はその後の多数の法律関係の基礎となる場合が多いので，法的安定性を図る必要もあります。そこで会社法は，決議を取り消しうるに過ぎない場合を設け，決議無効および決議不存在と区別しています。

1　株主総会決議取消の訴え

A　決議取消原因

　総会決議に瑕疵があっても決議を取り消しうるに過ぎない場合があります。初めから効力を生じない無効と異なり効力が発生しますが，取り消されれば当該決議は無効となります。瑕疵の程度が比較的軽微な場合がこれにあたります。

　会社法831条が定める取消原因は，まず，招集手続または決議方法に関して法令・定款違反または著しい不公正があるときです（同条1項1号）。例えば，著しく多くはない一部の株主に招集通知が発信されなかったとき，取締役に説明義務違反があったとき，会場に入場しきれない株主がいるのに決議がなされたとき，など。

　決議内容の定款違反も取消原因とされています（会831条1項2号）。これはかつては決議無効原因でしたが，会社の内部的規範違反に過ぎないので，会社内部者（株主・取締役・監査役・執行役・清算人）が瑕疵を争わなければ決議の効力を認めてよいとの判断で，昭和56年の商法改正で取消原因に変更されたのです。けれども，手続的瑕疵と異なり，会社内部者が瑕疵を争わなくても，定款

が変更されない限り決議内容の定款違反状態が続き，それに基づく法律関係が積み重なっていきます。これが通常決議であれば，定款変更には特別決議が必要なのに，通常決議であたかも定款が変更されたかのような事実状態を生み出せることにもなってしまいます。このような状況の説明は困難でしょう。

　最後に，特別利害関係人の議決権行使によって著しく不当な決議がなされたとき（会831条1項3号）。特定の決議に関して個別の株主が特別な利害関係にある場合には（例えば，会社法425条1項による一部責任免除対象取締役等や合併承認決議における相手方当事会社），当該株主の利益のために会社利益を犠牲にする不当決議がなされる可能性があります。もっとも，これは可能性に過ぎませんから，特別利害関係人の議決権行使を認めた上で，結果としての著しく不当な決議を取消対象としたのです。実質的には多数決の濫用の一場合です。

B　株主総会決議取消訴訟

　総会決議の取消は訴訟でもってのみ請求できます（会831条1項柱書前段）。管轄裁判所は本店所在地（定款所定の本店所在地〔会27条3号〕であり，会社の住所〔会4条〕）の地方裁判所です（会835条1項。なお，決議取消訴訟が数個同時に係属するときは，その弁論および裁判は併合して行われます〔会837条〕）。

　この訴訟は決議の日から3か月以内に提起する必要があります（会831条1項柱書前段）。法律関係の早期安定のための期間的な限定です。したがって，株主総会決議取消の訴えを提起した後，会社法831条1項柱書前段「所定の期間経過後に新たな取消事由を追加主張することは許されないと解するのが相当である。」（最判昭和51年12月24日民集30巻11号1076頁）。もっとも，「株主総会決議の無効確認を求める訴において決議無効原因として主張された瑕疵が決議取消原因に該当しており，しかも，決議取消訴訟の原告適格，出訴期間等の要件をみたしているときは，たとえ決議取消の主張が出訴期間経過後になされたとしても，なお決議無効確認訴訟提起時から提起されていたものと同様に扱うのを相当と」します（最判昭和54年11月16日民集33巻7号709頁——計算書類承認決議につき，当該計算書類が監査役監査を経ていなかったという瑕疵〔決議内容ではなく決議の手続的瑕疵〕が，決議無効原因〔主位的請求〕，その後追加的に，決議取消原因〔予備的請求〕として主張された事例）。

この訴訟の被告となるのは（被告適格者），当該会社です（会834条17号）。原告となることができるのは（原告適格者），株主・取締役・監査役・執行役・清算人に限られます（会831条1項前段）。後述のように決議取消判決確定までは決議は効力を有しますが，当該決議の取消によって株主，取締役や監査役など一定の地位を回復する者（株式併合決議〔会180条2項〕や全部取得条項付種類株式を会社が取得する決議〔会171条1項〕によって株主でなくなった者，当該決議によって解任された取締役や取締役選任決議によって取締役としての権利義務〔会346条1項〕を失った者など）も原告適格を有します（会831条1項後段）。また，「株主は自己に対する株主総会招集手続に瑕疵がなくとも，他の株主に対する招集手続に瑕疵のある場合には，決議取消の訴を提起」でき（最判昭和42年9月28日民集21巻7号1970頁），当該決議後に株主となった者も原告適格を有します。決議の公正な成立が妨げられたかもしれず，株主（決議後の株主も当該決議に拘束されます）はそれを監督是正する権利を有すると解されるからです。

　なお，株主が決議取消訴訟を提起したときには，被告会社は，原告株主に対して裁判所に担保提供命令を申し立てることができます（会836条。訴えの提起が悪意によるものであることを疎明する必要があります）。株主の濫訴を防止する趣旨です。

C　裁量棄却

　招集手続または決議方法の法令・定款違反が決議取消原因である場合に限り，違反の事実が重大でなく，かつ決議に影響を及ぼさないと認められるときには，裁判所は決議取消の請求を棄却できます（会831条2項）。これを裁量棄却と呼びます（取消原因がないから棄却するのではなく，取消原因があるのに棄却できる場合）。

　決議取消訴権は株主の重要な監督是正権なので，裁量棄却の要件は慎重に検討する必要があります。例えば，一部の株主に対してであっても，招集通知漏れは株主権行使の侵害や株主平等原則違反になるので重大な瑕疵です（もっとも，ほんのわずかな招集通知漏れについては，単純な事務手続ミスであれば重大性は否定され，故意になされた場合〔例えば，経営方針に反対する一株株主への招集通知不発信〕には重大性を肯定すべきでしょう）。一方，招集通知が発せられなかった株主が株主総会に出席し，通知漏れに異議を唱えることなく決議に参加したような場合には，

裁量棄却を認めてかまわないと思われます。

D 決議取消判決の効力

法律関係の画一的解決のために決議取消判決には対世効が認められます（会838条。取消請求棄却判決には対世効はありません）。

取消なので取消判決確定まで決議は有効ですが，判決確定により総会決議時からその決議は効力がなかったことになります（取消判決の遡及効。遡及効を否定する会839条の対象になっていません〔同条括弧書〕）。法律関係をこのように変更させるので，総会決議取消判決の性質は形成判決です。取締役・監査役の選任決議を取り消す判決の遡及効は否定すべきだ，との主張も存します。その者が取締役・監査役としてなした行為が瑕疵を帯びれば法律関係の安定が害されるからだといいます。けれども，対外的取引行為に関しては次に述べるとおりですし，対内的行為（例えば，監査役としてなした監査——定時株主総会における計算書類承認決議の前提）に関しても，取引の安全保護の要請は働かず，遡及効を否定すべきではないでしょう。

遡って決議が無効になるから取引の安全が問題となりそうです。例えば，総会で選任された取締役が取締役会で代表取締役に選定され会社代表行為を行う。その後，株主総会の当該取締役選任決議が取り消されると，取締役たる地位，したがって代表取締役たる地位が遡ってなかったことになるので，上記代表行為は無権代表で無効になるわけです。もっとも，契約の相手方には，会社法354条（表見代表取締役。ただし，取締役でない者の行為なので類推），同908条2項（代表取締役でない者を代表取締役として登記した会社は，その登記が不実である旨を善意の第三者に主張できません），民法109条・112条（表見代理）のような善意者保護規定が適用されるので，取引の安全が害されることはありません。契約の相手方が取消原因を知っておりかつ取消訴訟が提起され決議が取り消される可能性が大きいことをも認識しているような特殊な場合には，会社は当該行為の無効を主張できますが，このような場合には取引の安全を保護する必要はありません。

なお，決議取消訴訟を提起した原告が敗訴した場合において，原告に悪意または重過失があったときは，原告は会社に対して連帯して損害賠償責任を負い

ます（会 846 条）。

E　株主総会決議取消訴訟と訴えの利益

　訴訟要件を欠く訴えは却下判決によって審理が打ち切られます。訴訟要件の
1 つである訴えの利益は，原告の請求である法律関係の主張に認められる本案
判決（請求の当否につき判断する判決）を求める具体的利益です。そして，「株主
総会決議取消の訴えのような形成の訴えは，法律に規定のある場合に限つて許
される訴えであるから，法律の規定する要件を充たす場合には訴えの利益の存
するのが通常であるけれども，その後の事情の変化により右利益を喪失するに
至る場合のあることは否定しえない」（最判昭和 58 年 6 月 7 日民集 37 巻 5 号 517 頁）。
次のような場合が問題とされました。

　計算書類（平成 17 年改正前商法では，利益処分〔損失処理〕案が含まれていました）
承認決議が取り消されれば，「右決議は初めに遡つて無効となる結果，……計
算書類については総会における承認を欠くことになり，また，右決議に基づく
利益処分もその効力を有しないことになつて，法律上再決議が必要となるもの
というべきであるから，その後に右議案につき再決議がされたなどの特別の事
情がない限り，右決議取消を求める訴えの利益が失われることはないものと解
するのが相当であ」り，計算書類承認決議が取り消されると，「右計算書類等
は未確定となるから，それを前提とする次期以降の計算書類等の記載内容も不
確定なものになると解さざるをえず，したがつて，上告会社としては，あらた
めて取消された期の計算書類等の承認決議を行わなければならないことにな
る」のであり，次期以降の計算書類が承認されていても「右特別の事情がある
ということはできない。」（前掲昭和 58 年最判。なお，第 25 章 4B 参照）。

　取締役を選任する株主総会決議に関しては，「役員選任の総会決議取消の訴
が係属中，その決議に基づいて選任された取締役ら役員がすべて任期満了によ
り退任し，その後の株主総会の決議によつて取締役ら役員が新たに選任され，
その結果，取消を求める選任決議に基づく取締役ら役員がもはや現存しなくな
つたときは，……，特別の事情のないかぎり，決議取消の訴は実益なきに帰し，
訴の利益を欠くに至るものと解するを相当とする。」（最判昭和 45 年 4 月 2 日民集
24 巻 4 号 223 頁）。形成判決に遡及効が認められる場合には，形成対象が消滅し

ても訴えの利益は認められそうですが，役員選任決議取消の訴えにおいて当該役員が退任した上述のような場合には，特別事情のない限り本案判決を求める具体的実益を見出しがたいとの判断です。もっとも，取締役選任決議が取り消されるべきものであることを理由として後任取締役を選任する後行株主総会決議の効力を争える場合（後行株主総会の招集手続の瑕疵〔決議取消，決議不存在〕が問題になる場合〔決議不存在につき，本章2参照〕）には，後行選任決議がいわゆる全員出席総会においてされたなど（その他，後行株主総会が少数株主によって招集された場合〔会297条〕，会300条，会319条など）の事情がない限り，先行選任決議の取消を求める訴えの利益は消滅しないものと解するのが相当だと解されます（事業協同組合の理事につき，最判令和2年9月3日民集74巻6号1557頁参照）。

なお，取消の対象となるのは議案を可決する決議であって，「ある議案を否決する株主総会等の決議によって新たな法律関係が生ずることはないし，当該決議を取り消すことによって新たな法律関係が生ずるものでもないから，ある議案を否決する株主総会等の決議の取消しを請求する訴えは不適法であると解するのが相当で」す（最判平成28年3月4日民集70巻3号827頁）。

2　株主総会決議の無効，不存在

株式会社の本質や法令に内容が違反する株主総会決議は無効です。また，開催されてもいない株主総会の議事録が作成されている場合など，決議成立の外観にもかかわらず決議は存在しないこともあります。大半の株主に招集通知が発せられていないなど手続的瑕疵が著しい場合も，決議不存在と評価されます。

例えば，取締役会設置会社において，株主総会を招集する取締役会決議（会298条1項4項）を欠くにもかかわらず代表取締役が招集を通知（会299条）した株主総会の決議は，効力を有しますが決議取消の訴えの対象となります（会831条1項1号。最判昭和46年3月18日民集25巻2号183頁参照）。同様の状況で，代表取締役でない取締役が総会招集を通知した場合には，総会招集手続の瑕疵が著しいので，当該総会の決議には株主総会決議としての効力は認められません（株主総会決議の不存在。最判昭和45年8月20日判例時報607号79頁）。なお，先行する株主総会の取締役選任決議が不存在の場合（この点，取締役権利義務者につき，

第19章6参照）には，後行の株主総会の招集手続の瑕疵が問題となります（最判平成2年4月17日民集44巻3号526頁，最判平成11年3月25日民集53巻3号580頁参照。本章1E参照）。

　総会決議の無効や不存在については，決議取消と異なり，その主張権者・主張時期・主張方法に制限はありません。他の訴訟において請求の前提問題として無効・不存在を主張することもできます（決議取消のように取消判決が要求されるわけではありません）。もっとも，決議に関する紛争の解決手段として訴訟は重要です。会社法は株主総会決議無効確認の訴えおよび株主総会決議不存在確認の訴えを認め，法律関係の画一的確定のために取消訴訟同様の制度整備をしています（830条・838条）。

第19章

取締役，執行役

1　取締役の資格

　取締役に就任するのに特別な法定の資格は必要ありません。一方，会社法331条1項は，法人や会社法等に定められた犯罪で有罪判決を受け一定期間経過しない者は（第17章2参照），取締役となることができない旨を規定しています。取締役は会社経営に携わるので，それにふさわしくない者を定型的に取締役たる地位から排除する趣旨です。法人も取締役になれないのは（取締役は自然人に限られます），取締役と会社の関係が委任関係であり（会330条），委任者が受任者の個性に信頼して事務を委託する関係（民643条・656条）だからです。

　制限行為能力者も取締役に就任できますが（なお，取締役在任中の者が後見開始の審判を受けると取締役の地位を失います〔民653条3号〕），成年被後見人が取締役に就任するには本人の同意の下で成年後見人が本人に代わって就任の承諾をなすことを要し（会331条の2第1項），被保佐人の就任承諾には保佐人の同意を要します（会331条の2第2項。なお，同条3項参照）。成年被後見人あるいは被保佐人が取締役としてなした行為は，行為能力の制限を理由に取り消すことはできません（会331条の2第4項）。なお，未成年者が就任を承諾するには親権者の許可を要します（民823条1項。未成年者の代理行為につき，民102条本文参照）。

　なお，公開会社においては，取締役が株主でなければならない旨を定款で定めることはできません（会331条2項）。また，監査等委員である取締役は，当該会社・その子会社の業務執行取締役・会計参与・支配人その他の使用人あるいは子会社の執行役を兼務することはできず（会331条3項・333条3項1号。監査役の兼任禁止と同様です），指名委員会等設置会社の取締役は当該会社の支配人その他の使用人を兼務することはできません（会331条4項。なお，取締役は執行

役とは兼務できます〔会402条6項〕）。

2　取締役の選任・員数・任期

　取締役は，業務執行機関，あるいは業務執行機関である取締役会の構成員で
す。所有と経営の制度的分離のもと，会社の実質的所有者である株主が経営を
託すのが取締役なので，取締役は株主総会で選任されます（会329条1項。株主
総会参考書類記載事項につき，会規74条参照。なお，前述〔第9章6C〕した種類株主総会
での取締役選任〔会108条1項9号〕参照）。監査等委員会設置会社においては，監
査等委員である取締役とそれ以外の取締役とを区別して選任します（会329条2
項。会規74条の3参照。第24章6A参照）。選任は通常決議で行われますが，定款
による定足数の引下は議決権の3分の1までしか認められず，また，定款によ
る決議要件の加重ができます（会341条）。なお，株主総会の選任決議を前提と
して，被選任者は，（代表）取締役あるいは代表執行役と取締役任用契約を締結
することによって取締役となります（選任決議がなければ任用契約は効力を生じませ
ん——会社内部の関係なので，当該任用契約につき取引の安全保護を考慮する必要はありま
せん）。

　取締役会設置会社においては取締役は3人以上必要とされます（会331条5
項）。これ以外の会社においては1人で足ります（会326条1項）。なお，上場会
社における1社あたりの取締役の人数は，6〜11名程度です（東証白書2023）。

　取締役の任期は，選任後2年以内に終了する最終の事業年度に関する定時株
主総会の終了のときまでです（会332条1項）。この期間を短縮することもでき
（補欠として選任をされた場合を除き，監査等委員である取締役については短縮できません
〔会332条4項5項〕），個別の取締役の任期は，定款の定めや株主総会での選任
決議によって定めます（上場会社〔監査役会設置会社〕の65.2％が取締役の任期を1年
とする旨の定款規定を設けています〔東証白書2023。第25章6D参照〕）。公開会社でな
く，監査等委員会設置会社でも指名委員会等設置会社でもない株式会社におい
ては，選任後10年以内に終了する最終の事業年度に関する定時株主総会の終
了のときまで，定款によって取締役の任期を伸長できます（会332条2項）。監
査等委員会設置会社の監査等委員以外の取締役および指名委員会等設置会社の

取締役については，選任後1年以内に終了する最終の事業年度に関する定時株主総会の終了のときまでです（会332条3項6項。短縮可能です〔会332条1項但書〕）。そのほか，会社法332条7項参照。

累積投票制度

2人以上の取締役選任を議題とする株主総会においては，定款で排除されていない限り，取締役選任の議決権を行使できる株主は，会社法342条の累積投票を求めることができます。候補者ごとに決議して選任するのが原則ですが（選任する数と候補者数が同数である場合には一括して決議することもできます），これだと常に多数派の候補者のみが取締役に選任されることになります。少数派の利益代表もいわば比例代表的に選任できるのが累積投票です。なお，監査等委員会設置会社においては，監査等委員である取締役とそれ以外の取締役は区別され，同一の累積投票の対象にはできません。

例えば，取締役2人選任の総会が開催されようとするときに，少数派が提案権（第15章2F参照）を行使して自派の代表を取締役に選任する件を議案とします。多数派の取締役あるいは多数派から構成される取締役会が予定どおり取締役2人選任の総会を招集し，多数派に属する2人を候補者として議案に入れると，合計3人の中から2人の取締役を選任することになります。総会会日より5日前までに累積投票が請求されると，株主は1議決権につき選任される取締役数と同じ2票を持ち，候補者を一括して投票し，上位2人を選任とする選任方式になります。多数派が66株，少数派が34株所有しているとすると，それぞれ132票と68票です。少数派が自派の候補に全票投じると，多数派がどのように票を割り振ろうと少数派の代表は選任されるわけです。

女性役員

上場規程445条の7・別添2は，プライム市場上場内国会社においては，2025年を目途に女性役員を1名以上選任するよう努め，2030年までに女性役員の比率を30％以上とすることを目指すよう要請し，この目標を達成するための行動計画の策定を推奨しています（役員には，取締役，監査役，執行役に加えて，執行役員またはそれに準じる役職者を含むことができる，とされています）。Diversity（多

様性）経営の一環として，企業の持続的成長に不可欠だと考えられているのです（CGコード原則 4 - 11 参照）。

3　社外取締役

　取締役が次の各要件をすべて満たす場合には，当該取締役は社外取締役です（会 2 条 15 号）。①当該会社あるいはその子会社において，現在，業務執行取締役（第 20 章 2C3B 参照）・執行役・支配人その他の使用人（業務執行取締役等）でなく，かつその就任前 10 年間，業務執行取締役等であったことがないこと。②当該会社あるいはその子会社において，その就任前 10 年内のいずれかの時に取締役（業務執行取締役を除く）・会計参与・監査役であったことがある場合には，当該役職への就任前 10 年間，業務執行取締役等であったことがないこと（社外取締役の要件としては役員間の横滑りを認めない趣旨）。③自然人である支配株主，親会社の取締役・執行役・支配人その他の使用人でないこと。④兄弟会社の業務執行取締役等でないこと。⑤自然人である支配株主・当該会社の取締役・執行役・支配人その他の重要な使用人の配偶者あるいは 2 親等内の親族でないこと。なお，「社外取締役として」選任されることは，社外取締役であることの要件ではありません（会規 2 条 3 項 5 号ロ(1)(3)〔会社によって社外取締役として取り扱われる場合〕7 号ロ〔会社によって当該取締役候補者が社外取締役として取り扱われる場合〕参照）。

　社外取締役に求められるのは，経営陣の職務執行全般の評価を大局的に行うことです（なお，株主総会参考書類においては，取締役選任議案につき，当該候補者が社外取締役に選任された場合に果たすことが期待される役割の概要が記載事項とされています〔会規 74 条 4 項 3 号〕）。そして，社外取締役には，①社内の人間関係や「社内常識」に縛られることなく，独立した立場からの監督・監視，そして経験を活かした上での株主共同の利益を代弁する助言が期待され，さらに，社内事情に通暁しないので，②社外取締役には他の取締役等からの職務執行に関する十分な説明を要するので，業務執行の透明性が確保されあいまいな監督・監視が排除されることが期待されます。また，③会社と取締役・執行役との利益相反状況など取締役・執行役の業務執行によって株主の利益が損なわれるおそれがある

ときには，その都度，取締役の決定（取締役会設置会社にあっては取締役会決議）によって，社外取締役に業務執行を委託することができます（会348条の2第1項2項。取締役会の専決事項〔会399条の13第5項6号・416条4項6号〕）。社外取締役は会社業務を執行できませんが（会2条15号イ），それは業務執行取締役・執行役の影響下での業務執行が問題とされていると解されます。そこで，上記のような要件を満たす場合（社外取締役の要件との関係につき，会348条の2第3項）には，業務を執行できる（善管注意義務を負います）こととされ，利益相反取引（第22章3）やMBO（第27章7C）において，業務執行取締役・執行役から独立した立場でなす公正な判断や監督が期待されているわけです。

監査等委員会設置会社，指名委員会等設置会社，および公開会社かつ大会社である監査役会設置会社で発行株式につき有価証券報告書提出義務を負う会社は，社外取締役の設置を要します（会327条の2・331条6項・400条3項。なお，上場規程437条の2）。

独立役員

金融商品取引所（証券取引所）は，一般株主（一般投資者）保護の観点から，上場会社に独立役員を1名以上確保して独立役員届出書を提出するよう義務づけています（上場規程436条の2〔会規2条3項5号参照〕，同施行規則436条の2）。独立役員とは，一般株主と利益相反が生じるおそれのない社外取締役あるいは社外監査役です。このような独立性に抵触するのは，経営陣から著しいコントロールを受ける関係にある者や経営陣に対して著しいコントロールを及ぼしうる関係にある者（社外取締役の要件よりも厳しく，その就任前10年内のいずれかの時に親会社の業務執行者・業務執行者でない取締役や兄弟会社の業務執行者であった者，主要取引先の業務執行者や当該会社から役員報酬のほかに多額の金銭等財産を得ているコンサルタント等も含まれます）です（上場管理等Ⅲ5(3)の2参照）。そして，取締役である独立役員を少なくとも1名以上確保する努力義務を課しています（上場規程445条の4）。さらに，CGコード原則4-8は，プライム市場上場会社では独立社外取締役を少なくとも3分の1（その他の上場会社では2名）以上選任すべき旨，および，プライム市場上場会社において過半数（その他の上場会社では少なくとも3分の1以上）の独立社外取締役を選任することが必要と考える場合（親会社など支配株主が

存在する場合など）には十分な人数の独立社外取締役を選任すべき旨を定めています。2022 年 7 月時点で，上場会社で独立社外取締役を 2 名以上選任しているのは 85.4%，3 分の 1 以上選任しているのは 69.2% です（東証白書 2023）。

4　取締役の終任

　任期満了や会社法 331 条 1 項 3 号 4 号の事由の発生，会社解散（会 478 条 1 項 1 号）により取締役は終任します。また，取締役・会社間は委任関係なので委任の終了原因によっても終任するほか（民 653 条。なお，株式会社が破産手続開始の決定を受けても，直ちに会社と取締役との委任関係が終了するわけではありません〔最判平成 21 年 4 月 17 日金融・商事判例 1321 号 51 頁〕），委任はいつでも解除できるので（民 651 条 1 項），取締役はいつでも辞任できます（ただし，損害賠償責任が発生する場合があります〔民 651 条 2 項〕）。会社側も選任機関である株主総会決議（会 341 条）でいつでも取締役を解任できます（会 339 条 1 項。正当理由なく解任された取締役は会社に対して損害賠償を請求できます〔会 339 条 2 項〕。なお，種類株主総会で選任された取締役については，会 347 条 1 項参照）。株主総会のこの解任権限は，経営に対する株主の監督是正権の確保として重要であり，解任には通常決議（ただし，定款による定足数の引下は議決権の 3 分の 1 までです）で足ります（会 341 条）。ただし，累積投票で選任された少数派株主側の取締役は常に解任される可能性のもとで職務を遂行しなければならないというのも適当ではなく，また，監査を担当する監査等委員である取締役についてはその地位を強化する必要があるでしょう。そこで，累積投票により選任された取締役あるいは監査等委員である取締役の解任には会社法 309 条 2 項の特別決議を要することにされています（同条項 7 号）。

　取締役の職務遂行に関して不正行為や法令・定款違反の重大事実があったのに，株主総会で解任が否決されたとき（あるいは株主総会の解任決議が会社法 323 条の種類株主総会によって是認されないとき）には，当該取締役解任議案に関する議決権株式（解任対象取締役が有する株式を除きます）あるいは発行済株式（会社の保有する自己株式および解任対象取締役が有する株式を除きます）の 100 分の 3（これを下回る割合を定款で定めることもできます）以上の議決権あるいは株式を 6 か月（これを下

回る期間を定款で定めることもできます。なお，公開会社でない場合には株式保有期間条件は課されません）前から引き続き有する株主は，決議後 30 日以内に当該取締役解任の訴えを提起できます（会 854 条 1 項）。なお，この訴訟の被告は当該会社と当該取締役です（会 855 条）。会社・取締役間の委任関係の解消を求める形成訴訟ですから，委任関係の両当事者である会社と当該取締役を共同被告としなければならないわけです。

5　補欠取締役

　会社法あるいは定款で定められた取締役の員数を欠くこととなるときに備えて，取締役選任と同様の手続によって，補欠取締役（監査等委員である取締役とそれ以外の取締役は区別します）を選任することもできます（会 329 条 3 項，会規 96 条 1 項 2 項）。補欠取締役は，実際に取締役の員数が欠けたときに，正式に取締役に就任します。臨時株主総会を開催するなどの手間と費用を省略できるわけです。補欠取締役選任決議は，定款に別段の定めがある場合を除き，決議後最初に到来する定時株主総会の開始のときまで効力を有します（会規 96 条 3 項）。

　なお，補欠として選任された監査等委員である取締役（事前に選任される上述の補欠取締役のほかに，監査等委員退任後にその補欠として新たに選任された監査等委員も含みます）については，その任期を退任監査等委員の任期満了時までとする定款の定めを置くことができます（会 332 条 5 項）。

6　取締役欠員の場合の処置

　法定または定款所定の取締役の員数が欠けた場合には，後任取締役が就任するまでの間，任期満了あるいは辞任によって退任した取締役はなお取締役としての権利・義務を有します（会 346 条 1 項。取締役権利義務者。監査等委員会設置会社の場合には，監査等委員である取締役とそれ以外の取締役を区別します）。後任就任までの欠員処置として取締役終任後もなおこのような地位に置かれるわけで，辞任も解任（最判平成 20 年 2 月 26 日判例時報 2002 号 147 頁）もできません。

　欠員が生じたのに上記の処置ができない（取締役解任により欠員となったときな

ど），あるいは適当でない場合（不正行為の責任をとって辞任したときなど）には，株主や取締役など利害関係人は仮取締役（「一時，取締役の職務を行うべき者」で，一時取締役とも呼ばれます）の選任を裁判所に請求できます（会346条2項）。

　なお，取締役選任決議の無効確認の訴えや取締役解任の訴えが提起された場合などに，当該取締役の職務執行停止および職務代行者の選任が裁判所の仮処分命令によってなされることがあります。仮処分による取締役の職務代行者は会社の常務（当該会社として日常行われるべき通常の業務）しか行えず，常務に属さない行為をなすには裁判所の許可が必要です（会352条）。この点，上述の仮取締役の権限は本来の取締役と同様であり，仮処分による取締役職務代行者に対するような制限はありません。

7　執　行　役

A　執行役の職務

　指名委員会等設置会社は執行役を設置する必要があります（会402条1項）。執行役は取締役会から委任された業務執行に携わることを職務とします（会418条）——受任業務の範囲内で，従業員に対して，さらに場合によっては他の執行役に対しても監督・監視義務が生じます（執行役は1人存すればよいのですが〔会402条1項〕，複数選任された場合には，執行役相互の関係に関する事項〔各執行役の職務の分掌および指揮命令関係など〕を取締役会が定めます〔会416条1項1号ハ〕）。指名委員会等設置会社においては，会社代表機関は代表執行役なので（会420条1項3項），取締役会は，法律行為である業務については代表執行役にその実行を委ねることになります。なお，業務執行権限は取締役会に属するのであり，執行役は何らの業務執行権限も固有しません（この点に関して，後述第20章2参照）。

B　執行役の資格，選任・解任，員数，任期

　執行役の欠格事由は取締役と同様です（会402条4項・331条1項）。公開会社においては，執行役が株主でなければならない旨を定款で定めることはできません（会402条5項）。取締役は執行役を兼ねることができます（会402条6項）。
　執行役の選任・解任は取締役会が行います（会402条2項・403条1項。取締

会の専決事項です〔会416条4項10号〕)。員数は1人以上（会402条1項），その任期は，選任後1年以内に終了する最終の事業年度に関する定時株主総会が終結した後最初に開催される取締役会の終結のときまで――つまり約1年ですが定款によって短縮することもできます（会402条7項）。

欠員の場合の処置は取締役の場合と同様です（会403条3項・401条2～4項）。

第 20 章

会社の業務執行と代表

1 取締役と取締役会

　会社の行為には，株主の地位に係る会社社団の組織上の行為（その権限は基本的に株主総会に属します）のほか，製品の生産・販売や技術開発，財務，人事など会社経営活動，つまり業務執行があります。所有と経営が制度的に分離されている株式会社にあっては，業務執行権限（会社経営権限）は株主総会（会社の実質的所有者からなる機関）にではなく取締役あるいは取締役会に与えられています（取締役・取締役会には，業務執行権限だけでなく，例えば株主総会招集権限など社団法上の権限も法定されています。これらを含む広い権限を指す場合には，会社法は，取締役・取締役会の「職務」と呼んでいます〔会 348 条 3 項 4 号・362 条 2 項柱書 2 号など〕）。

　取締役会設置会社以外では，取締役が業務執行権限を有する業務執行機関です（会 348 条 1 項。取締役の業務執行権限を制限する旨を定款で定めることもできます）。取締役が複数人就任しているときにも，原則として各自が独立した業務執行機関を構成します。ただし，定款に別段の定めがあるときを除き，業務は取締役の過半数をもって決します（会 348 条 1 項 2 項）。特に，支配人の選任・解任，支店の設置・移転・廃止，株主総会の招集，内部統制システムの整備および定款の定めに基づく取締役の責任一部免除については，取締役の過半数による決定を要しますが，これら以外の事項については，取締役の過半数による決定によって，個別の取締役に業務の決定を委任することもできます（会 348 条 3 項）。

　取締役会設置会社では，3 人以上（会 331 条 5 項）の取締役全員で取締役会を組織します（会 362 条 1 項）。取締役会は，法令や定款に定められた事項（取締役会が自ら行わなければなりません）を行うほか，業務執行権限を有します（会 362 条 2 項 1 号 2 号・399 条の 13 第 1 項 1 号柱書・416 条 1 項 1 号柱書）——個別の取締役・

執行役は業務執行機関ではありません。

　取締役会は，重要な業務執行に関しては自ら決しなければなりませんが，非重要業務執行については個別の取締役に委任することができます（会362条4項）。ただし，監査等委員会設置会社と指名委員会等設置会社には例外が認められています。監査等委員会設置会社では，取締役の過半数が社外取締役である場合あるいは定款に定めがある場合には，法定の一定事項以外は重要業務執行であっても，取締役会は個別の取締役に委任することができます（会399条の13第5項6項）。指名委員会等設置会社の取締役会は，法定の一定事項以外は重要業務執行であっても，執行役に委任することができます（会416条4項）。

2　業務執行権限と代表権限の関係

A　業務執行権限と代表権限

　取締役あるいは取締役会には業務執行権限が属します。一方，業務執行が法律行為である場合にはその法律効果を会社に帰属させるために代理権限──第一次的な事業全般にわたる包括的代理権限としての代表権限が必要です。両権限は全く別個の法的性質を帯びる権限ですが，制度設計としては業務執行機関が同時に代表機関であるのが自然であり実際に通例はそのようにされています（会590条1項・599条1項，一般社団法人及び一般財団法人に関する法律76条1項・77条1項。第1章4A参照）。

　取締役会設置会社以外では，取締役が原則として業務執行機関であるとともに会社代表機関です（会349条1項本文）。一部の取締役のみが代表権限を有する（他の取締役から代表権限を剝奪する）ように定めることもできます（会349条1項但書3項）。

　これに対して取締役会設置会社においては，業務執行機関である取締役会は複数の取締役（最低員数3人。独断専行を排し，慎重に審議・決定させる趣旨）からなる会議体です。取締役会に代表権限を帰属させる制度を採用したとしても，実際には取締役会自身が契約等代表行為をなすのではなく，通常は代表権限に基づき他の者に代理権限を与えて契約を締結させることになるでしょう（取締役会に代表権限が属すると必ず取締役会自身が直接代表行為をなさなければならないというわ

けではありません）。そこで，初めから両権限の帰属機関を分離し，会社代表権限を有する代表取締役あるいは代表執行役を設置すること（会362条3項・420条1項）とされています（なお，指名委員会等設置会社では，代表機関として代表執行役が選定され〔会420条1項3項〕，代表取締役は選定できません〔会416条1項・415条参照〕）――経営機関の分化。

B　取締役会と会社代表機関の権限関係

　指名委員会等設置会社以外の取締役会設置会社においては，取締役会が取締役の中から代表取締役を選定し（取締役会は代表取締役を解職する権限も有します〔会362条2項3号・399条の13第1項3号〕），指名委員会等設置会社においては，取締役会が執行役の中から代表執行役を選定・解職します（会420条1項2項）。業務執行権限は取締役会に属し，会社代表機関は業務執行機関の指揮・命令・監督のもとに業務執行に携わることになるからです。つまり，取締役会は代表取締役・代表執行役の上位の機関です。ところが，この両者の関係につき，従来から異説が唱えられています。そこで異説の検討をしておきましょう。

　①　並立機関説

　取締役会と会社代表機関の権限関係については，会社代表行為は対外的には代表権限の行使であるが，対内的には業務執行にほかならないから，代表機関は代表権限とともに業務執行の実行（執行）権限をも有する――取締役会に属するのは業務執行の決定権限に過ぎない，と解する所説があります。決定機関としての取締役会と実行機関としての代表機関とは並立的に業務執行機関を構成すると解するところから並立機関説と呼ばれています。

　しかし，代表機関が固有に業務執行実行権限を有するのであれば，他の機関と独立して自己の責任でその権限を行使できるはずです。それにもかかわらず，取締役会の決定に従わなければならないのはなぜでしょうか。並立的機関ではなく，従属関係が存するのです。ではなぜ従属するのでしょうか。決定に基づかない実行（執行）はありえないからです。さらに，代表取締役・代表執行役の業務執行の実行行為に取締役会の監督権限が及ぶ（会362条2項2号・399条の13第1項2号・416条1項2号）のはどうしてでしょうか。固有の権限の行使に，並立的な他の経営機関による監督を受けるのは奇妙です。取締役会も決定権限

しかないのであれば，決定にのみ注意義務を尽くせばよいのであり，実行権限の行使に口出しする権限も義務もないはずでしょう。並立機関説の構成には無理があるといわざるをえません。

　もちろん，決定と実行（執行）は観念的には区別できます。だからこそ会社法は，取締役会の職務を「業務執行の決定」とし，決定面から取締役会の業務執行権限を規定しているのです（会362条2項1号・399条の13第1項1号柱書・416条1項1号柱書）。決定のない実行はないので，決定権限の所在に実行権限が伴うのは当然です。ここで確認しておきたいのは，権限保有者が必ず自身で実際に行為しなければならないわけではない，ということです。取締役会は自ら実際に業務を執行する場合（内部統制システム整備〔会362条4項6号・399条の13第1項1号ハ・416条1項1号ホ〕など）もあれば，数多くの補助者を用いて――自己の責任でかつその権限の範囲内で彼らに事務処理を委任して，実際の行為を行わせることもあります。いずれも取締役会の業務執行権限行使の一態様なのです。取締役会は会議体だから実行行為には不適当で，代表機関がその固有の権限として実行行為をなすと考えるべきだ，と並立機関説から主張されることがありますが，これは取締役会自らが業務を執行する場合を看過するばかりか，誰を実際の行為者に選ぶのが適当かという問題と権限の所在とを混同するものです。

　②　派生機関説

　法令・定款の定めあるいは取締役会決議で取締役会の決議事項として特に留保されていない限り，業務執行権限は当然に（委任がなくても）会社代表機関の権限である，と主張する所説も有力です。代表行為は対内的には業務執行だから代表機関は業務執行権限を有するというのです。これは取締役会の権限に由来するものであり，業務執行権限については代表機関は取締役会の派生的機関であると説明されるので，派生機関説と呼ばれています。

　しかし，この所説も実際の事務処理方法の問題と権限の所在とを混同しています。しかも，代表機関は一定の留保事項以外は当然に取締役会と同様に業務執行権限を有すると解すると，その限りにおいて代表機関は法定の業務執行機関です。それを派生機関だと説明してみても，取締役会が法定の業務執行機関である意義を減じさせる傾向につながりかねず，妥当な解釈ということはでき

ません。

C 再び業務執行権限と代表権限

取締役会設置会社の業務執行権限は取締役会に属します（会362条2項1号2号・399条の13第1項1号柱書・416条1項1号柱書）。業務執行の決定と実行（執行）を観念的に区別することはできますが、決定権限と実行（執行）権限を峻別してそれぞれ別個の機関に帰属すると考えることはできません。取締役会はその権限に基づき業務執行を決し、実行（執行）するのです。ただし、その業務執行が法律行為である場合には、その行為の法律効果を会社に帰属させるために、その実行（執行）を会社代理権を有する者、特に会社代表機関に委ねる必要があります。それだからといって、取締役会に業務執行実行権限がないだとか、代表機関は業務執行権限を有するということにはなりません。取締役会はその権限と責任において代表機関に法律行為たる業務執行の実行（執行）を委任する——業務執行を行わせるのであり、これは取締役会の業務執行権限行使の一態様（他者を使用して行う権限行使）にほかならないのです。

なお、会社法363条1項は、代表取締役および業務担当取締役（代表取締役以外の取締役で業務を執行する取締役として取締役会決議により選定された者。広義においては代表取締役も業務担当取締役です）は取締役会設置会社の業務を執行する旨を定めています。この規定は、一見、並立機関説あるいは派生機関説に立脚するかのようですが、そうではありません——たとえこれらの所説に立ったとしても、両説の論理的誤謬・不当性がこの規定によって正されるわけではありません。同条項は、社外取締役の定義（「業務執行取締役……でなく」〔会2条15号イ〕。なお、同条号の業務執行取締役は、業務担当取締役を含みかつそれよりも広い概念として規定されています）との関係で置かれた規定です。権限関係でいえば、実際に業務を執行する取締役、つまり、取締役会から業務執行を委任される取締役につき規定したのであり、業務執行権限を固有する取締役を定めたのではありません（本章3B参照）。この点において、執行役の職務として指名委員会等設置会社の業務を執行する旨を定める会社法418条も同様です。

なお、代表取締役・業務担当取締役、執行役は、3か月に1回以上、自己の職務執行の状況を取締役会に報告する義務を負います（会363条2項・417条4項）。

3 取締役，取締役会の業務執行方法

A 業務執行権限の行使としての補助者の使用

取締役会設置会社以外では，原則として，取締役が業務執行機関でありかつ代表機関なので，法律行為である業務執行も取締役が行います。もっとも，取締役は補助者を用いて業務を執行することもできます。補助者を用いたからといって取締役が業務執行機関であることに変わりありません。当該業務執行が法律行為である場合には，補助者は当該行為に関する会社代理権限を有する必要があります（会社代表権限を有する取締役が代理権限を授与します）。取締役はその業務執行権限に基づいて，補助者の行為を監督する権限を有します——取締役の会社に対する委任関係（会330条）上の義務の観点からは，取締役は補助者の行為を監視する義務を負います。監督・監視といっても，一般的には，内部統制システム（本章3C参照）を前提にすればよく，いわずもがなですが見張っていなければならないというのではありません。

指名委員会等設置会社以外の取締役会設置会社では（指名委員会等設置会社の場合については，本章6AB参照），取締役会は業務執行機関として会社業務を遂行しますが，その業務が法律行為であれば代表取締役にその実行を委ねることになります（会363条1項1号参照）。さらに，重要業務の決定（会362条4項・399条の13第4項）や取締役会の職務として法令・定款で定められているもの（会139条1項括弧書・298条4項・362条2項3号など）を除き，非重要業務の多くは取締役会の責任のもとに代表取締役等に委任するという方法で（会363条1項），業務執行権限を行使するのが通例です（なお，監査等委員会設置会社の特例につき，第24章6参照）。特に事業規模の大きな会社では，取締役会に期待されるのは個別の業務執行そのものよりは，大局的な経営判断，経営の基本方針の迅速な決定であり，かつ取締役会が（非重要）業務を委ねた補助者のなす職務遂行に対する監視・監督です（後述の指名委員会等設置会社はこの点を特化した機関権限構造を有します）。業務執行権限に基づき取締役会はこのような職務を遂行するわけです。なお，各取締役の監視義務は，取締役会の業務執行権限に基づくので，その範囲はすべての業務執行に及びます（最判昭和48年5月22日民集27巻5号655頁）。

取締役会の定めた経営方針のもと（非重要）業務を委ねられた代表取締役自身も，多数の補助者を用いて具体的な業務執行にあたらせます。多数の者が多様な業務の遂行に携わるので，指揮・命令による統一的な経営を達成するための補助者の組織が各会社で組成されることになります。会社法は定型的代理権限に視点を置いた会社使用人の制度を用意していますが（当該営業所の事業に関する包括的代理権限を有する支配人〔会10条・11条〕，部長・課長など事業の部分的包括的代理権限を有する会社使用人〔会14条〕，当該店舗の物品販売等代理権限を有する物品販売等店舗使用人〔会15条〕），これは対外的な契約関係を規整しようとするものであり，各会社は代理権限の有無にかかわらず業務について自由な組織を定めることができます。そしてその指揮・命令系統の頂点に普通は社長という任意の社内的地位を設けます（CEO=chief executive officer〔最高経営責任者〕やCOO=chief operating officer〔最高執行責任者〕を設ける会社もありますね）。代表取締役は社長の地位を兼任することにより（兼任するのが通例です），補助者の組織を指揮・命令して活動させつつ取締役会が決定した重要業務を実行し，また，取締役会から委ねられた非重要業務を執行（決定・実行）するわけです。

B　業務担当取締役，常務会・経営会議，執行役員，諮問委員会

　指名委員会等設置会社以外の取締役会設置会社においては，任意に，定款の定めや取締役会決議により，業務担当取締役（社外取締役以外の取締役は，通例，担当業務を有しています）や常務会などの組織が設置される場合があります。これらの組織は機関（その意思決定・行為が会社の意思決定・行為と認められるための第一次的権限の帰属先）ではありません。これらの組織が設置されたからといって，業務執行権限が取締役会に属することに変わりはないからです——取締役会の業務執行権限行使の方法が影響を受けうるに過ぎません。

　定款の定めや取締役会決議によって各社が任意に設置する社長や専務，常務などの地位に就いた取締役など一定の業務（営業，人事，経理など）を委ねられる取締役を，業務担当取締役と呼びます（会363条1項，本章2C参照）。業務担当取締役は固有の業務執行権限を有さず機関ではありませんが，その担当する範囲の業務を，取締役会が委任するときにはまず当該業務担当取締役に委任すべきことになります（通例，業務担当取締役設置と同時に当該業務担当取締役に担当範

の〔非重要〕業務の委任が行われるでしょう）。

　上場会社1社あたりの取締役の平均人数は8.29人です（東証白書2023）——20人以上の会社は存在しません。一方，独立社外取締役の平均人数は2.88人です（東証白書2023）。定款の定めあるいは取締役会決議により，業務担当取締役が常務会を，また，業務担当取締役に執行役員なども加えた経営会議を組織する場合があります。常務会・経営会議は，取締役会から非重要業務の委任を受ける組織であるか（その範囲で代表取締役など会社代理権限を有する者に業務執行の実行を委任できるとされている場合もあるでしょう），取締役会または代表取締役の諮問組織であるか，あるいはその両者の性質を兼ねる各会社の任意組織です。実務上の工夫ではありますが，取締役会を形骸化するおそれも生じます。

　執行役員（指名委員会等設置会社における執行役とは異なります）は，取締役会（あるいは取締役会から業務を委ねられた代表取締役）から会社業務についての執行委任とその監督を受け，その範囲で職務を遂行し責任を負ういわば高級従業員です（会社との関係は雇用契約の場合も委任契約の場合もあります）。従来個別の事業遂行にあたっていた取締役（業務担当取締役や従業員兼務取締役）を（取締役ではない）執行役員として遇する形で，取締役数を大幅に減らし，取締役会の運営の迅速化を図る企業があります。一方，業務担当取締役や従業員兼務取締役の呼称を変えるだけで（例えば，専務取締役が取締役兼専務執行役員），権限責任関係も実態も取締役数も変化しない企業も多く見受けられます。

　主として上場会社において，取締役会の下に独立社外取締役を主要な構成員とする諮問委員会が設置される場合があります（任意なので，代表取締役社長が委員であったり，独立社外取締役の割合が少ない例も見受けられます）。取締役会の機能を高めようとする趣旨を有し，CGコード補充原則4−10①は，指名委員会（株主総会に提出する取締役の選任・解任議案を諮問）および報酬委員会（各取締役の報酬を諮問。第22章4C参照）の設置を推奨しています。ただし，取締役会は諮問委員会の意見（助言）に拘束されないといっても，事実上，反対意見が出せないような状況にもなりかねないので，諮問委員会委員の人選の方法や透明性を十分に説明する必要があるでしょう。この点につき，CGコード補充原則4−10①は，プライム市場上場会社では，各委員会の構成員の過半数を独立社外取締役とすることを基本とし，その委員会構成の独立性に関する考え方・権限・役

割等を開示すべきだとしています（同補充原則の実施率は 64.1 ％です。東証白書2023）。プライム市場上場会社では，任意の指名委員会・報酬委員会において社外取締役比率が過半数である割合は 88 ％を超えています（東証白書 2023）。

C　内部統制システム

多数の従業員を雇用して会社を経営する場合には，業務の適正を確保するための体制——法令遵守（compliance）体制を含む内部統制システムを少なからず整備（構築と運用）していると思われます。これは業務執行自体の問題であり（業務執行の自己監督），前述のように取締役（会 348 条 3 項 4 号）・取締役会の権限に属します（取締役会設置会社では取締役会の専決事項です〔会 362 条 4 項 6 号・399 条の 13 第 1 項 1 号ロハ・416 条 1 項 1 号ロホ 3 項〕。大綱を定めればよく，具体的な構築は担当部署に委ねることになります）。その意味では，このようなシステムの整備は各社の工夫に委ねられる任意の事柄ですが（なお，会規 105 条 2 項後段・107 条 2 項後段参照），業務の執行と取締役（会）による監督とを分離する観点から，大会社，監査等委員会設置会社および指名委員会等設置会社にはシステム整備につき決定が義務づけられています（会 348 条 4 項・362 条 5 項・399 条の 13 第 2 項・416 条 2項）（なお，システム整備についての決定なので，場合によっては，整備しないという決定もありえます。ただし，上場会社には内部統制システムの整備が義務づけられています〔上場規程 439 条〕）。上記の会社において内部統制システムに関する規定を会社法が定める趣旨は，①その整備の権限と責任の所在を明らかにし，後述のように，②その内容を監査の対象とするとともに，③内容の概要を開示させる点にあります。これらを通して，内部統制システムの可視化（つまりシステムの整備・改善の促進）が図られるわけです。

会社法が定める内部統制システムの内容は，まず，業務の適正を確保するために必要な体制として，取締役・執行役の職務執行の法令・定款適合性確保，取締役・執行役の職務執行に係る情報の保存・管理，リスク管理，取締役・執行役の職務執行の効率性確保，使用人の職務執行の法令・定款適合性確保，グループ企業における業務の適正確保（第 23 章 4A 参照）のための体制があり，そして，監査役・監査等委員会・監査委員会の監査が実効的に行われることを確保するための体制（監査職務を補助すべき者およびその者の取締役・執行役からの独立

性に関する事項など）が挙げられています（会規98条・100条・110条の4・112条）。

内部統制システムの整備は，取締役がその善管注意義務の下に行います。システムの構築plan，運用do，評価check，改善actionという一連の手続循環（PDCAサイクル）によって，常に内部統制システムを見直し修正することも善管注意義務の内容となります。その実際の担い手として，多くの企業で社長直属（社長からの独立性が課題になるでしょう）の内部監査部門が設置されています（内部監査部門は，業務執行として内部統制システムの整備に携わります）。

なお，内部統制システムの整備についての決定・決議があるときは，その内容の概要および当該システム運用状況の概要を事業報告で開示しなければなりません（会規118条2号）。また，この決定・決議内容につき，監査役・監査役会・監査等委員会・監査委員会は，相当でないと認めるときはその旨および理由を，監査報告に記載（記録）することを要します（会規129条1項5号・130条2項2号・130条の2第1項2号・131条1項2号）。

内部統制報告書

上場会社は，有価証券報告書とともに，内部統制報告書（当該会社が属する企業集団および当該会社に係る財務計算に関する書類その他の情報の適正性を確保するために必要な体制について，会社自らが評価した報告書）を，公認会計士あるいは監査法人の監査証明を受けた上で（金商193条の2第2項），内閣総理大臣に提出しなければなりません（金商24条の4の4第1項）。投資者保護の観点から，上場企業が開示した財務情報への信頼性を担保する制度であり，公衆縦覧に供せられます（金商25条1項5号）——EDINETによって電子開示されます（金商27条の30の7）。

内部統制システムの整備と取締役の監視義務

例えば，ある取締役が違法行為を行っていた場合について考えましょう。他の取締役に関しては，当該行為を知っていたか，あるいは実際に知りえたかがまず問題となります。知りあるいは知りえた取締役は違法行為の是正義務を負い，この義務を果たさなければ会社に生じた損害への賠償責任（会423条1項）が生じます（善管注意義務〔会330条，民644条。第22章1参照〕違反です）。これでは怠慢な取締役に対する責任は追及しにくいといえます。もっとも，取締役は，

その職務遂行の一環として他の取締役の職務遂行に対する監視義務を負います（本章3A）。監視義務の限度において，取締役は違法行為を把握し対処しなければならないわけです（職務を遂行しない名目的取締役の監視義務違反責任〔第23章6B〕参照）。さらに，取締役は，監視義務を履行する上で，一般的には内部統制システムの整備を要します。システム整備は監視義務を具体化する意味を有します。そこで，一方で，内部統制システムが適切に整備されていなければ，整備義務違反をもって取締役の責任が肯定されます。他方で，（違法行為時において）通常想定される違法行為を防止しうる程度の内部統制システムが整備されていれば，現実になされた違法行為を防止しうるまでのシステムが整備されていなくても，取締役の（善管注意義務〔内部統制システム整備義務〕違反）責任は認められないことになります（最判平成21年7月9日判例時報2055号147頁参照。ただし，当該違法行為を知っていた，あるいは予見可能であった場合は原則通り責任を負います）。

4　取締役会の招集・決議

A　取締役会の招集

取締役会の招集権限は各取締役が有します（会366条1項本文）。もっとも，定款あるいは取締役会（取締役会規則等で定めることが多いでしょう）で一定の者（例えば，取締役会長，取締役社長）を招集権者に指定することもできます（会366条1項但書）。後者の場合においても，他の取締役の招集権限が全く排除されてしまうわけではありません。各取締役は，招集権者に対して取締役会の招集を請求し，さらに自ら招集することができます（会366条2項3項）。取締役会の業務監督権限が適正に行使できるようにする趣旨です。

監査等委員会設置会社では，招集権者の定めがある場合でも，監査等委員会が選定する監査等委員は取締役会を招集できます（会399条の14）。同様に，指名委員会等設置会社においては，招集権者の定めがある場合でも，各委員会がその委員の中から選定する取締役は取締役会を招集できます（会417条1項）。

取締役会開催のための招集通知は，会日よりも1週間以上前（これを下回る期間を定款で定めることもできます）に各取締役および各（業務監査権限を有する）監査役に発信する必要があります（会368条1項）。ただし，取締役および（業務監査

権限を有する）監査役の全員の同意があれば，招集手続は省略できます（会 368 条 2 項）。

　なお，株主（監査役設置会社，監査等委員会設置会社，および指名委員会等設置会社の株主を除きます。第 14 章 4 ⑫⑬。なお，同⑧⑭参照），（業務監査権限を有する）監査役，執行役による取締役会の招集請求につき会社法 367 条・383 条 2 〜 4 項（389 条 7 項）・417 条 2 項参照。

B　取締役会決議

　取締役会においては各取締役はそれぞれ 1 議決権を有します。その能力，個性への信頼が取締役選任の基礎にあるので，代理人による議決権の行使は許されません。決議は取締役（当該決議に特別利害関係を有する取締役を除きます）の過半数（あるいは定款で定めたこれを上回る割合以上）出席の上，その過半数（あるいは定款で定めたこれを上回る割合以上）でなされます（会 369 条 1 項 2 項）。ただし，取締役提案事項につき，取締役全員が書面あるいは電磁的記録によって同意してかつ（業務監査権限を有する）監査役が異議を述べなかったときには，当該事項を可決する取締役会決議があったものとみなす旨を，定款で定めることができます（会 370 条。みなし取締役会決議〔いわゆる書面決議，持ち回り決議〕）。

　公正な決議を確保する趣旨から，当該決議につき特別利害関係を有する取締役はその取締役会決議に参加できません（会 369 条 2 項。紛争の一般予防・事前規制）——なお，株主総会決議につき特別利害関係を有する株主が当該総会決議に参加できるのは，決議への参加が株主の権利だからです（ただし，当該決議は取消の訴えの対象となる場合があります〔会 831 条 1 項 3 号〕。紛争の個別的解決・事後規制）。取締役の競業取引・利益相反取引承認決議（会 356 条 1 項・365 条 1 項）における当該取締役，代表取締役解職決議（会 362 条 2 項 3 号）における対象取締役などがこの場合にあたります。

　なお，決議の効力には関係ありませんが，後日の証拠として議事録の作成が義務づけられています（会 369 条 3 項）。作成義務者は会議を主宰した議長です。出席した取締役および監査役は議事録への署名（電子署名）義務があります（会 369 条 3 項 4 項）——取締役会に参加し議事録に異議をとどめなかった取締役は，当該決議に賛成したものと推定されます（会 369 条 5 項）。議事録および上記み

なし取締役決議に関する同意書面（電磁的記録）は本店に10年間備え置かなければなりません（会371条1項）。株主は権利行使のために必要なときに，会社債権者（子会社の取締役会議事録に関して親会社社員につき同様）は取締役・会計参与・監査役・執行役の責任追及のために必要なときに，それぞれ裁判所の許可を得て，議事録等の閲覧または謄写を請求できます（会371条2〜5項）。当該会社や，その親会社，子会社に著しい損害を及ぼすおそれがあると認めるときには，裁判所は許可を与えることができません（会371条6項）。なお，監査等委員会設置会社でも指名委員会等設置会社でもない株式会社で，業務監査権限を有する監査役を設置していない会社においては，株主が上記請求をなすときに裁判所の許可は必要ありません（会371条2項3項）。株主の監督是正権を強化する趣旨です。

C　特別取締役による取締役会決議

取締役が6人以上かつ社外取締役が1人以上の取締役会設置会社では，取締役会決議事項のうち重要財産の処分・譲受および多額の借財（会362条4項1号2号・399条の13第4項1号2号）については，取締役会があらかじめ選定した3人以上の取締役（特別取締役）の過半数が出席し，出席特別取締役の過半数をもって取締役会決議を行える旨を，取締役会は定めることができます（会373条1項）。

多数の取締役を抱える会社において，緊急性を帯びやすい重要事項（したがって会社法362条4項1号2号・399条の13第4項1号2号の事項に限られています）を迅速に取締役会決議として決定できるようにする立法的工夫です。したがって，重要業務執行を取締役あるいは執行役に委任できる株式会社，つまり，監査等委員会設置会社（取締役の過半数が社外取締役である場合あるいは重要業務執行を取締役に委任できる旨が定款に定められている場合）および指名委員会等設置会社にはこの制度は適用されません（会373条1項）。

取締役のうち1人以上が社外取締役であることを要件としているのは，取締役会による監督の実効性を高めるためです。同様の趣旨で，決議後遅滞なく，特別取締役の互選により定められた者は，決議内容を特別取締役以外の取締役に報告しなければならないこととされています（会373条3項）。

上記決議をなす取締役会の招集は各特別取締役が行います（会373条2項。特別取締役以外の取締役に出席義務はありません）。株主（会367条参照）や監査等委員（会399条の14参照）は招集できません（会373条4項）。監査役はその互選によりこの取締役会に出席する義務を負う監査役を定めることができます（会383条1項但書）。決議は，特別取締役（当該決議に特別利害関係ある取締役を除きます）の過半数（あるいは取締役会で定めたこれを上回る割合以上）が出席し，その過半数（あるいは取締役会で定めたこれを上回る割合以上）をもって行います。この決議に関しては書面決議（持ち回り決議）はできません（会373条4項・370条）。

なお，特別取締役による決議の定めがある旨，特別取締役の氏名，および取締役のうち社外取締役である者につきその旨が登記事項とされています（会911条3項21号）。

5　取締役会決議の瑕疵

取締役会決議に手続上の瑕疵があったり，決議内容に法令・定款違反があるような場合には，当該決議は無効であり，株主総会決議のように決議取消の制度はありません。その無効は，いつ，誰でも，どのような方法によっても主張できます。取消の制度がないので，決議に効力がないという点で決議不存在も決議無効同様に考えられます。

必要な取締役会決議を欠く会社代表機関の一般的代表行為の効力

代表機関は代表権限を有しますが，業務執行権限は取締役会に属します。したがって，代表機関が代表行為をなすには必ず取締役会から業務執行の委任を受けていなければなりません。非重要業務についてはその決定をも含めて委任されていることが多いのでしょうが，取締役会の決定に従った実行行為のみを委任されることもあるでしょう。しかも，監査等委員会設置会社（会399条の13第5項あるいは同条6項の場合に限ります）でも指名委員会等設置会社でもない場合には，重要業務については決定の委任はできません。そこで，取締役会決議を前提としなければならないのに，それを欠いた状態（決議の無効や不存在）でなされた代表行為（専断的代表行為）の効力が問題になります（なお，社団法上の

行為のように特別な考慮を要する場合は別個に検討する必要があります）。

　まず，代表取締役・代表執行役は会社業務に関する包括的代表権限を有する
し（会349条4項・420条3項），取締役会決議の欠缺は会社の内部的意思の欠缺
に過ぎないから，上記のような代表行為も有効である。ただし，代表行為の相
手方が決議欠缺を知っていたかまたは注意をすれば知りえた場合には，その代
表行為は無効である，とする所説があり（最判昭和40年9月22日民集19巻6号
1656頁），民法93条1項但書の法理に準拠していると一般に解されているので
心裡留保類推説と呼ばれています（心裡留保とは表示行為に対応する効果意思あるい
は真意がないことを表意者が知りながらなす意思表示です。例えば，売るつもりがないのに
なした所有物売却の申込あるいは承諾）。けれども，同条は契約で意思表示をなす者
の効果意思あるいは真意を問題にしています。会社代表行為で意思表示をなす
のは代表機関であり，その意思表示には真意を含めて何の問題もありません
（会社を代表して契約するつもりで実際にそのとおり行っているのです）。前提となる取
締役会決議の欠缺を代表行為自体の瑕疵と構成するのには無理があるでしょう。

　無権代表だとする所説も主張されています。前述の業務執行権限と代表権限
を一致させる立場からは，ある行為について業務執行権限を持たない代表機関
は，同時に代表権限をも持たないと解されるのです（取締役会が委任できない業務
については本来的に包括的代表権限の範囲にない──会社法348条3項・362条4項・399
条の13第4項5項・416条4項は代表権限制限規定と把握されます）。無権代表と解して
も表見法理により取引の安全は確保されるでしょう。けれども，会社内部でい
かようにも制限できる業務執行権限や判断基準が明確ではない業務の重要性に
よって，代表権限が制限されると捉えるのは代表権限の包括性の趣旨に反する
と思われます。取引の相手方からすれば，代表機関とその会社の一般的な業務
執行にあたる契約を締結するときにも，無権代表ではないかと注意を払わなけ
ればならないということです。妥当な解釈とはいえないでしょう。

　代表権限と業務執行権限とは別個の権限です。一般的な業務執行については，
代表行為の相手方は代表権限の有無に注意すればよく，業務執行権限について
までの調査義務はありません。必要な取締役会決議を欠く代表機関の代表行為
も代表権限の範囲内の行為であり有効です。ただし，当該行為には取締役会決
議が必要であること，およびその決議がないことにつき悪意の相手方に対して

は，会社は相手方の悪意を証明して当該行為の無効を主張できる，と解するのが多数説です。そして，無効主張が許される根拠を多数説は信義則や権利濫用に求めています（民1条2項3項）。けれども，この問題は構造的に生じるものであり，会社法の制度内にこれを調整する仕組が用意されています。会社法349条5項（会420条3項で準用）です。元来，個別的代理と異なり，会社代表機関は包括的代表権限を有します。そうすると同条項の趣旨は，広く会社の意思実現における善意者保護（悪意者に対する無効主張の許容）にあると把握すべきでしょう。つまり，包括的な代表権限の行使が取締役会から委任される業務執行権限に裏づけされていない場合の利益調整規定であるわけです。会社法は同条項により多数説の結論を制度的に基礎づけていると考えます（第21章2参照）。

　上述のような専断的代表行為の無効を主張できるのは，原則として会社（取締役会）に限られる，と解してよいでしょう（最判平成21年4月17日民集63巻4号535頁）。会社（取締役会）はいつでも当該（専断的）代表行為を追認できると解されるからです。

　以上に対して，支配人等重要使用人の選任・解任，支店等重要組織の設置・変更・廃止など会社組織内における代表行為については，その行為自体に取引の安全保護の要請はありません。むしろ対内的な行為なので，この場合には必要な取締役会決議を欠く代表行為は無効と解すべきでしょう。そうでないと，例えば，代表機関が勝手に選任した支配人は内部的にも正規の支配人となり，勝手に解任した支配人はその地位を失うというのであれば，取締役会は会社内部の重要人事さえ統制できないことになってしまいます。ただし，勝手に選任された支配人は支配人たる地位を有しませんが，支配人としてなした対外的な取引行為の効力については，各種の表見法理の適用があり取引の安全は保護されます。

6　指名委員会等設置会社の取締役会と三委員会

A　指名委員会等設置会社

　株主総会に提出する取締役・会計参与の選任・解任に関する議案内容を決定する指名委員会，取締役・執行役・会計参与の職務執行を監査する監査委員会，

そして取締役・執行役・会計参与の個人別報酬内容を決定する報酬委員会，以上三委員会を設置する株式会社を指名委員会等設置会社と呼びます（会2条12号）。

　指名委員会等設置会社には取締役会の設置が強制されます（会327条1項4号）。業務執行権限は取締役会に属しますが（会416条1項），指名委員会等設置会社では，経営の基本方針など一定の限定的な法定事項以外の業務執行を，たとえそれが重要な業務執行であっても（それに加えて募集株式の発行等〔会201条1項・199条2項〕などをも），取締役会は執行役に委任できます（会416条4項柱書）。会議体を組織する必要のない執行役による機動的・迅速な業務執行（執行役を複数置く場合における執行役相互の関係は取締役会が定めます〔会416条1項1号ハ〕）を，業務執行権限および執行役選任・解任の専属的権限を有する取締役会が強力に監督・監査する構図を採るのが指名委員会等設置会社です（会416条1項2号）——取締役会の監督機能が確保・強化されるように三委員会が組織されます（三委員会は取締役会の内部機関です）。この点さらに，取締役は業務執行を担当できず（会415条），また支配人その他の使用人を兼務することを禁止されており（会331条4項），取締役会の業務監督機関としての性格が強められています。もっとも，取締役の執行役兼務が認められています（会402条6項）。現実の要請からの限界です。

　一方，指名委員会等設置会社以外の取締役会設置会社の取締役会は重要業務執行（それに加えて募集株式の発行等なども）を自ら決する機関です（会362条2項1号2項4項・399条の13第1項1号2号4項）——取締役会が（非重要）業務執行を個別の取締役等に委ねたときには取締役会が監督します（会362条2項2号・399条の13第1項2号）。重要業務執行は3人以上の取締役全員からなる取締役会で必ず審議する慎重な手続が求められているわけです（ただし，監査等委員会設置会社における例外につき，第24章6A参照）。しかも公開会社や会計監査人設置会社の場合には，取締役会による自己監督に加えて，業務監査権限を有する監査役の監査が行われ（第24章1A参照），監査役会設置会社では，半数以上が社外監査役である3人以上の監査役の監査が行われます（会335条3項）。

　指名委員会等設置会社かそれ以外か，既述のようにどのような基本組織を採用するかの選択は，株主による高度な経営判断——当該会社経営の迅速性と健

全性確保とのバランス判断に委ねられます（定款の相対的記載〔記録〕事項）。

B　指名委員会等設置会社の取締役会権限と執行役への委任

　指名委員会等設置会社の取締役会も業務執行権限を有しますが（会416条1項1号柱書），会社法416条1項4項に限定的に列挙された事項以外は（1項の事項は，指名委員会等設置会社の取締役会が経営監督を行う上で基本となる事項です），取締役会は業務執行を執行役に委任できます（同条3項4項柱書）。なお，列挙事項の中には株主総会の招集のように純粋な業務執行事項ではない事項も含まれています。さらに一般に，前述（本章1）のように，取締役会設置会社における取締役会の権限事項の中には，業務執行のほか，募集株式の発行等のように純粋な業務執行ではないけれども個別の規定によりその権限とされている事項も存します。これらの事項も指名委員会等設置会社の取締役会の権限に含まれますから，列挙事項でない限り執行役に委任できます。

C　三委員会に共通の事項

①　各委員会構成員

　各委員会はそれぞれ3人以上の委員で組織され（会400条1項），委員は取締役の中から取締役会決議により選定されます（会400条2項——取締役会専決事項〔会416条4項9号〕）。各委員会は取締役会の内部機関ですね。

　各委員会ともその委員の過半数は社外取締役であることを要します（会400条3項）。従来，指名委員会等設置会社ではない取締役会設置会社においては，特定の取締役が社内権力を事実上掌握し，取締役会の監督機能には期待を持てない（当該特定の取締役の意向に左右される）例が多く見受けられました。そこで，社内の序列から自由で特定の取締役に支配されない社外取締役に各委員会の過半数を占めさせることにより，特定の取締役に支配されない各委員会を確立させ，ひいては取締役会の監督機能の確保・強化を図ろうとしているわけです（社外取締役の意義につき，第19章3参照）。

　各委員会の構成員の兼任は禁止されていません。したがって，三委員会の構成員が全く同じでもかまいません。もっともこの場合には，当該構成員たる取締役，特に社外取締役が強い権限を有することになります。

② 各委員会の招集・決議・議事録

委員会は当該委員会の委員が招集します（会410条）。特定の委員を招集権者として定めることはできません。招集手続の安定性よりも委員会招集の迅速性を優先させる趣旨です。招集手続，決議方法は取締役会と同様です（会411条1項2項・412条1項2項）。議事録の作成・備置等も同様で（会412条3〜5項・413条1項），取締役（当該委員会委員に限られません）による閲覧・謄写請求が認められています（会413条2項。株主，会社債権者，親会社社員の閲覧・謄写請求につき，同条3〜5項）。取締役会による監督の一環をなします（下記⑤参照）。

③ 各委員会委員による会社に対する費用請求

各委員会委員は当該委員会の職務執行に必要な費用を会社に請求できます（会404条4項。当該委員の職務執行に必要でないことを証明しない限り，会社は請求を拒めません）。

④ 各委員会選定委員による取締役会招集

取締役会を招集すべき取締役が定められていても（会366条1項但書。取締役会専決事項〔会416条4項8号〕です），各委員会が選定した当該委員会の委員は取締役会を招集することができます（会417条1項）。

⑤ 各委員会選定委員による取締役会に対する報告義務

各委員会が選定した当該委員会の委員は，取締役会に当該委員会の職務執行状況を遅滞なく報告しなければなりません（会417条3項）。各委員会は取締役会の監督下にあるわけです（上記②参照）。

D　指名委員会

指名委員会等設置会社においても取締役会が招集する株主総会の議案は取締役会が決定します（会298条1項2号・416条4項4号）。その例外として，指名委員会は，株主総会に提出する取締役・会計参与の選任・解任に関する議案（取締役・会計参与の選任・解任は株主総会の権限に属します〔会329条1項・339条1項〕）の内容を決定する権限を有します（会404条1項）。指名委員会のこの決定を取締役会は覆せません。

取締役は取締役会の構成員として，会計参与は計算書類等の作成において，それぞれ業務執行に携わりますが，特に取締役の人事に関する決定権限（議案

の決定権限に過ぎませんが，取締役会が招集する株主総会においては株主は議案に賛成する傾向が強いので，実際には選任権限・解任権限に近い意味があります）を，社外取締役が過半数を占める指名委員会に帰属させることで，人事権の事実上の掌握を背景に特定の取締役が取締役会を牛耳る事態の発生を抑え，取締役会の監督権限行使において実効性が上がることが期待されているのです。

なお，取締役選任・解任に関する株主提案権（会303～305条）は排除されません。

E　監査委員会

監査委員会は，執行役・取締役・会計参与の職務執行を監査し，監査報告を作成するほか，株主総会に提出する会計監査人の選任・解任・不再任に関する議案の内容を決定する権限を有します（会404条2項）——独立の監査機関として監査役を設置することはできません（会327条4項）。指名委員会等設置会社においては，執行役・取締役・会計参与の行う職務執行を取締役会が監督し，監査委員会が監査するわけです。

監査委員会委員（監査委員〔会400条4項〕）は，監査の対象となる業務執行に携わる者（当該会社・子会社の執行役・業務執行取締役・会計参与・支配人その他の使用人）を兼任することができません（会400条4項・331条4項・333条3項1号）。監査の独立性を確保する趣旨です。

監査委員会が選定する監査委員は，執行役・取締役・会計参与・支配人その他の使用人に職務執行に関する事項の報告を求め，あるいは会社業務および財産の状況を調査できます（会405条1項）。監査委員会が選定する監査委員は，その職務執行のために必要があるときには，子会社に対して業務報告を求め，あるいは子会社の業務・財産状況を調査することができます（会405条2項。正当理由があれば子会社は報告・調査を拒めます〔会405条3項〕）。報告徴収や調査を行うにあたって，これらに関する事項につき監査委員会決議があれば，上述の選定監査委員はそれに従う義務があります（会405条4項）。

監査委員は，執行役・取締役の不正行為・不正行為のおそれ，法令・定款違反事実あるいは著しく不当な事実を認めたときには，遅滞なく取締役会に報告しなければならず（会406条），さらに，執行役・取締役の法令・定款違反行為

によって会社に著しい損害が生じるおそれがあるときにはその行為の差止を請求できます（会407条1項）。なお，執行役は，会社に著しい損害を及ぼすおそれのある事実を発見したときには，直ちに監査委員に報告する義務を負い（会419条1項），会計参与・会計監査人は，その職務を行うに際して，執行役・取締役の職務執行に関して不正の行為あるいは法令・定款違反の重大な事実を発見したときは，遅滞なく監査委員会に報告する義務を負います（会375条1項4項・397条1項5項）。そのような行為・事実を是正する機会が与えられるわけです。

執行役・取締役と会社との間の訴訟に関しては，原則として監査委員会が選定した監査委員が会社を代表します（会408条）。

なお，既述（本章3C）のように，取締役会は，監査委員会の職務を補助すべき取締役および使用人に関する事項など，監査委員会の監査が実効的に行われることを確保するための体制を定める必要があります（会416条1項1号ロ——取締役会専権事項〔同条2項〕，会規112条1項）。取締役会が定めるその他の内部統制システム（会416条1項1号ホ——取締役会専権事項〔同条2項〕，会規112条2項）を利用した効率的な監査も期待されます。

F　報酬委員会

報酬委員会は，執行役・取締役・会計参与が受ける個人別の報酬等の内容決定権限を有します（会404条3項前段）——報酬委員会の決定を取締役会は覆せません。つまり，株主総会からは取締役・会計参与の報酬決定権限（会361条・379条。第22章4BC参照）が奪われます。ここでいう報酬等とは，報酬・賞与その他の職務執行の対価として会社から受ける財産上の利益です（会361条1項括弧書）。また，執行役が執行役以外の使用人を兼務するときには，その兼務する使用人の報酬等の内容も報酬委員会が決定します（会404条3項後段）。

報酬委員会は，個人別報酬等内容決定に係る方針を定めた上で（公開会社である指名委員会等設置会社においては，この方針の決定方法および内容の概要が事業報告に記載〔記録〕されます〔会規121条6号の2〕），この方針に従って個人別報酬等の内容を決定しなければなりません（会409条1項2項）。個別の報酬等決定に際しての公正性を担保する趣旨です。確定金額を報酬等とする場合には個人別の額

（なお，会計参与の報酬等は確定金額でなければなりません〔会409条3項但書〕），不確定金額を報酬等とする場合（業績連動型報酬・株価連動型報酬など）には個人別の具体的算定方法，当該会社の募集株式・募集新株予約権を報酬等とする場合にはその数など（会規111条・111条の2。第26章2F・3A参照），執行役・取締役が当該会社の募集株式・募集新株予約権を引き受ける際にその払込に充てるための金銭を報酬等とする場合には当該募集株式・募集新株予約権の数など（会規111条の3），金銭以外のものを報酬等とする場合（社宅の無償供与など）には個人別の具体的内容を定める必要があります（会409条3項）。

　なお，報酬委員会委員の報酬等決定にあたっては，当該委員は特別利害関係人であり決議に参加できません（会412条2項）。

　報酬等開示については，第22章4D参照。

第 21 章

代表機関の代表行為

1 代表取締役，代表執行役

A 代表機関の構成

これまでに述べてきたように，会社が法律行為を行うには，会社代表権限（会社業務全般にわたる包括的代理権限）を有する機関が必要です――会社代表機関（代表権限が属する機関であり，会社代表といっても会社の象徴とか会社社団の長という意味ではありません）。持分会社においては，その社員が業務執行機関でありかつ代表機関であるのが原則です（会590条1項・599条1項本文）。これに対して，株式会社は，所有と経営が制度的に分離されており，株主（出資者）資格と業務執行権限・会社代表権限とが分離した機関構造になっています。

取締役会設置会社以外では，取締役が業務執行機関であり（会348条1項），かつ代表機関である（会349条1項本文）のが原則ですが，代表取締役を定めることもできます。指名委員会等設置会社以外の取締役会設置会社では，業務執行機関は取締役会（会362条2項1号2号・399条の13第1項1号2号），そして代表機関は代表取締役（会362条3項・399条の13第3項〔なお，監査等委員を代表取締役に選定することはできません〕・349条4項。繰り返しになりますが，会社代表権限を有する取締役だから代表取締役と名づけられているのであり，取締役の代表という意味ではありません）です。指名委員会等設置会社では，業務執行機関は取締役会（会416条1項），代表機関は代表執行役（会420条1項3項）です（代表取締役は設置できません〔会415条参照〕）。

179

B　代表取締役・代表執行役の選定・解職等

　取締役会設置会社以外の会社において取締役が複数就任している場合には，定款の定め，定款の定めに基づく取締役の互選あるいは株主総会決議によって，取締役の中から代表取締役を定めることができます（会349条3項）。その場合には，代表取締役だけに代表権限が帰属し，他の取締役からは代表権限が剥奪されることになります。指名委員会等設置会社以外の取締役会設置会社においては，取締役会決議で，取締役の中から，会社代表機関である代表取締役を1人以上選定する必要があります（会362条2項3号3項・399条の13第1項3号3項。取締役の数と同数まで選定可能）──会社機関の選定という性質上，定款の定めをもって（会295条2項），代表取締役選定権限を株主総会にも付与することも可能です（最決平成29年2月21日民集71巻2号195頁参照）。指名委員会等設置会社においては，取締役会決議により選任された執行役（会402条2項）の中から，取締役会は代表執行役を選定しなければなりません（会420条1項。執行役が1人のときには，その者が代表執行役に選定されたものとされます）。

　代表機関の解職関係についても同様です（会349条3項・362条2項3号・399条の13第1項3号・420条2項）。解職の対象とされた代表取締役は，解職決議において特別利害関係人にあたり（最判昭和44年3月28日民集23巻3号645頁），決議に参加できません（会369条2項）。代表取締役・代表執行役を解職されても，取締役・執行役の地位は残ります。取締役・執行役の解任にはそのための株主総会決議・取締役会決議あるいは取締役解任判決を要します（会339条1項・403条1項・854条）。

　代表取締役・代表執行役の任期は，当該代表取締役・代表執行役が取締役・執行役として有する任期の範囲内において，代表取締役・代表執行役選定決議や定款の定めにより定めることができます。

　欠員の場合の措置は取締役と同様です（会351条・403条3項・401条2〜4項）。

　代表取締役・代表執行役の氏名・住所は登記事項とされています（会911条3項14号23号ハ。なお，商業登記規則31条の2・31条の3参照）。代表取締役・代表執行役が選定されたり退任する（任期満了，辞任や解職など）と，会社は変更登記をなさなければなりません（会909条）。なお，この場合における登記の趣旨は代表機関を公示することにあり（会908条1項参照），登記は代表取締役・代表執

行役の選定や退任の要件ではありません。

2　代表権限の性質

　代表機関に属する代表権限（その本質は代理権限であり，代表権限に基づく代表行為の〔法律〕効果は，その〔法律〕行為を行った代表機関にではなく，直接会社に帰属することになります）は，会社業務に関する一切の裁判上または裁判外の行為に及びます（会349条4項・420条3項）。これを代表権限の包括性と呼びます。会社が複数の事業を営んでいる場合でも（例えば，鉄道運送事業と宅地建物取引事業と飲食店事業），あるいは会社が複数の営業所（本店・支店）を有している場合にも，代表権限の範囲はそのすべての事業，すべての営業所の事業に及びます。すなわち，会社の権利能力の範囲内の行為すべてにつき会社代表権限が及ぶわけです。
　さらに，会社が代表権限に加えた制限は善意の第三者に対抗できません（会349条5項・420条3項）。この制限を内部的制限，代表権限のこのような性質を不可制限性と呼びます。定款の定めや株主総会決議，取締役会決議による制限なので内部的制限（法令による原始的制限ではなく，会社内部における任意的制限）ですが，不可制限性とはどういう意味でしょうか。よく内部的制限に過ぎないと表現されますが，代表権限はあるかないかであり，対内的には存在しないが対外的には存在するという性質のものではありません。既述のように，重要業務執行についても代表取締役は代表権限を有します。内部的制限とは，代表権限自体の制限（範囲の制限）ではなく，代表権限の行使方法に関する制限と解すべきでしょう。業務執行権限からみれば，業務執行権限に裏づけられなければ代表権限を行使できないとの制限です（つまり，代表権限行使にあたり当然の性質をいうのであり，正確には代表権限の「制限」ではありません）。このような場合の利益調整規定が会社法349条5項です。例えば，代表取締役が取締役会から非重要業務一般につき決定まで委ねられたが，手形行為については委任を留保された場合を考えましょう。代表取締役は非重要業務にあたる代表行為を自己の判断でなしえます。しかし手形行為については，非重要業務の範囲内の取引であっても，取締役会決議を経なければ会社を代表して行うことはできません。必要な取締役会決議を欠く代表機関の一般的代表行為の効力につきすでに論じたよう

に（第20章5），これに反する代表取締役の手形行為も代表権限の範囲内の行為です（有権代表）。しかしながら，当該手形行為を行うには取締役会決議が必要であるにもかかわらずその決議を欠くことにつき悪意の相手方に対しては，会社は当該行為の無効を主張しうるのです。

　なお，代表取締役・代表執行役は会社業務に関する一切の代表権限を有しており，複数選定されている場合にも，各自単独で代表権限を行使するのが原則です。一方，定款の定めや株主総会決議，取締役会決議により，代表機関の全員あるいはその中の数人につき，代表行為を共同してなすべき旨を定めることができます（共同代理ですね）。共同代表取締役・共同代表執行役です。共同代表取締役・共同代表執行役間の相互牽制により，代表権限行使の誤用・濫用防止を図ることを目的とします。このような定めも，代表権限自体の制限ではなくその行使方法の制限です。問題は共同代表の定めに反する単独代表行為の効力です。会社法349条5項の適用を受け，共同代表の定めに反する単独代表行為であることを知っている代表行為の相手方に対しては，会社はその悪意を証明すれば，当該行為の無効を主張できますが，善意の相手方との関係では有効な代表行為です。

3　代表権限濫用行為の効力

　会社の利益を犠牲にして自己または第三者の利益を図るような会社代表機関の代表行為を代表権限濫用行為と呼びます（例えば，売却代金を着服する意図のもと，代表取締役が会社所有不動産を会社を代表して売却した場合）。後述（第22章1）の取締役・執行役としての善管注意義務（会330条・402条3項，民644条）または忠実義務（会355条・419条2項）に違反することになるので，当該代表機関の会社に対する損害賠償責任が生じるとともに（会423条1項），代表取締役・代表執行役さらには取締役・執行役の正当な解任事由となります（会339条2項・403条2項参照）。

　濫用行為の効力については，民法107条が「代理人が自己又は第三者の利益を図る目的で代理権の範囲内の行為をした場合において，相手方がその目的を知り，又は知ることができたときは，その行為は，代理権を有しない者がした

行為とみなす。」としています。濫用行為といっても，会社代表機関が，代表意思（会社のために行う意思——代表行為として当該行為の効果を直接会社に帰属させる意思。代理意思と同義）をもって（代表意思がなければ当該行為は代表機関個人の行為であり代表権限の濫用は問題になりません），代表権限の範囲内で行う行為です。つまり，有権代表であり，その動機に問題があるに過ぎません。一方で，代表機関の濫用の意図を知りながら契約した相手方に対しては，会社は濫用行為の効果を否定できると考えるのが衡平です。そこで，民法107条は，濫用行為も有権代表（代理）ですが，濫用行為の相手方が濫用の意図を知りまたは知ることができた場合には当該濫用行為を無権代表（代理）とみなしているわけです（性質上は有権代表〔代理〕ですが，この場合には無権代表〔代理〕として扱うのです）。無権代表として扱われる結果，当該行為は無効になります（これは例外的扱いなので，当該行為の無効を主張する者〔会社〕に相手方の悪意の証明責任があります）。ただし，会社は当該行為を追認でき（民116条），一方，相手方は濫用行為をなした代表機関（代表取締役，代表執行役）の責任を追及できる場合があります（民117条）。

　ところで，民法107条が無権代表（代理）とみなすのは，相手方が濫用の意図を知りまたは知ることができた場合です。しかしながら，代表権濫用行為は対外的には有権代表であり，基本的に会社内部で統制すべき問題であると思われます（内部統制システム，取締役・執行役の会社に対する責任〔会423条1項〕）。しかも，個別の法律行為の代理と異なって前述のように会社代表機関の代表権限は会社業務の全般にわたる上に，取締役・執行役は業務執行につき幅広い裁量権限を有しています（第22章1D参照）。当該行為の相手方に過度な注意義務を負わせることにならないように，一般論としては，「知ることができた場合」とは悪意と同視しうる程度に重い過失がある場合だと解すべきでしょう。

　なお，代表権限濫用行為が，同時に，必要な取締役会決議を欠く代表行為でもある場合も，上述のように解されることに変わりありません。そのような行為も有権代表であり，原則として効力を有します。しかし会社は，代表取締役の濫用の意図あるいは必要な取締役会決議の欠缺につき，代表行為の相手方が悪意であることを証明すれば，当該行為の無効を主張できるのです。

4 表見代表取締役・表見代表執行役

　各会社が事業活動を行うにあたっては，社長，副社長，頭取，理事長などの名称を有する役職が一般的に設置されます（各社が任意に設置する地位であり法定の地位・名称ではありません）。そして，代表機関がこれらの役職を兼任している場合が多く見受けられます。一方で，これらの役職名を肩書にする者が代表権限を持たない場合もあります。代表権限を持たない者が代表行為を行ってもそれは無権代表で無効ですが，上記のような役職名を肩書とする取締役や執行役はたとえ代表権限を有していなくても会社代表機関であるとの誤解が生じやすいので，取引の相手方保護の趣旨から会社に責任を認める制度が設けられています（会354条・421条）。

　すなわち，会社が代表権限を持たない取締役・執行役に，社長，副社長など代表権限を有するかのような名称の使用を認めている場合には，当該行為者（表見代表取締役・表見代表執行役と呼びます）に代表権限がないことを知らない善意の相手方に対しては（善意であっても，代表権限の欠缺を知らないことにつき重過失があれば悪意者と同視してよいでしょう〔最判昭和52年10月14日民集31巻6号825頁〕），その行為者の行為は正当な代表機関の行為同様に会社の行為として効力を生じることにしているのです。なお，表見代表機関制度の趣旨から，取引の相手方に善意無重過失の証明責任があるのではなく，当該行為の無効を主張する会社側に相手方の悪意または重過失の証明責任があると解されます。

　代表権限のない取締役・執行役の行為につき会社に責任を負わせるのが表見代表機関の問題ですが，取締役や執行役ではない使用人（例えば，営業部長）に代表機関であるかのような名称使用を会社が認める場合もあります。同様の外観が生じ，会社には同様の帰責性があるといえるので，会社法354条・421条の直接適用はできませんが，これらの規定の類推適用を認めてよいでしょう（最判昭和35年10月14日民集14巻12号2499頁）。

商業登記と表見代表取締役・表見代表執行役

　前述（本章1B）のように，代表機関の選任・退任は商業登記事項です。そし

て，登記前の登記事項に関しては，当該事項を知らない善意の第三者に会社は
それを主張（対抗）できませんが（当該事項を知る悪意者には主張〔対抗〕できます），
登記された登記事項に関しては，当該事項を知らない善意の第三者にも会社は
それを主張（対抗）できるのが原則です（会908条1項）。その理由として従来の
多数説は，登記により第三者の悪意が擬制されるのだといいます。そこで，登
記の効力と善意者保護規定である会社法354条・421条の関係が問題となりま
す。もっとも，商業登記の効力と354条・421条とは一般的には抵触しません。
代表取締役・代表執行役でないことは登記事項ではないからです。問題となる
のは，代表機関の退任が登記されたのに（会社は善意の第三者にも退任者に代表権限
がないことを主張できます），当該退任者が表見代表機関と評価される場合です（会
社は善意の第三者に対して表見代表機関の代表行為の責任を負うことになります）。

　この点，会社法354条・421条は会社法908条1項の例外規定であり，354
条・421条が優先的に適用されるとする所説があります。けれども，制度間で
抵触があるのであれば，その調整は各制度の本質的な考察の上でなされるべき
であり，例外だというだけでは結論の正当性を担保できないでしょう。

　そこで，商業登記の効力について考えてみましょう。本来，登記事項であろ
うとなかろうと，事実を事実として主張するのに制限はありません。そうする
と会社法908条1項により，登記事項は，登記前は善意の第三者との関係で対
抗力を制限され，登記によって非登記事項と同様な善意悪意を問わない第三者
対抗力を回復することになります（事実を事実として主張できるようになるのです）。
重要な対外的責任関係事項を登記事項として公示させるのが商業登記制度であ
り，その機能のよりよい発揮——登記義務の履行確保のための立法政策として，
登記事項を登記しなければ登記義務者が不利に扱われる908条1項に規定する
方法が採られているわけです。このように，登記事項が登記されても，善意者
の悪意が擬制されるわけではなく，登記事項自体の主張を誰に対してもなしう
るという対抗力が回復されるだけであり，したがって，外観保護規定である会
社法354条・421条との抵触は起こりません。つまり，無権代表であるとの主
張を前提に354条・421条の適用が問題とされるのであり，両者は抵触するの
ではなく次元が異なるわけです。商業登記の効力は354条・421条の適用を排
除するものではありません。

第 22 章

取締役・執行役と会社の関係

1 取締役・執行役の会社に対する善管注意義務・忠実義務

A 会社と取締役・執行役間は委任関係

取締役は業務執行機関あるいは取締役会構成員として業務執行に携わり，執行役は取締役会から委任された業務執行に携わります。つまり，取締役・執行役は会社の事務処理を職務とします。このように，取締役・執行役と会社とは事務の委託関係にあります（民643条・656条）。会社法は，取締役・執行役と会社との関係は委任に関する規定に従う旨を定めています（会330条・402条3項）が，この規定がなくても会社と取締役・執行役との関係には民法の委任に関する規定が適用されます。

B 取締役・執行役の善管注意義務

会社と取締役・執行役間の関係は委任関係ですから，取締役・執行役はその職務遂行につき会社に対して善管注意義務を負うことになります（民644条「受任者は，委任の本旨に従い，善良な管理者の注意をもって，委任事務を処理する義務を負う」）。この場合における善管注意義務とは，当該会社の取締役・執行役として一般的に要求される注意義務のことで，慎重かつ誠実に職務を遂行すべき義務です（自己の業務を処理するにあたって普通に払う注意よりも高い注意をなす義務）。取締役・執行役各自の個別の注意能力を基準とするのではなく，一般的に要求される程度の注意義務を受任者（取締役・執行役）に課すのは，受任者の能力を信頼して広い裁量権限を与えて事務処理を委託するという委任契約の性質によります。善管注意義務を果たさない職務遂行には過失があり，後述（第23章）の取締

役・執行役の責任が問題になります。

C 取締役・執行役の忠実義務

取締役・執行役は「法令及び定款並びに株主総会の決議を遵守し，株式会社のため忠実にその職務を行わなければならない」（会355条・419条2項）のですが，これを忠実義務と呼びます。忠実義務は取締役・執行役の負担する善管注意義務の一側面を具体化，明確化したものであり，両義務の法的性質に差異はありません（最判昭和45年6月24日民集24巻6号625頁）。

これに対して，忠実義務は，取締役・執行役がその地位を利用して会社利益の犠牲の上に自己の個人的利益や第三者の利益を図ってはならない，という内容を有し，善管注意義務とは異なるとする所説も有力です。この所説は上記の忠実義務を英米法における取締役の忠実義務を導入したものだとします。そうだとすると，忠実義務は英米信託法理を基礎とする信託受託者としての義務ということになります（したがって善管注意義務と異なります）。しかし，日本法のもとにおいては，事務処理の受任者である取締役・執行役を英米法におけると同様に信託受託者と構成できるか相当に疑問があります。さらに，特別な内容を有する忠実義務を課さなければ，会社の犠牲の上に受任者たる取締役・執行役が自己または第三者の利益を図る行為を禁止できないわけではなく，そのような行為をなしてはならない義務は委任契約の内容として把握できると思われます。

もっとも，善管注意義務の一内容である，取締役・執行役はその地位を利用して会社利益の犠牲の上に自己または第三者の利益を図ってはならないという義務を，忠実義務と呼ぶことは差し支えありません。性質を異にする別個の義務だと誤解さえしなければ（後述本章1D参照），善管注意義務の役割を整理するにあたって忠実義務は便利な用語といえます。

D 経営判断の原則 (business judgement rule)

取締役・執行役としては会社利益のために最善を尽くして業務を執行したけれども，結果として取締役・執行役の業務執行によって会社に損害が生じることもあります。このような場合に，経営判断に誤りがあったとして当該取締役・

執行役に会社に対する損害賠償責任を負わせるとすると，取締役・執行役による経営活動は萎縮してしまうかもしれません。そこで，アメリカ法に示唆されて，取締役・執行役が誠実に行動し合理的な根拠に基づき経営判断を下したのであれば，その判断は尊重されなければならず，結果としての損害に対する責任を問うべきではない（事後的判断により裁判所は取締役の責任を肯定すべきではない），とする考え方がわが国にも存在するとされ，経営判断原則と呼ばれています。そして，これは，善管注意義務あるいは善管注意義務違反責任を軽減する法理だとも主張されることがあります。

　しかしながら，大きな権限を有する取締役・執行役の善管注意義務や責任を軽減するというのは妥当ではありません（権限の大きさと責任の重さが比例する制度が健全でしょう）。むしろ，経営判断原則の内容は善管注意義務そのものです。取締役・執行役は会社から経営を委任されているのであり，業務執行につき広い裁量権限を有すると考えられます。裁量権限の範囲内においては取締役・執行役の経営判断は尊重されなければなりませんが，その判断にあたっては善管注意義務を尽くすことが求められるのです。経営判断原則という特別な効果をもたらす法理があるわけではありません。

　特別な経営判断原則が認められなければ不当な結論が導かれるというものでもありません。実際に，取締役・執行役の会社に対する責任の有無に関しては，取締役・執行役は経営判断につき広い裁量権限を有していることを前提に，前提事実の認識に不注意な誤りはなく，判断過程に看過しがたい過誤・懈怠があったり判断自体が特に不合理でない限り，裁判例では善管注意義務（忠実義務）違反は認められてきていません（善管注意義務に違反するか否かの判断基準としての経営判断原則。最判平成22年7月15日判例時報2091号90頁参照）。現実に問題となるのは善管注意義務違反となる判断基準です。最判平成12年9月28日金融・商事判例1105号16頁は，グループ企業とみられる関係にある他企業に対する金融支援は原則として取締役の裁量権限の範囲内の行為であるが，貸付金が回収不能となるなどの危険が具体的に予見できる状況下での無担保金融支援は裁量権限の逸脱であり，そのような行為をなした取締役は善管注意義務違反として会社に対する損害賠償責任がある，とした原審判決（東京高判平成8年12月11日金融・商事判例1105号23頁）の判断を正当と是認しました。一般論として

は妥当な判断ですが，各事例では事案に即した予見可能性の認定が問題とされます（最判平成21年11月27日判例時報2063号138頁参照）。この点については，内部統制システムがいかに整備されていたかが検討されるでしょう。内部統制システムが不備であれば，具体的な事実を知らなかったと抗弁しても，取締役は監視義務違反（善管注意義務違反）の責任を肯定されることになるでしょう。

なお，忠実義務は善管注意義務とは異なるという所説は，忠実義務が問題とされる場合には経営判断原則の適用はない，と主張しています。この所説を前提としても，忠実義務が問題となる場面では，取締役・執行役は一層慎重に行動しなければならないという意味以上の主張，つまり，忠実義務違反に対しては取締役・執行役は結果責任（無過失責任）を負担するという主張であるとしたならば，疑問があります。忠実義務に反するかどうかは個々の場合の具体的事情によって判断されることになるので，慎重に検討して行動したけれども，結果として忠実義務違反だとされると必ずその責任が生じるのだとすると，およそ忠実義務が問題となりそうな領域（しかもこの領域は明確ではありません）では取締役・執行役は何もできなくなってしまうからです。

2　取締役・執行役の競業避止義務

A　取締役・執行役の競業避止義務

取締役・執行役は業務執行に関与する立場上，会社内部情報・事業機密に触れることができる立場にいます。そのような取締役・執行役が会社との関係で競業行為となる取引（当該会社の取締役・執行役たる立場を離れて，当該会社とは関係なく行う取引です。次〔本章3〕に述べる会社と取締役・執行役の利益相反取引とはまったく異なることに注意）を行えば，知り得た内部情報を利用して，会社利益の犠牲の上に自己または第三者の利益を図る危険が大きいといえます（例えば，パンの製造販売業を営む会社の取締役が，会社とは別個に個人でパンの販売をなす場合，会社の得意先を奪う可能性があります）。そこで会社法は，取締役が自己または第三者のために会社の事業の部類に属する取引＝競業取引（その会社の基本的事業に属する種類の取引）を行うには，株主総会（取締役会設置会社の場合には取締役会〔会365条1項〕）においてその取引の重要事実（相手方，期間，目的物，数量など承認するか否か

の判断に必要な事実）を開示して，その承認を受けることを要するとしています（会356条1項1号）。執行役についても取締役会設置会社の取締役と同様です（会419条2項）。取締役・執行役の競業避止義務です。

取締役会設置会社においては，さらに，競業取引をなした取締役・執行役は，取引後遅滞なく，当該取引の重要事実を取締役会に報告する義務を負います（会365条2項・419条2項）。取締役会・監査役の監督・監査のための資料提供の趣旨です。また，公開会社の取締役・執行役につき，重要な兼職状況が事業報告で（会規119条2号・121条8号），他法人等の業務執行取締役等を兼ねる場合につきその重要な兼職状況の明細が事業報告の附属明細書で（会規128条2項），それぞれ開示されなければなりません。

なお，持分会社の業務執行社員（会594条），会社支配人（会12条），会社代理商（会17条），事業譲渡会社（会21条）の競業避止義務参照。

B　競業避止義務の対象

前述のように，競業取引とはその会社の基本的事業に属する種類の取引であり，実際に会社が営んでいる事業を基準として実質的に判断します。取締役・執行役が会社の取引の機会を奪うことを防止する趣旨ですから，定款に定められた会社の目的たる事業を基準に形式的に判断すべきではありません。

会社法356条1項1号の「自己又は第三者のために」は，同条の立法趣旨から，「自己または第三者の計算において」（法的表現），つまり当該取引から生じる経済的利益帰属先がその取締役・執行役あるいは第三者である，との意味だと解されています（多数説）。競業取引によって実質的に経済的不利益を会社が被るおそれを問題としているのであり，例えば，取締役が実質的に支配する他の会社に競業取引を行わせる場合も規制対象とすべきだからです。この点，「自己又は第三者のために」という表現が法律上用いられるときは，「自己または第三者の名において」（法的表現），つまりその（法律）行為から生じる権利義務の帰属先が行為者自身あるいは第三者（行為者が代理人である場合）である，という意味で用いられるのが一般的なので，注意を要します。

取締役・執行役の競業避止義務の対象には，「同種の事業を目的とする会社の取締役，執行役又は業務を執行する社員となること」（持分会社の業務執行社員

の場合）は含まれません。しかし，取締役・執行役が，同業他社の（代表）取締役，（代表）執行役あるいは業務執行社員として行う競業取引は 356 条 1 項 1 号の対象となります。

C　競業避止義務違反の効果

株主総会（取締役会）の承認を受けないでなされた競業取引も有効です。会社は競業取引の当事者ではなく，会社には無効を主張する当該取引上の利益はありません。つまり，取引の相手方が競業避止義務違反を知っていたか否かにかかわらず，義務違反は，そもそも会社と取締役・執行役間の問題であり，当該取引自体とは関係がなくその効力に影響を及ぼす理由はないのです。

もちろん，競業避止義務違反があるので，その取締役・執行役は会社に生じた損害の賠償責任を負います（会 423 条 1 項）。この場合の会社の損害は，競業避止義務違反行為がなければ本来取得できた利益（得べかりし利益，逸失利益）ということになりますから，損害額の証明が困難です。そこで会社法 423 条 2 項は，取締役・執行役あるいは第三者が競業避止義務違反取引によって得た利益の額を，会社の損害額と推定しています（当然のことながら，取締役等に利益が生じていなければこの推定規定は機能しません）。なお，株主総会（取締役会）の承認を受けてなされた競業取引によっても会社に損害が生じる場合がありえます。この場合には損害額推定規定（会 423 条 2 項）の適用はありませんが，取締役・執行役の責任を追及することはできます（会 423 条 1 項）。

なお，競業避止義務違反は，取締役・執行役解任の正当事由となります（会 339 条 2 項・403 条 2 項参照）。

3　取締役・執行役と会社の利益相反取引

A　利益相反取引規制

競業避止義務は取締役・執行役の競業取引の間接的な結果として会社が経済的損失を被る場面を想定するものです。これとは類型を異にする利益相反取引があります。当事者の一方が会社であり，会社には不利益ですが取締役・執行役側には利益になる取引です。利益相反取引には，取締役・執行役が自己また

は第三者のために会社となす取引（直接取引。例えば，取締役が自己所有の不動産を会社に売却する場合）と，会社が取締役・執行役以外の者との間でなす利益相反取引（間接取引。例えば，会社が執行役の債務を保証する場合──執行役の債権者と会社との間で締結される保証契約）とがあります。どちらも取締役・執行役がその地位を利用して，会社の犠牲の上に，自己または第三者の利益を図るおそれが大きい行為です。そこで取締役が利益相反取引を行うには，株主総会（取締役会設置会社の場合には取締役会〔会365条1項〕）において，その取引の重要事実（相手方，期間，目的物，数量など承認するか否かの判断に必要な事実）を開示して，その承認を受けなければならないこととされています（会356条1項2号3号。承認を受けた利益相反取引には民法108条は適用されません〔会356条2項〕）。執行役についても取締役会設置会社の取締役と同様です（会419条2項）。

　取締役会設置会社においては，さらに，利益相反取引をなした取締役・執行役は，取引後遅滞なく，当該取引の重要事実を取締役会に報告する義務を負います（会365条2項・419条2項）。取締役会・監査役の監督・監査のための資料提供の趣旨です。また，会社と取締役・執行役間の取引によって生じた会社の取締役・執行役に対する金銭債権・金銭債務の総額，および，取締役・執行役（および両者の近親者）がなした会社との重要な取引（利益相反間接取引を含みます）の内容等が，注記表の表示事項とされています（計規98条1項7号15号・103条7号8号・112条。会計監査人設置会社および公開会社には開示強制〔計規98条2項1号〕）。

　なお，持分会社の業務執行社員も同様の利益相反取引規制を受けます（会595条）。

B　利益相反取引規制の対象

　前述のように，直接取引（会356条1項2号）だけでなく，間接取引（会356条1項3号）も規制対象です。

　会社が犠牲にされることを防止する趣旨の規制（行為事前規制）ですから，規制対象となる利益相反取引か否かは一般的・客観的に把握すべきです。個別的・具体的な事情（例えば，売買契約における代金の額）は，株主総会（取締役会）が当該取引を承認するか否かの判断において考慮される要素です。したがって，会社・取締役間の直接取引であっても，会社の犠牲の上に取締役・執行役また

は第三者が利益を図るおそれが一般的・客観的にない類型にあたる取引は，会社法356条1項2号にあてはまりません。例えば，取締役から会社に対する無償贈与や，普通取引約款（あらかじめ契約内容を定型的に定めた条項。大量に同種の契約が締結される保険取引，銀行取引や運送取引などで用いられます）に基づく取引です。この点，手形行為（例えば，約束手形の振出）は取引（手形行為の原因関係）の決済手段であり，その取引（会社と取締役・執行役間における商品の売買契約など）には356条1項が適用されるけれども，手形行為自体には同条項の適用はないとする見解も主張されています。しかしながら手形行為者は，原因関係とは別個の債務，しかも手形上の債務として（抗弁切断や手形訴訟による追及など）一層厳格な債務を負担することになるので，手形行為にも会社利益保護を図ろうとする同条項の適用があると解すべきでしょう（最判昭和46年10月13日民集25巻7号900頁など判例同旨）。

　直接取引は取締役・執行役が「自己又は第三者のために」会社となす取引ですが，ここでいう「自己又は第三者のため」とは，取締役・執行役が自己の名をもってまたは第三者の代理人・代表者として行うという意味です（つまりその取引から生じる権利義務の帰属先が取締役・執行役自身あるいは第三者です。本章2B対照）。例えば，甲社の取締役Aが乙社の代表取締役でもある場合に，Aが乙社を代表して甲社となす取引は甲社にとって利益相反取引に該当します。

　利益相反取引であっても，全株式を所有する一人株主たる取締役・執行役と会社との取引は，両者間には実質的に利益相反関係が生じないから，356条1項所定の株主総会（取締役会）の承認は必要ないと解するのが判例です（最判昭和45年8月20日民集24巻9号1305頁）。一人会社（株主が1人だけの会社）でなくても，全株主が取締役・執行役と会社間の利益相反取引に合意する場合には，会社の利益保護を目的とする356条1項の趣旨に照らして，同条項の株主総会（取締役会）の承認は必要ないとされます（最判昭和49年9月26日民集28巻6号1306頁）。これらの判例に対して，会社の利益が即株主の利益というわけではなく，会社債権者の利益も考慮しなければならないとし，以上のような事情の下でも株主総会（取締役会）の承認を要する，との見解も主張されています。この見解が論理的であるように思えますが，このような問題が生じる小規模閉鎖会社の実情からすれば観念的に過ぎるともいえ，判例は現実的に問題解決を

図っていると評価できるでしょう（会社債権者は，利益相反取引に関与した取締役・執行役さらに監視義務違反の取締役に対して損害賠償を請求できます〔会429条1項〕）。

なお，会社補償（会430条の2）および役員等のために締結される保険契約（会430条の3）に関しては，利益相反取引規制についての規定の適用が除外されています（第23章7AB）。

C 会社の承認を欠く利益相反取引の効果

株主総会（取締役会）の承認を欠く利益相反取引は無効です（承認を受けた利益相反取引には民法108条が適用されない〔会356条2項〕ことの反対解釈として，無権代理的無効。会社は当該取引を事後的に追認することができます〔民113条・116条〕）。ただし，この瑕疵は会社と取締役・執行役間の忠実義務に基づく内部的手続の欠缺ですから，間接取引における会社の取引の相手方や，会社が取締役に振り出した約束手形を取締役から譲り受けた者など，（会社，取締役・執行役以外の）第三者が利益相反取引に関与する場合には取引の安全保護を考える必要があります。そこで，株主総会（取締役会）の承認欠缺につき善意である第三者に対しては，会社は利益相反取引の無効を主張できない，と解すべきでしょう（間接取引につき，最判昭和43年12月25日民集22巻13号3511頁，直接取引につき，本章3B・前掲昭和46年最判）。

利益相反取引規制違反を理由とする無効主張を，株主総会（取締役会）の承認を得ないまま会社と当該取引をなした取締役・執行役に許すのは相当ではありません（最判昭和48年12月11日民集27巻11号1529頁「会社が取締役個人に対して貸し付けた金員の返還を求めた場合に，取締役が同条違反を理由としてみずからその貸付の無効を主張することは，許されないものと解するのが相当である。」）。もっとも，会社法356条1項は会社保護の規定だから同条項による無効主張は会社のみに認められる，と無効主張主体を一律に制限するのには慎重であるべきだと考えます。

株主総会（取締役会）の承認の有無にかかわらず，利益相反取引によって会社に損害が生じたときには，任務懈怠（過失）ある取締役・執行役は会社に対して損害賠償責任を負います（会423条1項）。ただし，自己のために直接取引をなした取締役・執行役は，会社に対して無過失の賠償責任を負います（会428条1項）——株主総会決議等による一部免除の対象責任から除外されます

（会428条2項）。また，第三者のために直接会社と取引した取締役・執行役，間接取引により利益を受けた取締役・執行役，および当該取引を決定した代表取締役・代表執行役（当該取引につき会社を代表した者です）は，任務懈怠を推定されます（会423条3項1号2号。証明責任の転換）。さらに，取締役に関する利益相反取引の取締役会承認決議に賛成した取締役（なお，決議に参加し，議事録に異議をとどめない取締役は決議に賛成したと推定されます〔会369条5項〕）も，任務懈怠を推定されます（会423条3項3号）。

上述の任務懈怠推定規定は，監査等委員会設置会社においては，監査等委員会の承認を受けたときには適用されません（会423条4項。ただし，監査等委員に関しては推定規定が適用されます）。利益相反取引の効力は取締役会の承認決議によるので，監査等委員会の承認の効力は推定規定の適用を排除するだけです（取締役会の承認の有無は推定規定適用を左右しません）。監査権限を有し（会399条の2第3項1号），監査等委員の過半数が社外取締役（会331条6項）である監査等委員会の承認に上記の効力を与える立法判断ですが，監査役会や監査委員会にはこのような規定は設けられていません。

4　取締役の報酬

指名委員会等設置会社における取締役・執行役の報酬については前述（第20章6F）参照。

A　取締役任用契約（委任関係）の原則無償性

取締役と会社との関係は委任関係なので（会330条），取締役任用契約は原則として無償契約です（民法643条は事務処理に対する対価の支払を委任契約成立の要件としていません）。同じく役務提供型の契約である雇用（民623条）や請負（民632条）と異なり，報酬の合意は要件とならないわけです。実際，取引先会社の社外取締役に就任したり，親会社の取締役や従業員が子会社の取締役に就任する場合など，名目的な取締役ではなくても，無報酬の取締役も少なくないようです。もっとも，委任者・受任者間の特約によって報酬の支払を委任契約の内容とすることもできます（民648条1項）。一般的に見れば，特約を締結して報酬

を支給されている取締役が多いでしょう。

　注意を要するのは，報酬の特約がなされる場合が多いか少ないかが問題なのではない点です。委任関係は原則無償ですが，有償特約も締結しうるという構造を有するのが民法の定める委任関係です。取締役任用契約も委任関係である以上，原則無償であり，特約により有償契約となるに過ぎません。

B　報酬決定権限

　報酬特約決定権限は，取締役選任権限を有する株主総会に帰属します（株主総会の報酬決議を前提に，〔代表〕取締役が当該取締役と報酬を特約します）。会社法361条1項はこの当然の事理を述べたものであり，さらに同条項は，取締役報酬は株主総会が決定すべく，株主総会が取締役報酬決定権限を他の下位機関（取締役会や代表取締役，監査役）や特定の株主などに一任することを禁止する趣旨をも含むものと解されます（会295条3項参照）。

　これに対して，取締役の報酬に関する事項は業務執行であるから本来的に取締役（会）にその権限があるけれども，取締役（会）が決定すると過大な報酬を支払う危険があるので，このようないわゆるお手盛りを防止して株主の利益を保護するために，会社法は政策的に報酬決定権限を株主総会に与えた，と解するのが従来の多数説です。しかしながら，業務執行機関あるいはその構成員である取締役の選任は従業員の雇い入れと異なり業務執行事項そのものとはいえません。取締役の報酬決定も選任に付随する（利益相反に相当する）重要事項であり，従業員の給与と異なり，業務執行だから取締役（会）の権限事項だと把握するのには問題があります。また，361条1項はお手盛り防止の政策的規定だとの理解が，お手盛りにさえならなければよいのだという解釈につながり，後述のように同条項の意義は著しく軽視されてきたといってよいでしょう。このように，論理的にも実質的にも従来の多数説には賛成できません。

C　報酬の定め・決議の内容

　報酬，賞与その他の職務執行の対価として取締役が会社から受ける財産上の利益（以下，報酬等と呼びます）については，定款あるいは株主総会決議で定める必要があります（会361条1項。監査等委員会設置会社では，監査等委員である取締役と

それ以外の取締役を区別して定めなければなりません〔同条2項〕。定款に定めるとその変更には定款変更決議が必要なので（会466条。会309条2項〔11号〕の特別決議），実務においては株主総会決議（通常決議〔会309条1項〕）の方法により取締役の報酬等を定めるのが一般的なようです。その内容について会社法361条1項は，報酬等のうち，額が確定しているものについてはその額，額が確定していないものについてはその具体的な算定方法，当該会社の募集株式・募集新株予約権である場合にはその数の上限など（会規98条の2・98条の3。第26章2F・3A参照），取締役が当該会社の募集株式・募集新株予約権を引き受ける際にその払込に充てるための金銭である場合には当該募集株式・募集新株予約権の数の上限など（会規98条の4），金銭以外のものについてはその具体的な内容を定めることを要求しています（なお，第20章6F参照）。

　取締役の報酬等に関する議案を株主総会に提出する場合には，その報酬等の算定基準等を株主総会参考書類に記載する必要があります（会規82条）。そして，報酬等の新設・改定についての議案を株主総会に提出した場合には，議案を提出した取締役は，当該株主総会においてその報酬等を相当とする理由を開示しなければなりません（会361条4項）。

　公開会社かつ大会社である監査役会設置会社であってその発行株式につき金商法24条1項に基づき有価証券報告書を提出しなければならない会社，および監査等委員会設置会社においては，（監査等委員である取締役以外の）取締役の報酬等の内容として定款または株主総会決議で会社法361条1項各号に掲げる事項が定められている場合には，それに基づく取締役の個人別の報酬等の決定方針を取締役会で決定することを要します（会361条7項本文，会規98条の5。取締役会の専決事項〔会399条の13第5項7号〕）。この取締役会決議は，取締役の個人別の報酬等が定款または株主総会決議で定められているときには不要です（会361条7項但書）。つまり，会社法は，取締役の報酬等は個人別に定めるだけでなく，全取締役の報酬等を361条1項各号ごとに一括してその最高限度を定めることも認めているわけです。

　最高限度は，例えば，「取締役10名月額報酬総額5000万円以内」のように定めます。取締役の個人別の報酬等の内容決定は取締役（会）に委ねられることになります。この決定がさらに特定の取締役（通常は経営トップ）に一任され

ることも多いのですが（会規98条の5第6号参照），これには検討が必要です。一存で決定できるので，お手盛りや内容決定を通した他の取締役への不合理な影響力の増大といった問題が生じるおそれがあるからです。この点に関して，CGコード原則3－1(iii)は，取締役会が経営陣幹部・取締役の報酬を決定するに当たっての方針と手続につき情報開示の充実を求め，CGコード補充原則4－2①は，報酬制度設計・具体的な報酬額決定に関して客観性・透明性ある手続に従う旨を求め，前述（第20章3B）のように，CGコード補充原則4－10①は報酬諮問委員会の設置を推奨しています。さらに，令和元年度税制改正によって，業績連動報酬の損金算入に当たって報酬諮問委員会の役割が重視されることになりました（法人税法34条1項3号イ(2)、法人税法施行令69条16項3号）。そこで，近時は，上場会社では，報酬諮問委員会の設置が増加し，特定の取締役に報酬等の決定が一任されている場合にもその決定の適切性を担保する役割を期待されています（会規98条の5第6号ハ参照）。なお，取締役の個人別の報酬等の内容決定につき、取締役会は報酬委員会に対して再一任することもできると解されます（会規98条の5第6号）。

D 報酬等の事後開示

　公開会社においては，当該事業年度に係る取締役の報酬等の総額（監査等委員である取締役とそれ以外の取締役とを区別し，また，社外取締役とそれ以外の取締役とを区別します）あるいは取締役ごとの額，業績連動報酬等の額・業績指標の内容，非金銭報酬等の内容，個人別報酬等の決定方針の内容概要，取締役会から個人別報酬等決定の再委任を受けた取締役・その他の第三者に係る事項などが事業報告の記載（記録）事項とされています（会規119条2号・121条4～6号の3・124条5～7号）。なお，指名委員会等設置会社では上記決定方針を定めなければならないのでしたね（第20章6F参照）。また，本章4C参照。

　取締役が従業員を兼ねる場合の従業員としての給与その他の職務執行の対価についても，取締役に関する重要事項である場合には，事業報告に記載（記録）することを要します（会規121条11号）。事業報告の開示につき，第25章4C参照。

　なお，上場会社の有価証券届出書・有価証券報告書では，取締役ごとの報酬

額の個別表示（ただし，連結報酬総額1億円以上の取締役に限定できます）を要します（企業内容等の開示に関する内閣府令8条1項1号〔第二号様式（記載上の注意)(57)b〕・15条1号イ〔第三号様式（記載上の注意)(38)〕)。

E　会社による報酬等の一方的減額

定款の定めや株主総会決議（あるいは，総会決議により権限を授与された取締役〔会〕の決定や，さらに取締役会から再委任を受けた取締役その他の第三者の決定〔会規98条の5第6号〕）に基づき，取締役が代表取締役との間で報酬等特約を締結している場合には，取締役の具体的報酬等請求権が任用契約の内容となります。したがって，任用契約の相手方である会社が一方的な減額や無償化の（株主総会あるいは取締役〔会〕）決議によって，報酬等請求権の内容を変更することはできません（通常の契約法理。同旨，最判平成4年12月18日民集46巻9号3006頁。なお，退職慰労年金につき，最判平成22年3月16日判例時報2078号155頁参照）。

平成4年最判は，「この理は，取締役の職務内容に著しい変更があり，それを前提に右株主総会決議［無報酬決議］がされた場合であっても異ならない。」とも判示しています。取締役は業務執行機関あるいはその構成員として，業務執行に携わり監督します。取締役である以上，このような職務に等しく服するのであり，代表取締役とそれ以外の取締役においてもこの職務に差異はありません（この点，代表取締役とそれ以外の取締役とでは職務内容が異なり，代表取締役がそれ以外の取締役よりも多額の報酬等を受けるのは当然だとの主張もありますが，代表行為については，代表取締役は代表権限を行使する方法で職務を執行し，他の取締役は代表行為を監視・監督する方法で職務を執行するのであり，代表取締役を当然に特別扱いしなければならない理由はありません）。職務内容に変更があったからといって，報酬特約の内容を一方的に変更できるわけではないのです。

もっとも，どの取締役にいくらの報酬等を支給するかは会社の自由な判断で決定できます（もちろん当該取締役との合意が必要です）。例えば，代表取締役とそれ以外の取締役とで報酬等に差を設ける総会決議が無効である理由はありません。そうだとすると，報酬等は取締役任用契約の内容となりますから，例えば，任期の途中で代表取締役からそうではない取締役になった場合には，それに伴って報酬等の額も変更するという内容の報酬等特約が任用契約の内容となっ

ている場合もあるでしょう。これは契約内容の問題であり，職務内容の変更が会社に一方的報酬等変更権を与えるわけではありません。なお，近年，経営陣の不正や巨額の投資損失が発覚した場合に備えて，クローバック条項（clawback clause。支給済報酬の返還特約）やマルス条項（malus clause。支給前報酬の減額特約）を含む取締役任用契約も増えています。

F　取締役が使用人（従業員）を兼ねる場合の使用人分の報酬等

最判昭和 60 年 3 月 26 日判例時報 1159 号 150 頁は，「使用人として受ける給与の体系が明確に確立されている場合においては，使用人兼務取締役について，別に使用人として給与を受けることを予定しつつ，取締役として受ける報酬のみを株主総会で決議することとしても，取締役としての実質的な意味における報酬が過多でないかどうかについて株主総会がその監視機能を十分に果たせなくなるとは考えられないから，右のような内容の本件株主総会決議」が会社法 361 条 1 項の脱法行為にあたるとはいえない旨を判示しています。基本的に正しい判断だと思われますが，前述（本章4D）した使用人給与分の事後開示の重要性を認識する必要があるでしょう。

G　退職慰労金

退職慰労金（退職慰労一時金，退職慰労年金）も慣行や内規により一定の支払基準が確立していることが多く，報酬等（在職中の職務執行の対価）の後払いとしての性質を強く有しています。在職中の特別功労に報いる趣旨で金額が加算されていても，報酬等の後払いと不可分の関係にあるといえます。そこで，退職慰労金についても会社法 361 条 1 項が適用あるいは少なくとも類推適用されると解するのが通説・判例（最判昭和 39 年 12 月 11 日民集 18 巻 10 号 2143 頁）です。

この点につき判例は，退職慰労金額，支給期日，支給方法につき株主総会は無条件に取締役会に一任することは許されないが，会社業績，退職役員の勤続年数・担当業務・功績の軽重等から割り出した一定の基準により慰労金を決定する方法が慣例となっている場合には，その慣例に従って慰労金を決定すべき趣旨で取締役会に慰労金の決定を委ねる株主総会決議は 361 条 1 項に反しないとします（上記昭和 39 年最判）。判例を受けて，会社法施行規則 82 条 2 項本文は，

退職慰労金額を一定の基準に従って決定することを取締役，監査役，あるいはその他の第三者に一任する総会決議をなしうる旨を規定しています。この場合には，当該一定の基準の内容を株主総会参考書類に記載しなければなりません。もっとも，各株主が上記基準を知ることができるようにするための適切な措置が講じられていれば，当該基準を株主総会参考書類に記載する必要はないとされています（会規82条2項但書）。「適切な措置」の解釈・運用によっては会社法361条1項の趣旨を没却するおそれがあるでしょう。

第 23 章

取締役・執行役の責任

1 取締役・執行役の会社に対する責任

A 会社法 423 条 1 項責任

　取締役・執行役の民事責任として会社法が定めるのは，会社に対する責任と会社以外の第三者に対する責任です。会社に対する責任は，供与利益額弁済責任（会 120 条 4 項），募集株式発行等時の目的物の価額不足額塡補責任（会 213 条），剰余金等違法分配責任（会 462 条）や設立時取締役の設立時任務懈怠責任（会 53 条 1 項）・目的物の価額不足額塡補責任（会 52 条 1 項 2 項）など個別に定められているもののほか，会社法 423 条 1 項に一般的な損害賠償責任が定められています。既述のように，取締役・執行役は，会社と委任関係にある（会 330 条・402 条 3 項）ので，受任事務を善管注意をもって遂行する義務を負います（民 644 条）。その違反は債務不履行として会社に対する損害賠償責任を発生させますが（民 415 条参照），423 条 1 項はこれを任務懈怠による損害賠償責任と規定しています。

　このように同条項の任務懈怠は善管注意義務違反による職務執行を意味するので，取締役・執行役の責任を追及する側が任務懈怠と評価される事実を証明すると，取締役・執行役側は帰責事由（故意・過失）がないと反論する余地はありません。この点に関して，具体的な法令に違反する行為は一般的には任務懈怠にあたりますが（会 355 条参照），違法性の認識を欠いたことにつき善管注意義務違反にはあたらないとされる例もないわけではありません（最判平成 12 年 7 月 7 日民集 54 巻 6 号 1767 頁参照）。

　複数の取締役・執行役がこの責任を負うときは連帯責任です（会 430 条）。

　なお，競業避止義務違反の場合に会社の損害が推定され（会 423 条 2 項），利益相反行為の場合には過失の証明責任が転換されあるいは無過失責任とされて

いるのは（会423条3項〔監査等委員会設置会社における特例につき，同条4項〕・428条
1項），当該項目の箇所ですでに述べています。

B　取締役の責任免除

① 　会社法423条1項責任の免除（原則）

取締役・執行役が会社に負担する責任の免除は会社の行う債務免除ですから，
取締役の責任を免除するか否かは業務執行事項であり，したがって，その権限
は取締役会に属するかのようです。しかしながら，会社法423条1項の取締
役・執行役の責任は総株主の同意がなければ免除できません（会424条）。本来，
取締役さらに制度上執行役に業務執行を委ねているのは会社の実質的所有者で
ある株主ですから，取締役・執行役が会社（すなわち株主）に負う責任を免除す
るか否かは株主の判断によるべきなのです。つまり，取締役・執行役の責任免
除は純粋な業務執行事項ではありません。さらに，株主の多数決で免除できる
とすると，後述（本章3）の株主代表訴訟権（会847条）が株主の利益（経済的利
益とともに取締役・執行役の業務執行を監督是正する意義が大きいといえます）保護のた
めに各株主に単独株主権として認められている趣旨が減却されてしまいます。
そこで，取締役・執行役の責任免除には総株主の同意が必要とされているので
す。

その法的性質は債務免除ですから，「債権者（会社）が債務者（取締役・執行役）
に対して債務を免除する意思を表示したときは，その債権は，消滅する」（民
519条）。つまり取締役・執行役の責任免除は，会社がなす単独行為（〔会社の〕
一方的な意思表示が法律効果〔債務免除──債権消滅〕を発生させます）です。また，取
締役・執行役の責任免除は必ずしも全額でなくてもよく，一部免除も可能です。

② 　軽過失による会社法423条1項責任の一部免除

取締役・執行役の会社法423条1項責任のうち軽過失によるものについては，
総株主の同意を要することなく，次に説明するような方法により一定の限度で
免除することが認められています（なお，取締役・執行役が自己のために会社と利益
相反取引を行った場合には一部免除規定は適用されません〔会428条2項〕）。総株主の同
意による免除では事実上免責が認められず，取締役・執行役が高額の賠償責任
を恐れて経営が萎縮する危険性があるから，というのが緩和免責規定の立法趣

旨です。もっとも，既述（第22章1D）のように，現実の裁判例においては，取締役・執行役の経営判断が可能な限り尊重されており，法的には経営が萎縮するような環境にはありません。権限と責任の大きさが比例するのが健全な組織・社会です。権限を有する者の責任逃れを制度化したのではないということを証明するためにも，取締役・執行役は説明責任を十分に果たさなければなりません（なお，責任軽減制度は，あくまでも取締役・執行役が本来負担すべき責任の一部につき免除することを認めたものであり，責任の発生自体を制限するものではありません）。

423条1項責任の軽減は，職務執行につき善意かつ重過失のない取締役・執行役にのみ認められます。方法は次の3通りです。（ⅰ）株主総会特別決議による場合（会425条1項・309条2項8号）。責任免除議案の株主総会提出につき，業務監査権限を有する監査役が設置されている場合にはその全員・監査等委員会設置会社では監査等委員全員・指名委員会等設置会社では監査委員全員の同意が必要であり（会425条3項），当該株主総会で，取締役は，責任原因事実，（本来の）賠償責任額，責任免除限度額とその算定根拠，責任免除理由，および免除額を開示しなければなりません（会425条2項）。（ⅱ）取締役が複数就任しておりかつ業務監査権限を有する監査役が設置されている会社，監査等委員会設置会社，あるいは指名委員会等設置会社において，定款の定めに基づく取締役（責任免除対象取締役は除きます）過半数の同意（取締役会設置会社の場合には取締役会決議）による場合（会426条1項）。責任原因事実の内容・当該取締役あるいは執行役の職務執行の状況・その他の事情を勘案して特に必要と認めるときに限られ（会426条1項），この定款規定設置議案の株主総会提出および取締役の過半数同意・責任免除議案の取締役会提出に際して監査役全員・監査等委員全員・監査委員全員の同意が必要です（会426条2項）。そして，（ⅲ）業務執行取締役等（会2条15号イ）でない取締役（非業務執行取締役。なお，会427条2項）と会社との間で定款の定めに基づく責任限定契約が締結されている場合（会427条1項）。この定款規定設置議案の株主総会提出につき業務監査権限を有する監査役全員・監査等委員全員・監査委員全員の同意が必要であり（会427条3項），さらに，責任限定契約を締結した非業務執行取締役が任務を怠り会社に損害を被らせたことが判明したときには，その後の最初の株主総会において，責任原因事実，（本来の）賠償責任額，責任免除限度額とその算定根拠，責任限定契約

の内容と契約締結理由，および責任を負担しない額の開示が必要です（会427条4項）。なお，監査等委員あるいは監査委員が責任免除対象取締役であるときには，以上（i）〜（iii）の各場合とも，上述の監査等委員全員・監査委員全員の同意は不要です（会425条3項・426条2項・427条3項）。監査役の責任免除（上述の責任免除規定は，監査役の同意制度を除いて，監査役にも適用されます）と同様に扱う趣旨です。

　（iii）は非業務執行取締役に関する特例です。一方，本来，取締役・執行役の責任を軽減するか否かの最終的判断は株主が行うべきなので，（ii）の責任軽減を取締役過半数が同意（取締役会が決議）した場合には，その後遅滞なく，責任原因事実，（本来の）賠償責任額，責任免除限度額とその算定根拠，責任免除理由，免除額，および責任免除に異議があれば（1か月以上の）一定の期間内に異議を述べるべき旨を公告または株主に通知（公開会社でない株式会社では株主への通知が義務づけられます〔会426条4項〕）しなければならず（会426条3項），総株主（当該責任免除対象取締役・執行役を除きます）の議決権の100分の3（これを下回る割合を定款で定めることもできます）以上を有する株主がこの期間内に異議を述べたときには（ii）の方法による責任軽減はできません（会426条7項）。

　最後に，最低責任限度額（責任免除できない額）。（i）（ii）に関しては次の@ⓑⓒの合計額については免除できません。@取締役・執行役としての報酬その他職務執行の対価（取締役・執行役あるいは使用人を兼務する場合には，取締役・執行役あるいは使用人としての報酬その他の職務執行の対価も含みます）として会社から受けまたは受けるべき財産上の利益につき事業年度ごとの合計額中最も高い額の4年分（代表取締役・代表執行役は6年分，非業務執行取締役は2年分）相当額（会425条1項1号・426条1項，会規113条1号），ⓑ次の（ア）と（イ）の低い方の額（会425条1項1号・426条1項，会規113条2号〔同条号括弧書によって，（ア）の額が最高額になります〕），つまり，（ア）取締役・執行役の退職慰労金額，取締役・執行役あるいは使用人を兼務する場合の取締役・執行役あるいは使用人の退職慰労金・退職手当（取締役・執行役兼務期間分），およびこれらの性質を有する財産上の利益額，以上の合計額，（イ）上記合計額をそれぞれの在職期間で除した額に4（代表取締役・代表執行役は6，非業務執行取締役は2）を乗じた額——なお，責任免除決議・同意後に（ア）の利益を取締役・執行役に与えるときは株主総会の承認が必要で

す（会 425 条 4 項前段・426 条 8 項，会規 115 条）。ⓒ有利発行を受けた新株予約権を，取締役・執行役就任後に行使または譲渡したときに得た利益（会 425 条 1 項 2 号，会規 114 条）——なお，責任免除決議・同意後に上記新株予約権の行使・譲渡を行う場合には株主総会の承認を要します（会 425 条 4 項後段 5 項・426 条 8 項）。(ⅲ) 非業務執行取締役は会社と次のⓐとⓑの高い方の額を限度として賠償責任を負う旨の責任限定契約を締結できます。すなわち，ⓐ定款に定められた額の範囲内であらかじめ定めた額，ⓑ上記(ⅰ)(ⅱ)のⓐⓑ©の合計相当額（会 427 条 1 項）——なお，会社法 427 条 5 項参照。

2　会社と取締役・執行役との間の訴え

会社の裁判上の行為は会社代表権限の範囲に含まれます（会 349 条 4 項）。もっとも，会社による取締役・執行役の責任を追及する訴えなど，会社と取締役・執行役（退任後の取締役・執行役も含みます）との間の訴訟についても通常の代表機関（代表権限を有する取締役・執行役）が会社を代表すると，訴訟における会社の相手方が取締役・執行役なので，いわゆる馴合い訴訟のおそれがあります（同僚間の庇い合いのほかに，ある取締役・執行役に責任が認められると他の取締役の監視義務違反が問題となる点も大きいでしょう）。

そこで，業務監査権限を有する監査役が設置されている会社においては監査役（会 386 条 1 項・389 条 7 項），監査等委員会設置会社においては監査等委員会が選定する監査等委員（会 399 条の 7 第 1 項 2 号），指名委員会等設置会社においては監査委員会が選定する監査委員（会 408 条 1 項 2 号）が，会社と取締役・執行役との間の訴訟につき会社を代表します。業務監査権限を有する監査役が設置されておらず，かつ監査等委員会設置会社でも指名委員会等設置会社でもない会社においては，(ⅰ)株主総会が当該訴訟において会社を代表する者を定めることができ（会 353 条），(ⅱ)取締役会設置会社において株主総会が訴訟代表者を定めないときは，取締役会がこれを定めることができます（会 364 条）。監査等委員あるいは監査委員が当該訴訟の当事者である場合も，(ⅰ)(ⅱ)と同様です（会 399 条の 7 第 1 項 1 号・408 条 1 項 1 号）。

会社と取締役・執行役との間の訴訟の中で，取締役・執行役の責任を追及す

る訴えの管轄は，本店所在地の地方裁判所に専属します（会848条）。提訴後遅滞なく，会社は訴訟を提起した旨を公告するかあるいは株主に通知（公開会社でない株式会社では株主への通知が義務づけられます〔会849条9項〕）しなければなりません（会849条5項）。株主が当該訴訟に訴訟参加（会849条1項。共同訴訟的当事者参加〔民訴52条〕）する機会（馴合い訴訟による会社権利の侵害を防止する機会）を確保させようとする趣旨です（なお，株主による再審の訴えに関する会社法853条〔本章3E〕参照）。

原告会社が被告取締役・執行役と訴訟上の和解をなす場合には，業務監査権限を有する監査役が設置されている会社では監査役全員，監査等委員会設置会社では監査等委員全員，指名委員会等設置会社では監査委員全員の同意を要します（会849条の2）。また，会社法424条は適用されません（会850条4項）。この適用除外がなされないと，和解は譲歩を伴うのが通常ですから，取締役・執行役の責任を免除する内容の和解には総株主の同意が必要となり，紛争解決を迅速に行いうる和解という手段を用いることが困難になるからです。

3　株主代表訴訟

A　株主代表訴訟提起権

取締役・執行役の会社に対する責任を取締役や監査役等が追及しない場合には，会社の損失，つまり会社の実質的所有者である株主の損失が塡補されないままになってしまいます。そこで，各株主に単独株主権として代表訴訟提起権が認められています（会847条。ただし，単元未満株主に対する権利制限〔会847条1項括弧書・189条2項〕参照）。株主代表訴訟は，各株主が取締役・執行役の会社経営について監督是正する手段としての意義も重要です。

株主代表訴訟の対象は，取締役，執行役の会社に対する責任のほかに，発起人，会計参与，監査役，会計監査人の会社に対する責任など会社法847条1項に列挙されています。従業員が会社に対して負う損害賠償責任は株主代表訴訟の対象になりません。従業員の職務執行は株主から会社経営を委ねられている取締役・執行役の監督・監視義務の対象であり，従業員の行為を監督できなかった取締役・執行役の責任あるいは従業員の責任を追及しない取締役・執行

役の責任が代表訴訟の対象となるのです。

　代表訴訟係属中に株主でなくなった者は訴訟を追行できませんが，次の場合には訴訟を追行できます（会851条，会規218条の3）。当該株主が，株式交換または株式移転により当該会社の完全親会社の株主になった場合（三角交換によって株式交換完全親会社のさらに完全親会社の株主になった場合も含まれます。第27章4A参照），および，当該会社が消滅会社となる合併の新設会社あるいは存続会社またはその完全親会社（三角合併の場合。第27章2B参照）の株主となった場合です。そして，株式交換等が繰り返された場合も同様です。

　さらに，上記の場合に，株式交換・株式移転・合併が効力を発生するまでに代表訴訟を提起していなくても，そのときまでに取締役等の責任の原因となる事実が生じておれば，当該完全子会社・消滅会社の旧株主である完全親会社株主等は，当該完全子会社の取締役等に対する代表訴訟提起権を有します（会847条の2。適格旧株主〔同条9項〕）。

B　株主代表訴訟の提起

　代表訴訟の基本的手続は会社法847条に規定されています。まず，6か月前（これを下回る期間を定款で定めることもできます）から引き続き株式を有する株主（公開会社でない株式会社の株主には株式保有期間要件が適用されません）は，会社に対して，被告となるべき者および請求の趣旨・請求特定に必要な事実を記載した書面を提出またはこれらの事項を電磁的方法で提供して，取締役・執行役の責任を追及する訴え（在職中に生じた責任の追及であり，取締役・執行役を退職した者も訴えの対象になります）の提起を請求することができます（同条1項2項，会規217条）。取締役・執行役の責任追及訴訟の提訴請求は，業務監査権限を有する監査役（会386条2項1号・389条7項）・監査等委員（会399条の7第5項1号）・監査委員（会408条5項1号）あるいは（業務監査権限を有する監査役が設置されておらず，かつ監査等委員会設置会社でも指名委員会等設置会社でもない会社においては）代表権限を有する取締役に対してなします。なお，当該株主等の不正な利益を図りまたは当該会社に損害を加えることを目的とする場合には，当該株主は上記の訴訟提起を請求できません（会847条1項但書）。

　請求の日から60日以内に会社が訴えを提起しないときには，それを請求し

た株主は（不提訴理由の通知を求めることができます〔会847条4項，会規218条〕），代表訴訟を提起できます（会847条3項）──会社に回復不能な損害が生じるおそれがある場合には，請求株主は直ちに代表訴訟を提起できます（会847条5項）。管轄裁判所は本店所在地の地方裁判所です（会848条）。

提訴した株主は遅滞なく会社に対して訴訟を告知しなければならず（会849条4項），訴訟告知を受けた会社は訴訟が提起された旨を遅滞なく公告するかあるいは株主に通知（公開会社でない株式会社では株主への通知が義務づけられます〔会849条9項〕）しなければなりません（会849条5項）。会社・他の株主が当該代表訴訟に訴訟参加（共同訴訟的当事者参加〔民訴52条〕）する機会（馴合い訴訟による会社権利の侵害を防止する機会）を確保させようとする趣旨です。

民事訴訟を提起するには訴状に収入印紙を貼る方法により裁判所に手数料を納めなければならず（民訴費用3条1項・8条），手数料額は訴訟の目的の価額を基礎として算出されます（民訴費用4条1項・別表第一，民訴8条1項。例えば1000万円の支払請求の場合は5万円，1億円なら32万円になります）。もっとも，株主代表訴訟に勝訴しても原告株主は直接には1円の利益も得ないので（取締役・執行役は会社に対して責任を履行することになります），代表訴訟は，訴訟の目的の価額の算定については財産上の請求でない請求に係る訴えとみなされ（会847条の4第1項），手数料額は1万3000円と算出されます（民訴費用4条2項前段・別表第一）。

C　担保提供命令，補助参加

代表訴訟が提起されると，被告取締役・執行役の請求により，裁判所は原告株主に担保の提供を命ずることができます（会847条の4第2項。担保提供命令）。ただし，この請求には原告株主が悪意で代表訴訟を提起したことを疎明する必要があります（会847条の4第3項。疎明とは，多分そうだろうとの一応の心証を裁判官に得させる行為です。当該事実の存在を裁判官に確信させる行為である証明までは必要とされません）。これによって代表訴訟に関して被告取締役・執行役が原告株主に対して取得する可能性のある不法行為を理由とする損害賠償請求権の実現を担保することになります。もっとも，担保提供制度の趣旨は，会社の経済的利益・経営の監督是正を実現する代表訴訟提起権を尊重しつつその濫訴を防止しようとする点にあります。したがって，ここでの「悪意」概念は，単に請求に理由

のないことを知るだけではなく不当に取締役を害する意図，と解すべきだと思われます（担保提供を命じられると，実質的な審理に入る前に，事実上株主は代表訴訟の維持を断念しなければならない場合も出てくるので，慎重な判断が求められます）。

　株主代表訴訟において被告取締役・執行役に当該会社（会849条3項柱書列挙の会社）が補助参加するには（被参加人である被告取締役・執行役を勝訴させるために，会社〔補助参加人〕が被参加人を補助して訴訟を追行します），被告取締役が監査等委員・監査委員であるときを除き，業務監査権限を有する監査役全員・監査等委員全員・監査委員全員の同意が必要です（会849条3項）。もっとも，補助参加には法律上の利害関係が必要です（民訴42条。なお，同条の適用は会社法849条1項によって除外されるわけではありません）。会社に対する責任が追及されている被告取締役・執行役に当該会社が補助参加できる場合が問題になります。この点，最決平成13年1月30日民集55巻1号30頁は，「取締役会の意思決定が違法であるとして取締役に対し提起された株主代表訴訟において」は，「会社は，取締役の敗訴を防ぐことに法律上の利害関係を有する」から，特段の事情がない限り被告取締役に会社は補助参加できる，と解しています。

D　裁判上の和解

　株主代表訴訟について和解する場合に会社がその和解の当事者でないときには，裁判所はその和解内容を会社に通知し，かつ異議があれば2週間内に異議を述べるべき旨を催告しなければなりません（会850条1項2項）。そして，この期間内に会社が書面で異議を述べなかったときは，通知された和解内容で株主が和解することを承認したとみなされます（会850条3項）。

　この場合には——通常，和解は譲歩（取締役の責任の一部免除など）を伴いますが，和解に関与していない株主が存在しても，取締役の責任免除に総株主の同意を求める会社法424条は適用されません（会850条4項）。取締役・執行役の会社に対する責任を追及する訴えの提起は遅滞なく公告・通知され（提訴株主以外の）株主の訴訟参加機会が確保されているので，会社が和解当事者であるまたは和解を承認するときには，代表訴訟に参加しない株主の代表訴訟提起権よりも和解による迅速な紛争解決を優先させる趣旨です。

E 判決，費用

代表訴訟の判決の既判力は会社にも及びます（民訴115条1項2号。第三者の訴訟担当）。なお，原告株主（参加人会社・株主）と被告取締役・執行役（補助参加人会社）の共謀により，訴訟の目的である会社の権利を害する目的で裁判所に判決をさせたときは，共謀当事者ではない会社・株主は，確定した代表訴訟の判決に対して再審の訴えをもって不服を申し立てることができます（会853条）。馴合い訴訟によって会社の権利が侵害された場合に備えた制度です。

株主勝訴の場合には，訴訟費用（訴えの提起など各種の申立ての際の手数料や裁判所が証拠調べをなすために必要な費用など）は敗訴取締役・執行役が負担し（民訴61条），それ以外の訴訟必要費（訴訟の準備のための調査費用など）および弁護士報酬につき相当額の支払を勝訴株主は会社に請求できます（会852条1項）。

敗訴した株主は，悪意があった場合に限り会社に対する損害賠償責任を負います（会852条2項）。

4 多重代表訴訟

A 多重代表訴訟制度の意義

純粋持株会社（株式所有による支配を通して子会社の事業を管理・統率することを本業とする企業）を中核にした企業グループが数多く存在します。事業の執行と監督の分離を，指名委員会等設置会社では単体の会社内で達成しようとするのに対して，企業グループとして行うものです。純粋持株会社である親会社の利益は子会社の事業に依存することになるので，親会社への投資は実質的には子会社事業への投資の意味を有します。ところが，親会社と子会社の法人格は別個なので，親会社の株主保護が問題とされます。既述（第20章3C）のように，親会社には企業グループの業務の適正を確保するためのシステム（親会社自身の内部統制システムの一環）の整備が求められます（例えば，子会社の定款に株主〔親会社〕の権利を強化する事項を定めたり，子会社と経営管理契約を締結して，一定の事項につき親会社と協議する義務や親会社への報告義務を課したり，指導・助言事項を定めることなど。なお，公開会社に関しては，当該会社の重要財産および事業方針に関して親会社との間に存する契約等の内容の概要が事業報告の記載事項とされています〔会規120条1項7号〕）。し

かし，実際に子会社にその取締役・執行役の過失によって損失が発生した場合には，子会社の株主としての親会社（権利行使は親会社の経営陣が行います）が子会社の取締役・執行役を庇うおそれがあります。そして，通常の株主代表訴訟は提訴株主の会社の取締役・執行役の責任を追及する訴訟なので，一定の場合に，親会社の株主が子会社の取締役・執行役の当該子会社に対する責任を追及できる制度——多重代表訴訟制度が設けられています。親会社の取締役・執行役の当該会社に対する責任の追及だけでは不十分な場合が考えられるからです（第13章3I参照）。

B　多重代表訴訟制度が適用される会社

　多重代表訴訟を提起できるのは，ある株式会社（甲社。この会社の取締役・執行役の対会社責任が追及されます）の最終完全親会社等の株主です。まず，完全親会社とは，甲社の発行済株式の全部を有する株式会社を指しますが，ある株式会社とその完全子会社（当該ある株式会社が発行済株式の全部を有する株式会社）が甲社の発行済株式全部を有する場合のある株式会社，そして，ある株式会社の完全子会社が甲社の発行済株式全部を有する場合のある株式会社も甲社の完全親会社に含まれます（会847条の2第1項但書括弧書，会規218条の3第1項）。後二者の甲社はある株式会社の完全子会社とみなされます（会規218条の3第2項）。そして，完全親会社等とは，完全親会社および，ある株式会社とその完全子会社等（当該法人の株式あるいは持分の全部をある株式会社が有する場合の当該法人）または当該完全子会社等が甲社の発行済株式の全部を有する場合のある株式会社（完全親会社を除きます）をいいます（会847条の3第2項。この場合の甲社はある株式会社の完全子会社等とみなされます〔会874条の3第3項〕）。つまり，完全親会社等は，間接的な所有も含めて甲社の発行済株式の全部を有すると認められる株式会社です。そして，最終完全親会社等とは，甲社の完全親会社等であって当該会社には完全親会社等がない株式会社です（会874条の3第1項柱書）。例えば，甲社の完全親会社（乙社。中間持株会社）に完全親会社（丙社）があり，丙社には完全親会社等がない場合に，丙社は甲社の完全親会社等であるとともに最終完全親会社等です。

　多重代表訴訟制度が適用されるのは，甲社がその最終完全親会社等の重要な

子会社である場合に限定されています。すなわち，最終完全親会社等およびその完全子会社等における甲社株式の帳簿価額が，当該最終完全親会社等の総資産額（会規218条の6）の5分の1（定款でこれを下回る割合を定めることもできます）を超える場合（この要件を満たす完全子会社は，最終完全親会社等の事業報告で開示されます〔会規118条4号〕）に限って，当該最終完全親会社等の株主は，甲社の取締役・執行役の甲社に対する責任（特定責任と呼びます。取締役・執行役のほかに，甲社の発起人・設立時取締役・設立時監査役・会計参与・監査役・会計監査人・清算人も特定責任の対象となります。会847条の3第4項・847条1項）を追及できることとされています（会847条の3第1項柱書）。

C　多重代表訴訟の提起

　6か月前（これを下回る期間を定款で定めることもできます）から引き続き（最終完全親会社等が公開会社でない場合には株式保有期間要件は適用されません〔会847条の3第6項〕），上記甲社の最終完全親会社等の総株主（総会決議事項全部につき議決権を行使できない株主を除きます）の議決権の100分の1（これを下回る割合を定款で定めることもできます）以上の議決権を有する株主，あるいは当該最終完全親会社等の発行済株式（自己株式を除きます）の100分の1（これを下回る割合を定款で定めることもできます）以上の数の株式を有する株主は，甲社に対して，被告となるべき者および請求の趣旨・請求特定に必要な事実等を記載した書面を提出またはこれらの事項を電磁的方法で提供して，取締役・執行役の責任を追及する訴えの提起を請求することができます（会847条の3第1項，会規218条の5。当該責任原因事実によって当該最終完全親会社等に損害が生じていない場合を除きます）。この訴えを特定責任追及の訴えと呼びます。提訴請求の日から60日以内（ただし，会847条の3第9項参照）に甲社が特定責任追及の訴えを提起しないときには，当該請求をした最終完全親会社等の株主は，甲社のために，特定責任追及の訴え（最終完全親会社等の株主によるこの訴えが多重代表訴訟と呼ばれます）を提起することができます（会847条の3第7項）。

　特定責任追及の訴えについて甲社を代表する者（会386条1項3号・399条の7第3項2号・408条3項2号），管轄裁判所（甲社の本店所在地を管轄する地方裁判所。会848条），不提訴理由の通知請求（会847条の3第8項，会規218条の7）などは，既

述の取締役・執行役に対する責任追及の訴え・株主代表訴訟と基本的に同様に規整されています。

　なお，最終完全親会社等がある甲社において特定責任を免除するには，甲社の総株主の同意に加えて，甲社の最終完全親会社等の総株主の同意を要します（会847条の3第10項）。特定責任が軽過失による場合の一部免除については，会社法425〜427条参照。

5　取締役・執行役の違法行為に対する差止請求

　取締役・執行役の職務執行は取締役（会）による監督を受けます。しかし，取締役・執行役が「会社の目的の範囲外の行為その他法令若しくは定款に違反する行為をし，又はこれらの行為をするおそれがある場合」もありえます。

　業務監査権限を有する監査役を設置する会社（監査役設置会社〔2条9号〕）でなく，かつ監査等委員会設置会社でも指名委員会等設置会社でもない会社においては，上記の場合には取締役会設置会社の株主は取締役会の招集を請求でき（会367条），さらに，上記のような行為によって会社に著しい損害が生じるおそれがあるときには，6か月（これを下回る期間を定款で定めることもできます）前から引き続き株式を有する株主（公開会社でない株式会社においては株主の持株保有期間要件は適用されません〔会360条2項〕）はその行為の差止を請求できます（会360条1項）。

　監査役設置会社，監査等委員会設置会社あるいは指名委員会等設置会社においては，上記のような行為によって会社に著しい損害が生じるおそれがあるときには，監査役・監査等委員・監査委員はその行為の差止を請求できます（会385条1項・389条7項・399条の6第1項・407条1項）——監査役の取締役・取締役会への報告義務（会382条・389条7項）および取締役会の招集権限（会383条2項3項・389条7項），監査等委員・監査委員の取締役会への報告義務（会399条の4・406条），選定監査等委員・選定監査委員の取締役会招集権限（会399条の14・417条1項）参照。これらの会社においては，株主の差止請求権は，上記のような行為によって会社に回復することができない損害が生じるおそれがあるときにのみ認められます（会360条3項・422条1項）。

監査役・監査等委員・監査委員の差止請求は事前監査の一方法です（業務執行に対する介入ですが，善管注意義務に基づいて必要な場合には差止請求権限を行使しなければなりません）。株主の差止請求権は監督是正権の1つで，事後救済にあたる株主代表訴訟と異なり，予防的に是正する権利として認められたものです。

なお，会社業務執行に関して不正行為あるいは法令・定款違反の重大事実があると疑うに足りる事由があるときには，当該会社の業務および財産の状況を調査させるために，検査役選任を裁判所に申し立てる権利が，総株主（総会決議事項全部につき議決権を行使できない株主を除きます）の議決権の100分の3（これを下回る割合を定款で定めた場合にはその割合）以上を有する株主，あるいは，発行済株式（自己株式を除きます）の100分の3（これを下回る割合を定款で定めた場合にはその割合）以上を有する株主に，少数株主権として認められています（会358条1項）。

6 取締役・執行役の第三者に対する責任

A 会社法429条1項責任の性質・範囲

取締役・執行役の職務は会社との委任関係上生じるので，職務懈怠は会社に対する債務不履行責任を導きます。一方，会社職務遂行につき，取締役・執行役は会社以外の第三者とは直接の契約関係にありませんから，職務懈怠ゆえに第三者に債務不履行責任を負うことはありません――もっとも，職務遂行が同時に第三者への加害行為となる場合には，取締役・執行役は被害者に対して民法709条の不法行為責任を負います（なお，会社の不法行為責任につき，第3章3参照）。

ところが，会社法429条1項は，取締役・執行役がその職務を行うについて悪意または重大な過失があったときは，これによって第三者に生じた損害を賠償する責任を負う旨を規定しています（なお，同条項は会計参与，監査役，会計監査人の職務懈怠も同様に対象にしています）。これは取締役・執行役の責任強化を目的として特殊な不法行為責任を定めたもので（民法709条の不法行為責任は別個に成立する余地があります），第三者に対する直接の加害行為ではなく，会社に対する職務懈怠に第三者との関係で違法性を認める点に特色があります――第三者の

損害惹起に向いた職務懈怠でなければなりません。そして，違法行為の責任を取締役・執行役に帰せしめる根拠（有責性）として，職務懈怠についての悪意（故意）または重過失を要件としています。

　ここでは第三者との関係で違法と評価される職務懈怠がなければなりませんが，取締役・執行役の職務懈怠により会社が損害を被った結果第三者に損害が生じた場合（間接損害）も，取締役・執行役の職務懈怠行為により直接第三者が損害を被った場合（直接責任）も，ともに責任の対象となります（最判昭和44年11月26日民集23巻11号2150頁）。第三者とは会社以外の者で，株主も含みます。株主の間接損害については代表訴訟で対処できるので，会社法429条1項は適用されないと解するのが筋のようですが，間接損害と直接損害の区別は不明確なのにその判断を株主に負わせるのは妥当とはいえないでしょう。

　なお，不法行為責任というためには第三者（被害者）への直接の加害行為がなければならない，との限定的な解釈論を前提にして，429条1項責任は債務不履行責任でも不法行為責任でもない法定の特別責任であるとする所説も唱えられています。しかしながら，そもそも第三者との関係で違法性が認められない行為は当該第三者への損害賠償責任を基礎づけないはずです（原因・結果の関係〔因果関係〕を限定する相当因果関係とは別次元の問題）。法定の特別責任だと主張すれば，会社との関係で違法な行為＝職務懈怠さえあれば，相当因果関係だけで取締役の第三者への責任が肯定されてしまうのでしょうか（第三者に対する関係での違法性の擬制？）。違法行為が損害賠償責任を基礎づけるという関係に無関心な法定特別責任説は，責任を広げ過ぎる危険があるばかりか，429条1項責任の論理的構造を示しえていません。そして，契約関係にない者の間での違法行為が損害賠償責任を導く場合が不法行為だとすれば，429条1項責任は不法行為責任の性質を有します。そして，このように把握することにより，取締役の対第三者責任の論理構造を無理なく説明できます。

B　名目的取締役の責任

　適法に選任されながらも就任当初から職務遂行の予定がない取締役を名目的取締役と呼びます。職務遂行しない取締役を認めるわけにはいかないので，名目的取締役という属性は事実上の存在です（法的には正規の取締役）。遠隔地に居

住し出社もせず報酬も支給されない例，ワンマン経営者以外は肩書だけの取締役で実態は従業員である例，会社に出資し他の取締役から年に数回経営状況の説明を受けている例など，会社との現実の関係もさまざまです。名目的取締役は積極的な違法行為を行うことはありませんが，取締役である以上会社業務の執行を監視する義務を免れないので，監視義務違反による対第三者責任を負う場合があります。

　判例は監視義務違反による名目的取締役の対第三者責任を肯定しながら（最判昭和55年3月18日判例時報971号101頁），一方で，他の取締役に会社業務を一任した取締役には監視義務違反があるが，一任された取締役に悪意または重過失による職務懈怠がない場合には，監視義務違反と第三者の損害との間には相当因果関係がないと解しています（最判昭和45年7月16日民集24巻7号1061頁）。

　しかし，実際に業務を執行している取締役に第三者との関係で違法と評価される職務懈怠がなければ，監視義務違反は問題となりませんから，ここでは因果関係ではなく監視義務が問題なのです。そして，名目的取締役の監視義務違反の責任肯定には，業務執行取締役・執行役に損害を被った第三者との関係で違法と評価される職務懈怠が存すれば足り，その職務懈怠についての悪意または重過失まで必要とする理由はありません。なお，監視義務違反以外にも，名目的取締役の責任が生じる可能性を指摘する見解があります。ただし，監視義務違反を除くと，名目的取締役が何もしなかったこと（不作為）が損害を被った第三者との関係で違法と評価されるには，その不作為が損害を惹起する作為と同視しうる場合（名目的取締役が損害を回避しうる具体的な手段を有しており，容易に損害回避が可能な場合）に限られると考えます。

　なお，執行役は取締役会から選任され業務を委ねられる地位ですから，名目的執行役の問題は生じがたいと思われます。取締役会決議により定められた執行役の職務分掌や執行役相互間の関係（会416条1項1号ハ）から他の執行役や従業員に対する監視義務が認められる場合に（なお，執行役は業務執行機関でも業務執行機関構成員でもないので，執行役の地位そのものからは監視義務は導かれません），それにもかかわらず名目的執行役であるようなときに名目的取締役と同様に考えることになるでしょう。

C 表見的取締役の責任

選任決議の不存在や辞任などにより取締役の法的地位にないけれども，取締役として登記されているなど，取締役らしい外観を有する者を表見的取締役と呼びます。表見的取締役は取締役たる法的地位に立たないので，会社に対する職務懈怠はありえず，429条1項責任を負担しないはずです。

けれども，判例（最判昭和47年6月15日民集26巻5号984頁）は，会社法908条2項を介して表見的取締役の責任を認めます。すなわち，取締役の就任は登記事項であるが（会911条3項13号），取締役でない者を取締役として登記してもそれは不実の登記であり，登記された者が取締役になるわけではない。しかし，このような不実の登記をなした会社は，登記された者が取締役ではないことを知らない第三者に対しては，彼が取締役ではないことを主張できない（会908条2項）。主張できないのは登記申請権者である会社であるが，取締役として登記された者もその登記に承諾を与えたのであれば（なお，取締役就任の登記申請には就任承諾書を添付する必要があります〔商業登記法47条2項10号・54条1項〕），不実の登記の出現に加功したわけであるからこの者にも908条2項を類推適用し，自己が取締役でないことを善意の第三者に主張できないと解する。その結果，取締役ではないのにもかかわらず，表見的取締役は善意の第三者との関係で会社法429条1項の取締役としての責任を免れない，とするのが判例理論です（辞任取締役につき辞任登記未了の場合に関して，最判昭和62年4月16日金融・商事判例778号3頁も同旨）。

会社法908条2項が取締役に関して類推適用される場面は他になく，表見的取締役の対第三者責任を肯定するためにだけ908条2項類推適用という論法が用いられており，判例理論はかなり便宜的です。しかも，429条1項の責任は特殊な不法行為責任であり，外観信頼者保護を目的とするものではありません。908条2項（登記申請権者の帰責性に基礎を置く外観信頼者保護規定）を介することにより外観信頼保護のための責任に変質する点は，判例理論の根本的な問題点だといえるでしょう。もっとも，小規模会社においては，名目的取締役と表見的取締役とでその実態に実質的な相違を見出すことは困難でしょう（もちろん，適法な選任決議を経ている名目的取締役と選任決議を経ていない表見的取締役とでは，その法的地位は全く異なります）。そうだとすると，名目的取締役の対第三者責任は認め，

表見的取締役については否定するのは均衡を欠くとの判断が成り立ちえます。このような観点からは、判例に一定の評価を与えてもよさそうです。

D 会社法 429 条 2 項の責任

一定の場合の虚偽通知、虚偽記載（記録）、あるいは虚偽の登記や公告をなした取締役・執行役は、これによって損害を被った第三者に対して損害賠償責任を負います（同条項は、会計参与、監査役、監査等委員、監査委員、会計監査人の一定の行為も対象にしています）。これも不法行為責任の特則ですが、過失がなかったことを取締役・執行役が証明できない限り責任を負うことになります（証明責任の転換）。

7 補償契約、役員等賠償責任保険契約

A 補償契約

役員等（取締役、会計参与、監査役、執行役、または会計監査人〔会 423 条 1 項〕）が、その職務の執行に関し、①法令違反を疑われまたは責任追及の請求を受けたことに対処するために支出する費用（民事・刑事・行政を問わない防御費用）、②第三者に生じた損害を賠償する民事責任を負う場合において賠償により生じる損失および和解に基づく金銭支払により生じる損失、を負う場合があります。これらの費用・損失の全部あるいは一部を会社が補償することを約する契約を締結することができます。その内容の決定は、株主総会（取締役会設置会社にあっては取締役会。取締役会専決事項〔会 399 条の 13 第 5 項 12 号・416 条 4 項 14 号〕）の決議を要します（会 430 条の 2 第 1 項）。受任者による費用等の償還請求等を認める民法650 条によっても、会社が役員等に生じた費用・損失を肩代わりする補償契約を締結できる場合もあると思われますが、その内容と手続を明確に規律するために会社法 430 条の 2 が設けられたわけです。

補償契約によっても、費用のうち通常要する額を超える部分、会社が損害賠償を肩代わりすれば当該役員等が会社に対して 423 条 1 項責任を負うことになる場合に係る損失部分、役員等の職務執行に悪意または重過失があったことによって負う対第三者責任に係る損失、については補償することはできません

（会 430 条の 2 第 2 項）。

　費用の補償（上記①）は役員等の職務執行に悪意または重過失があってもできますが，役員等の当該職務執行が自己もしくは第三者の不正な利益を図りまたは会社に損害を加える目的でなされた場合には，会社は補償した金額に相当する金銭の返還を請求できます（会 430 条の 2 第 3 項）。

　取締役会設置会社においては，補償契約に基づく補償を履行した取締役・執行役および当該補償を受けた取締役・執行役は，遅滞なく当該補償についての重要事実を取締役会に報告しなければなりません（会 430 条の 2 第 4 項 5 項）。補償の履行は，重要業務執行に当たらない限り，取締役会決議は要しないので（監査等委員会設置会社や指名委員会等設置会社でも専決事項とされていません），取締役会の監督機能を働かせるための報告義務です。

　会社と取締役・執行役との補償契約に関しては，利益相反（直接取引）規制に関する規定および民法 108 条は適用されないことにされています（会 430 条の 2 第 6 項 7 項）。

　なお，公開会社においては取締役・監査役・執行役に関して，補償契約の内容の概要，補償した金額などが事業報告の記載事項とされています（会規 121 条 3 号の 2 ～ 3 号の 4。会計参与につき会規 125 条 2 ～ 4 号，会計監査人につき会規 126 条 7 号の 2 ～ 7 号の 4）。

B　役員等賠償責任保険契約

　会社補償は，役員等の職務執行に関する一定の費用・損失を会社が補償する契約でした。一方，役員等を被保険者とする損害保険，つまり役員等の職務執行に関する一定の損害を保険者が填補する保険を保険者との間で会社が締結することがあります。このような損害保険のうち，海外旅行保険など，当該保険契約を締結することによって被保険者である役員等の職務執行の適正性が著しく損なわれるおそれがないないものとして法務省令（会規 115 条の 2）で定めるものを除いた保険を役員等賠償責任保険（D&O 保険）と呼びます。

　役員等賠償責任保険で填補されるのは，役員等が職務執行に関して責任を負うことによって生じることがある損害，または当該責任の追及に係る請求を受けることによって生じることがある損害（防御費用）です。

役員等賠償責任保険契約の内容の決定には，株主総会（取締役会設置会社にあっては取締役会。取締役会専決事項〔会399条の13第5項13号・416条4項15号〕）の決議を要します（会430条の3第1項）。

　役員等賠償責任保険を含む上記の損害保険のうち，取締役・執行役を被保険者とするものの締結に関しては，利益相反（間接取引）規制に関する規定および民法108条は適用されないことにされています（会430条の3第2項3項）。

　なお，公開会社においては，役員等賠償責任保険契約に関する事項が事業報告の記載事項とされています（会規121条の2）。

第24章

監査役，監査役会，監査等委員会，会計監査人

1 監査役の権限

A 業務執行に対する監督・監査

株式会社の経営活動——業務執行は，会社の実質的所有者である株主の手を離れて（所有と経営の制度的分離），取締役（会）の権限で行います。株主は会社の実質的所有者として会社運営に対して監督是正権を有しますが，これは会社業務執行権限に基づくものではないので業務執行一般に対して監督できるわけではなく，法定の個別規定の要件を満たした場合に認められるに過ぎません。取締役（会）は数多くの履行補助者を用いて業務を執行します。履行補助者の行為につき取締役（会）は監督しますが，これはその業務執行権限行使の一態様です。業務執行に対する取締役（会）の監督，監視は業務執行そのものであり，いわゆる自己監査にあたります（そのために内部統制システムを整備します）。

監査等委員会設置会社および指名委員会等設置会社（ともに監査役は設置できません〔会327条4項〕）以外では，会社経営活動の監査機関である監査役を原則として設置しなければなりません。例外的に設置しなくてもよいのは，公開会社でも大会社でもない場合で，取締役会も会計監査人も設置しない会社（第14章4C⑬）および取締役会と会計参与を設置して会計監査人を設置しない会社（第14章4C⑫）です（会327条・328条）。本来的には会社の実質的所有者である株主に監査権限が帰属するはずですが，経営規模が大きく多数の株主からなることが予定される会社においては，監査の実効性の観点から監査権限を独立の機関に与えたわけです（機関の分化）。監査役は監査報告を作成し（会381条1項後段・389条2項），取締役会設置会社においては定時株主総会招集通知に際して監査報告が株主に提供されます（会437条。この点につき，本章5C参照）。なお，持分

会社については監査役に関する規定は存在しません。社員が原則として会社経営機関であり，また，社員数が少なく閉鎖的であるため社員が経営を把握しやすいので，必要的機関としての監査役制度を設けるまでもないからです。

監査役には取締役・会計参与の職務執行を監査する権限があるので（会381条1項。業務監査権限。この中には会計監査権限〔会389条2～5項参照〕も含まれます），会社の業務執行につき取締役（会）の監督・監視と監査役の監査が重なるように見えます。しかしながら，業務執行として行われる取締役（会）の監督・監視と独立の監査機関である監査役の監査とでは性質が異なります。前者では経営判断の当否（業務をいかに執行するか）が問われる（したがって，当然に，経営判断の妥当性にまで監督・監視が及びます）のに対して，後者では当該経営判断（決定，執行された業務）の評価が問題となるのです（したがって，次〔B〕に検討するような問題が生じます）。

なお，監査役会設置会社および会計監査人設置会社を除いて，公開会社でない株式会社（第14章4C⑧⑭で会計監査人を設置しない場合）においては，監査役の権限を会計監査権限に限る旨を定款で定めることができます（会389条1項。その旨の登記を要します〔会911条3項17号イ〕）。公開会社でない株式会社の業務執行については少数の固定化した株主の監督が実際上大きな意味を有すると思われますし，特に小規模会社では業務全般にわたる監査の費用，労力は会社にかなりな負担となる点を考慮した特例です。

B 違法性監査・妥当性監査

① 妥当性監査肯定説・否定説

監査役が監査において違法性監査（法令や定款に違反するか否かの監査）を行うのは当然です。さらに，監査役の監査権限は妥当性監査にまで及ぶか否かが争われています。

会社法381条1項前段は「監査役は，取締役（会計参与設置会社にあっては，取締役及び会計参与）の職務の執行を監査する」とし，違法性監査に限定していません。そして，監査役は，著しく不当な事実を認めるときにはその旨を取締役（会）に報告する義務（会382条），および，取締役が株主総会に提出しようとする議案その他のもの（計算書類など）を調査して著しく不当な事項があると認め

るときには株主総会にその調査結果を報告する義務（会384条）を負います。そこで，監査役の監査権限は妥当性監査にまで及ぶとする所説と，業務執行は取締役（会）の裁量で行われる——妥当性判断は取締役（会）の裁量事項であり，著しく不当な場合には取締役に善管注意義務（会330条，民644条）あるいは忠実義務（会355条）違反があると解せるので，監査役の監査権限は違法性監査の範囲に限られるとする所説とが，基本的な対立構図を形成しています。

②　権限別の考察

この問題を一律に決してしまうことはできないと思われます。

まず，監査役の調査権限（会381条2項・389条4項・397条2項。子会社に対しても調査権限を有します〔会381条3項・389条5項〕。なお，取締役・会計参与・会計監査人の監査役に対する報告義務〔会357条1項・375条1項・397条1項〕参照）は，業務執行に対する評価の前提として業務・財産状況を把握するために有するのですから，性質的に限定されるというものではありません。調査権限については違法性監査の限度か妥当性監査かは問題にならないのです（なお，監査役の調査に対して妨害行為をなした取締役，会計参与，監査役や支配人などは100万円以下の過料に処せられます〔会976条5号〕）。取締役会への出席権限・義務（会383条1項）や取締役会での質問権（意見陳述義務〔会383条1項〕の前提として認められます），株主総会における監査役選任議案提出に対する（監査役の過半数による）同意権・監査役選任に関する議題（議案）の株主総会提出請求権（会343条1項2項。監査権限自体から派生するものではなく，監査役の独立性を強化することを目的とする制度），監査役の選任・解任・辞任についての株主総会での意見陳述権（会345条1項2項4項），についても同様です。なお，会計監査権限しか持たない監査役は，上記の取締役会出席権限・取締役会での意見陳述義務を有しません（会389条7項）。

以上に対して，取締役の法令・定款違反行為等に関しては，監査役は，株主総会に調査結果を報告する義務を負う場合があり（会384条），また，取締役（会）にこれを報告しなければならず（会382条），そのために取締役会の招集を請求しあるいは自ら招集し（会383条2項3項），さらに違法行為の差止を請求（会385条1項。差止の訴えを本案とする仮処分を監査役が申し立てる場合には，裁判所は仮処分命令に際して担保を立てさせないものとされます〔会385条2項。民事保全法14条1項参照〕）できる場合がありますが，これらは違法性評価をなした上で行います。

取締役の違法行為に関してのみ認められるのは，業務執行は取締役（会）の専権事項だからです。取締役会での（必要あると認めるときの）意見陳述義務も業務執行の法令・定款違反（著しく不当な場合を含みます）を指摘する限りにおいて認められると考えます（会382条参照）——取締役の責任において取締役会は決議をなすのであり，監査役の意見陳述義務の要件である必要性をあまり広く認める必要はありません（義務の範囲の問題です。取締役会における監査役の積極的な意見陳述は，質問権の行使や調査活動としての側面を有します〔CGコード原則4-4は，経営陣に対して適切に意見を述べるべきである，としています〕）。なお，会計監査権限しか持たない監査役は，上記の株主総会への報告・取締役（会）への報告・取締役会招集請求・違法行為差止の各権限を有しません（会389条7項）。

　また，監査役は監査結果についての監査報告作成義務・作成権限を有します（会381条1項後段・389条2項）。監査報告の記載（記録）事項（会規129条・130条，計規122条・123条・127条・128条参照）には，計算関係書類（第25章4A参照）の会計基準（第25章1参照）に準拠した適正表示性についての意見のほか，法令・定款適合性に関するものや相当性に関するもの等があります。

　なお，業務監査権限を有する監査役は，会社・取締役間訴訟における会社代表権限（会386条1項），取締役の対会社責任の一部免除議案の株主総会提出などの場合の同意権（会425条3項1号・426条2項・427条3項），株主代表訴訟に係る補助参加同意権（会849条3項）・和解同意権（会849条の2）を有し，会社の組織に関する訴え（会828条2項）などをなすことが認められています。これらは，監査役の業務監査権限に着目した制度ですが，業務監査そのものではありません。それぞれの性質に応じてどの程度の裁量が認められるか問題となります。

C　内部統制システムと監査役監査

　内部統制システム（第20章3C）は業務執行の問題ですが，監査役にはこのような体制を利用しつつ効率的に監査することが求められます（監査役の善管注意義務）。

　そして，取締役（会）は，監査役主導の下に，監査役の職務執行のために必要な体制の整備に留意しなければなりません（会規105条2項後段・107条2項後段）。したがって，内部統制システムの内容に含まれる「監査役の監査が実効

的に行われることを確保するための体制」（会規98条4項・100条3項）も，監査役主導の下に整備されることになります。

　なお，監査役，後述（本章7）の会計監査人，および内部統制システム整備を担う前述（第20章3C）の内部監査部門は，それぞれの職務を効率的に遂行するために情報交換などで連携することになるでしょう（三様監査）。その過程で内部統制システムが利用され，また内部統制システムの不備が是正されることにもなります。さらに，社外取締役との意見交換・連絡も，不正の防止など業務監査の観点から重要でしょう（CGコード補充原則4－4①参照）。

2　監査役の兼任禁止

　監査役は，当該会社・子会社の取締役・会計参与・支配人その他の使用人あるいは子会社の執行役を兼任できません（会335条2項・333条3項1号）。監査を行う者が監査の対象となる業務執行に携わる者を兼ねるのは，独立の機関として監査役を設置する趣旨に合致するとはいえないからです（なお，指名委員会等設置会社においては監査役は設置できませんから，同一会社において監査役と執行役が並存することはありえません）。

　顧問弁護士が監査役を兼任できるか，弁護士である監査役が特定の訴訟事件において会社の訴訟代理人となることができるか，という問題があります（当該弁護士は，使用人など監査役と兼任することができない地位には就いていないことが前提となります。つまり，使用人でもある〔顧問〕弁護士〔企業内弁護士〕が，使用人を辞さないまま，監査役に就任できないのは当然です。さらに，当該「顧問」弁護士が，取締役会の指揮・命令に法律上従属〔事実上の従属ではありません〕する地位にある場合には，使用人に準じる兼任禁止対象となります）。法律専門家としての責任のもと，弁護士は業務執行機関からは独立して受任事務を処理するので（経営における指揮・命令に従って行われるものではなく，弁護士としての事務処理は会社業務執行そのものではありません），これらの場合は会社法335条2項の趣旨に反せず，問題を肯定的に解してよいと思われます（後者につき，最判昭和61年2月18日民集40巻1号32頁。なお，前者〔顧問弁護士〕につき，最判平成元年9月19日金融・商事判例850号12頁参照）。

　事業年度の途中で取締役を終任した者が続けて監査役に就任できるかどうか

も問題になります（いわゆる横滑り監査役）。監査役にも取締役と同様の欠格事由が定められています（会335条1項・331条1項）。しかし，直前まで取締役であったことは欠格事由ではありません。一方，監査役の初就任時期は事業年度の途中であるのが通常でしょう（後述のように監査役の任期は定時株主総会終結のときまでであり，前年度会計を確定するために新年度の途中〔前年度終了後3か月以内の日：会124条2項参照〕で定時株主総会が開催されるからです〔第15章2A参照〕）。そして，監査は当該年度の全般にわたって行われなければなりません——事業年度の途中で就任した監査役もその未就任期間を含めて当該年度の全般にわたる監査を行います。つまり横滑り監査役にとっては，初就任年度の途中（監査役就任時）までは業務執行に携わっていたので，その期間は自己監査になります。取締役（会）の行う自己監査のほかに監査役監査を求める会社法の趣旨からすれば，横滑り監査役は決して好ましくはないのですが，実際に兼任状態が生じているわけではなく，335条2項に反するとまではいえないでしょう。

3　監査役の選任・員数・任期等

監査役は会社の実質的所有者である株主からなる株主総会が選任します（会329条1項）。株主総会における監査役選任議案提出に関しては，監査役の過半数による同意が必要です（会343条1項。なお，会383条1項参照）。さらに監査役は，監査役選任に関する議題・議案の株主総会提出を取締役に請求できます（会343条2項）。また，監査役は，監査役の選任あるいは解任・辞任について株主総会で意見を述べることができ（会345条1項4項），監査役を辞任した者は，辞任後最初に招集される株主総会に出席して辞任した旨・その理由を述べることができます（会345条2項4項。取締役はこの株主総会の招集・日時・場所を辞任監査役に通知することを要します〔同条3項4項〕）。例えば，実質上人事を掌握している取締役の意向で辞任せざるをえなかった事情を株主総会で明らかにすることができるわけです。なお，株主総会はいつでも監査役を解任することができますが（会339条1項），特別決議を要します（会309条2項7号・343条4項）——前述（第19章4）のように，取締役の解任は原則として通常決議で足ります。

員数は1人以上です（後述の監査役会設置会社を除きます）。任期は，選任後4年

内に終了する最終の事業年度に関する定時株主総会の終結のときまで（定時株主総会で監査報告を行います），おおよそ4年間です（会336条1項。補欠として選任された場合を除き，短縮できません）。任期が約2年以内の取締役と比べて，地位の安定化が図られています。さらに，公開会社でない株式会社においては，定款によって，監査役の任期を選任後10年以内に終了する最終の事業年度に関する定時株主総会の終了のときまで伸長することができます（会336条2項。なお，取締役の任期に関する会社法332条2項参照）。

　報酬その他の職務執行の対価として監査役が会社から受ける財産上の利益（報酬等）は，定款または株主総会決議で定めます（会387条1項。取締役会などに一任することはできません）。監査役が複数選任されている場合には各別にその報酬等を定めるべきですが，一括して総額を定めることも許容されており，その場合の各別の報酬等は監査役の協議で決します（会387条2項。各別の報酬等決定を取締役会などに一任することはできません）。監査役の報酬等議案は，通常の場合，取締役（会）が提案しますから（会298条1項4号），監査役はその報酬等について株主総会で意見の陳述ができることとされています（会387条3項。監査役の独立性を確保する趣旨）。なお，監査役は監査費用（監査職務遂行につき必要な費用）を事前あるいは事後に会社に請求でき，その費用が監査役の職務執行に必要でないことを証明しなければ，会社は監査費用に関する監査役の請求を拒めません（会388条）。

　その他，会社との委任関係（会330条。したがって，監査役はその職務執行につき会社に対して善管注意義務を負います〔民644条〕。これは当該会社の監査役として一般的に要求される注意義務であり，例えば公認会計士である監査役は一般よりも高い水準の善管注意義務を負うわけではありません〔最判令和3年7月19日金融・商事判例1629号8頁の草野耕一裁判官補足意見参照〕），資格（会335条1項・331条1項2項・331条の2），欠員を生じた場合の措置（会346条），任務懈怠による会社に対する損害賠償責任（会423条1項。なお，業務執行取締役等〔会2条15号イ〕でない取締役並の責任免除が認められています〔会424～427条〕），第三者に対する損害賠償責任（会429条），補償契約（会430条の2第1～3項），役員等賠償責任保険契約（会430条の3第1項），株主代表訴訟（会847条）や多重代表訴訟（会847条の3）など会社と監査役の関係等については基本的に取締役と同様です。ただし，監査役の職務は業務執行で

はないので，会社法355条や356条のような規定は監査役については存在しません。

4 補欠監査役

会社法あるいは定款で定められた監査役の員数を欠くこととなるときに備えて，監査役選任と同様の手続によって，補欠監査役を選任することもできます（会329条3項，会規96条1項2項）。補欠監査役は，実際に監査役の員数が欠けたときに，正式に監査役に就任します。臨時株主総会を開催するなどの手間と費用を省略できるわけです。補欠監査役選任決議は，定款に別段の定めがある場合を除き，決議後最初に到来する定時株主総会のときまで効力を有します（会規96条3項）。

なお，補欠として選任された監査役（事前に選任される上述の補欠監査役のほかに，監査役退任後にその補欠として新たに選任された監査役も含みます）については，その任期を退任監査役の任期満了時までとする定款の定めを置くことができます（会336条3項）。

5 監査役会

A 監査役会設置会社
監査等委員会設置会社および指名委員会等設置会社を除いて，公開会社である大会社は監査役会を設置しなければなりません（会328条1項）。監査等委員会設置会社および指名委員会等設置会社（会327条4項参照）を除いて，監査役会は定款で任意に設置できます（会326条2項）。なお，監査役会を設置すると取締役会設置が強制されます（会327条1項2号）。

B 監査役の員数，社外監査役，常勤監査役等
監査役会設置会社においては，監査役の員数は3人以上で，そのうち半数以上は社外監査役であることを要します（会335条3項）。

社外監査役とは，次の各要件をすべて満たす監査役です（会2条16号）。①当

該会社あるいはその子会社において，その就任前10年間，取締役・会計参与・執行役・支配人その他の使用人であったことがないこと。②当該会社あるいはその子会社において，その就任前10年内のいずれかの時に監査役であったことがある場合には，当該監査役への就任前10年間，当該会社あるいはその子会社の取締役・会計参与・執行役・支配人その他の使用人であったことがないこと（社外監査役の要件としては役員間の横滑りを認めない趣旨）。③自然人である支配株主，親会社の取締役・監査役・執行役・支配人その他の使用人でないこと。④兄弟会社の業務執行取締役等でないこと。⑤自然人である支配株主・当該会社の取締役・支配人その他の重要な使用人の配偶者あるいは2親等内の親族でないこと。なお，「社外監査役として」選任されることは，社外監査役であることの要件ではありません（会規2条3項5号ロ(2)(3)〔会社によって社外監査役として取り扱われる場合〕8号ロ〔会社によって当該監査役候補者が社外監査役として取り扱われる場合〕参照）。

　社外監査役には，当該会社の業務執行から実質的に距離を置いた観点からの監査，つまり，会社内の人間関係に縛られず遠慮なく監査することが期待されています（社外性の意義につき，第19章3参照）。社外監査役が行う監査のために内部統制システムの整備も求められるでしょう（本章1C参照）。

　監査役会は，監査役の中から常勤監査役を選定する必要があります（会390条2項2号）。常勤と非常勤とで監査役の権限や責任に差異があるわけではありません，常勤監査役は特に職務専念義務を負うことになります（毎日出社しなければならないということではありません）。したがって，常勤監査役は他社の常勤監査役を兼任することはできないと解されます。

　なお，監査役会は，監査役選任議案の株主総会提出について同意権を有するとともに，監査役選任に関する議題・議案の株主総会提出を取締役会に請求できます（会343条1～3項）。監査役会設置会社においては，株主総会への議題・議案提出は取締役会の権限ですが（会298条1項2号4項），監査役選任議題・議案については監査役会の意向が確実に反映されるようにした制度です（監査役の地位の独立性強化）──監査役会設置会社以外の監査役が設置されている会社の監査役についても同様でしたね（本章3）。

C 監査役会の権限

監査役会設置会社ではすべての監査役により監査役会が組織されます（会390条1項）。監査役会は各監査役により招集され（会391条），その決議は監査役の過半数をもって行い（会393条1項），議事録が作成されます（会393条2項3項，会規109条）。

監査役会は，監査方針・会社業務および財産の状況調査の方法その他の監査役の職務執行に関する事項を定めることができます（会390条2項3号）。ただし，これは監査役の監査機関としての権限行使を妨げない範囲で認められます（会390条2項但書。例えば，役割分担が定められていても各監査役の調査権限は制限を受けません）。監査役会が設置されていても，各監査役は独立の監査機関として業務全般にわたる監査権限を有しその責任において監査を行うからです。

もっとも，監査役会の設置により組織的，効率的な監査の実現が期待されますから（調査の重複を避けるための役割分担，調査情報の交換・共有），その結果としての監査報告の作成は監査役会が行うこととされています（会390条2項1号）——本来，監査は多数決になじむかどうか疑問があり（業務執行には意思統一が必要なのに対して，監査は業務執行についての評価であり監査役ごとに異なりえますし，複数の評価の存在は株主の判断にとっても有益です），監査役会の監査報告は各監査役の監査報告の総和（監査役会の監査報告は，各監査役が作成する〔監査役〕監査報告〔計規122条・127条〕に基づいて作成することを要します〔計規123条1項・128条1項〕。定時株主総会の招集通知に際して株主に提供されなければならないのは監査役会の監査報告です）と考えるべきでしょう（各監査役は，各監査役が作成した〔監査役〕監査報告と監査役会の監査報告の内容が異なる場合には，その異なる内容を監査役会の監査報告に付記しなければならないと解されます〔計規123条2項後段・128条2項後段〕）。

このように監査役会は，監査職務に関する事項を定めることができ，監査報告を作成しますから，各監査役の監査役会に対する報告義務（会390条4項）や取締役・会計参与・会計監査人の監査役会に対する報告義務（会357条1項2項・375条1項2項・397条1項3項）が定められています。

6　監査等委員会

A　監査等委員会設置会社の意義

監査等委員会を置く株式会社を監査等委員会設置会社と呼びます（会2条11号の2）。監査等委員会は，社外取締役が過半数を占める3人以上の取締役（監査等委員〔会38条2項〕）により組織される業務監査機関です（会399条の2第3項1号。第14章3参照）。したがって，監査等委員会設置会社は，監査役を置くことはできず（会327条4項），監査委員会を置く指名委員会等設置会社とも異なるガバナンス（会327条6項参照）を採用する株式会社です。

監査等委員会設置会社は，取締役会と会計監査人を置かなければなりません（会327条1項3号5項）。会社代表機関は代表取締役（監査等委員を代表取締役に選定することはできません）です（会399条の13第3項）。つまり，指名委員会等設置会社以外の取締役会設置会社と同様に，監査等委員会設置会社の業務執行機関は取締役会で（会399条の13第1項1号），取締役（監査等委員は除かれます。後述B参照）は業務を担当し執行することができます。

以上のような機関構成を前提にすると，業務監査機関である監査等委員会の独立性が確保される必要があります。そこで，監査等委員は取締役ではありますが，監査等委員ではない取締役とは区別して株主総会で選任することにする（第19章2参照。監査等委員会は取締役会の外部機関です）など，監査等委員は監査役と同様に規整されています（ただし，取締役として業務執行機関である取締役会の構成員でもあるので，後述のように，その選任に累積投票制度の適用が認められ，任期も約4年ではなく約2年であるなど，監査役とまったく同様に扱われるわけではありません）。

監査等委員会設置会社も取締役会設置会社として，原則として重要業務執行は取締役会の専決事項です（会399条の13第4項，会規110条の5）。ただし，取締役の過半数が社外取締役である場合，あるいは取締役会決議によって重要業務執行を取締役に委任できる旨が定款に定められている場合には，一定の法定事項を除いて，監査等委員会設置会社の取締役会は個別の取締役に重要業務執行（さらには，募集株式の発行等をも）を委任することができます（会399条の13第5項6項）。機動的・迅速な業務執行が可能となりますが，監督・監査機能の強化と

制度上の均衡が図られる必要があります（指名委員会等設置会社に強制される指名委員会・報酬委員会の設置は法定されていないので，後述のように，監査等委員会の権限が指名委員会等設置会社の監査委員会よりも強化されています〔監査等委員以外の取締役の選任・報酬などに対する株主総会での意見表明権——意見表明の有無・内容につき善管注意義務を負うことになります〕）。

　監査役と同様に取り扱われる面（選任などに関する独立性）があるとしても，監査等委員は取締役会で議決権を行使する取締役です（業務は担当できません）。一方で，監査等委員は重要業務執行の決定に加わりながらその監査を担当します。他方で，業務を担当する取締役に重要業務執行まで委ねる場合に，指名委員会等設置会社と比べると監督・監査機構が弱いと評されるでしょう（指名委員会等設置会社では執行役が業務を担当し取締役会が監督しますが，監査等委員会設置会社では取締役が業務を担当するので監督・監査機構を一層強化する必要があるはずでしょう）。社外取締役の役割に期待されそうです。もっとも，監査等委員会設置会社以外の会社の社外取締役よりも職務の負担が増えるとしても，善管注意義務の程度が高くなるわけではないでしょう。監査等委員会設置会社のガバナンスは，業務担当者の選任・解任（選定・解職）を介した業務監督を重視するガバナンス（社外取締役に求められるのは個別の業務決定ではなく，経営者の適任性判断です〔第19章3参照〕）への移行期間を埋めるものといえるように思われます。

B　監査等委員の選任・任期等

　監査等委員である取締役は，それ以外の取締役とは区別して株主総会で選任されます（会329条1項2項）。累積投票の場合にも，監査等委員とそれ以外の取締とを区別することを要します（会342条1項）。監査等委員は，当該会社・子会社の業務執行取締役・会計参与・支配人その他の使用人あるいは子会社の執行役を兼ねることはできません（会331条3項・333条3項1号）。株主総会における監査等委員選任議案提出に関する監査等委員会の同意等（会344条の2第1項2項），選任・解任・辞任についての監査等委員の意見申述権等（会342条の2）は，監査役と同様の規整です。

　監査等委員会設置会社における監査等委員を除く取締役の任期は，選任後1年以内に終了する最終の事業年度に関する定時株主総会の終了のときまでで，

この期間を短縮することもできます（会332条1項3項）。監査等委員である取締役の任期は，選任後2年以内に終了する最終の事業年度に関する定時株主総会の終了のときまでで，この期間を短縮することはできません（会332条1項4項）。

　株主総会で監査等委員を解任する場合には特別決議を要します（会309条2項7号・344条の2第3項）。監査等委員の報酬等の定めおよび報酬等についての意見申述については会社法361条2項3項5項参照。

C　監査等委員会

　監査等委員会は各監査等委員が招集する（会399条の8）など，監査等委員会の招集手続・決議方法・議事録については，指名委員会等設置会社の各委員会と同様な規整がなされています（会399条の9〜399条の12，会規110条の3）。

　監査等委員会は，取締役・会計参与の職務執行を監査し，監査報告を作成するほか，株主総会に提出する会計監査人の選任・解任・不再任に関する議案の内容を決定し，さらに，監査等委員以外の取締役の選任・解任・辞任・報酬等について株主総会で表明する意見を決定する権限を有します（会399条の2第3項）。

　監査等委員会が選定する監査等委員は，取締役・会計参与・支配人その他の使用人に職務執行に関する事項の報告を求め，あるいは会社業務および財産の状況を調査できます（会399条の3第1項）。監査等委員会が選定する監査等委員は，監査等委員会の職務執行のために必要があるときには，子会社に対して業務報告を求め，あるいは子会社の業務・財産状況を調査することができます（会399条の3第2項。正当理由があれば子会社は報告・調査を拒めます〔会399条の3第3項〕）。報告徴収や調査を行うにあたって，これらに関する事項につき監査等委員会決議があれば，上記の選定監査等委員はそれに従う義務があります（会399条の3第4項）。会計監査人に対する報告請求権については，会社法397条2項4項。

　監査等委員は，取締役の不正行為・不正行為のおそれ，法令・定款違反事実あるいは著しく不当な事実を認めたときには，遅滞なく取締役会に報告しなければならず（会399条の4），さらに，取締役の法令・定款違反行為により会社

に著しい損害が生じるおそれがあるときにはその行為の差止を請求できます（会399条の6第1項）。また，監査等委員は，取締役が株主総会に提出しようとする議案・書類等（会規110条の2）について法令・定款違反あるいは著しく不当な事項があると認めるときは，その旨を株主総会に報告しなければなりません（会399条の5）。なお，会計参与・会計監査人は，その職務を行うに際して，取締役の職務執行に関して不正の行為あるいは法令・定款違反の重大な事実を発見したときは，監査等委員会に報告する義務を負います（会375条1項3項・397条1項4項）。

取締役と会社との間の訴訟に関しては，原則として監査等委員会が選定した監査等委員が会社を代表します（会399条の7）。

なお，内部統制システム（会399条の13第1項1号ロハ，会規110条の4）につき，本章1C参照。

7　会計監査人

A　会計監査人の資格

監査等委員会設置会社，指名委員会等設置会社および大会社においては，会計監査人を設置しなければなりません（会327条5項・328条）。その他の会社においては，会計監査人は定款で任意に設置できます（会326条2項）。なお，監査等委員会設置会社および指名委員会等設置会社を除いて，会計監査人を設置すると監査役設置が強制されます（会327条3項）。

会計監査人は公認会計士または監査法人（会計監査人に選任された監査法人は，監査職務を行う社員を選定して会社に通知する義務を負います〔会337条2項〕）でなければなりません（会337条1項。欠格事由が定められています〔会337条2項後段3項〕）。特に，大規模な会社では経理内容が複雑でしかも粉飾決算が行われた場合の影響が多方面に及ぶので，また，監査等委員会設置会社・指名委員会等設置会社では会計監査体制を強化する趣旨で，独立した専門家による会計監査が求められているわけです（会計監査人には調査等の権限が与えられています〔会396条2項3項6項〕）。

なお，資本金が100億円以上あるいは負債総額が1000億円以上の株式会社

（会計監査人設置会社に係る大会社等〔公認会計士法24条の2第1号，同法施行令8条〕）においては，特定の公認会計士・監査法人の特定の社員による継続的監査が制限されています。会計監査を行う公認会計士と会社との癒着を防止する趣旨です。具体的には，7会計期間（事業年度）連続して当該会社の監査関連業務を行った場合には，2会計期間は当該会社の監査関連業務を行えません（公認会計士法24条の3第1項・34条の11の3，同法施行令11条・12条・16条・17条）。大規模監査法人（監査対象上場会社総数が100以上の監査法人〔公認会計士法34条の11の4第2項，同法施行規則24条〕）に関しては，筆頭業務執行社員等は，5会計期間連続して特定の上場会社の監査関連業務を行った場合は，同様の趣旨で，5会計期間は当該会社の監査関連業務を行えません（公認会計士法34条の11の4第1項，同法施行令18〜20条，同法施行規則23条）。

B　会計監査人の権限

　会計監査人は，計算書類およびその附属明細書，臨時計算書類，連結計算書類を監査し，会計監査報告を作成します（会396条1項）。会計監査人の会計監査は，監査機関である監査役の会計監査とは別個になされるいわゆる外部監査です（会計監査人は，会計専門職として会計監査の事務を当該会社との契約によって委ねられているわけです）。

　会計監査人は，職務執行にあたって，会計監査人の欠格事由にあたる者，当該会社・子会社の取締役・会計参与・監査役・執行役・支配人その他の使用人，当該会社あるいはその子会社から公認会計士・監査法人の業務以外の業務により継続的な報酬を受けている者，を使用することはできません（会396条5項）。

C　会計監査人の選任・解任

　上述のように，外部監査という観点からは，取締役（会）が業務執行の一環として会計監査人を選任することになりそうです。しかしながら，計算書類を作成する取締役（会）が，その監査を行う会計監査人を選任する制度は不適切です。そこで，会計監査人選任権限は株主総会に属します（会329条1項。なお，会計監査人の氏名〔名称〕は商業登記事項です〔会911条3項19号〕）。

　株主総会に提出する会計監査人の選任・解任・不再任議案の内容は，業務監

査権限を有する監査役（監査役が複数ある場合には，その過半数をもって），監査役会設置会社では監査役会，監査等委員会設置会社では監査等委員会，指名委員会等設置会社では監査委員会が決定します（会344条・399条の2第3項2号・404条2項2号）。上記議案の内容を取締役（会）が決定するのは不適切だからです。

　会計監査人は，会計監査人の選任・解任・不再任・辞任について株主総会に出席して意見を述べることができ（会345条1項5項），辞任・解任後は，辞任・（株主総会決議に基づかない）解任後最初に招集される株主総会に出席して辞任した旨・その理由あるいは解任についての意見を述べることができます（会345条2項5項。取締役はこの株主総会の招集・日時・場所を辞任・解任会計監査人に通知することを要します〔同条3項5項〕。なお，会規126条9号）。

　株主総会はいつでも会計監査人を解任できます（会339条）。そのほか，職務上の義務違反など一定の事由がある場合には，監査役全員，監査等委員全員あるいは監査委員全員の同意によって，当該会計監査人を解任できます（会340条）。これは，任期1年の会計監査人の解任に臨時株主総会開催が必要だとすると緊急時には対応が困難なので認められた制度です。

　この点，会社法340条1項各号の事由が実際には存在しないのに，監査役・監査等委員・監査委員がなした会計監査人の解任の効力が問題となります（経営陣と会計監査人との意見の相違が埋まらないときに，監査役・監査等委員・監査委員が経営陣の側に立って会計監査人を解任するような事例が見受けられます）。この解任が無効だとすると，解任されていない当該会計監査人が会計監査報告を作成しなければならないことになりますが，混乱を増すだけのように思われます（後述〔本章7D〕の仮会計監査人が選任されるでしょう）。また，同条項の事由の解釈には大きな幅が生じうるので，上述のような場合でも解任は効力を有すると解すべきでしょう。

D　会計監査人の任期等

　任期は選任後1年以内に終了する最終の事業年度に関する定時株主総会の終結のときまでですが，任期が満了する定時株主総会において別段の決議がなされなければ当該総会において再任されたものとみなされます（会338条1項2項）。これは，1年決算に合わせて任期を1年にするとともに，会計監査人の地

位の独立性を考慮した制度です。

　会計監査人に欠員が生じた場合において遅滞なく会計監査人が選任されないときには、監査役（会）、監査等委員会あるいは監査委員会は仮会計監査人（一時会計監査人）を選任しなければなりません（会346条4～8項）。会計監査人の報酬は取締役（会）が定めますが、監査役（複数ある場合にはその過半数）・監査役会・監査等委員会・監査委員会の同意が必要です（会399条）。会計監査人と会社との関係は委任関係であり（会330条）、職務を懈怠した会計監査人は会社に対して損害賠償責任を負い（会423条1項）、対第三者責任も規定されています（会429条）。責任免除関係は監査役と同様です（会424～427条）。補償契約（会430条の2第1～3項）および役員等賠償責任保険契約（会430条の3第1項）につき規制を受けます。株主代表訴訟・多重代表訴訟の対象となります（会847条・847条の3）。

　なお、会計監査人が設置されている場合には、当該会計監査人に関する事項を事業報告の内容とすることを要します（会規126条）。

第25章

株式会社の計算

1　会　社　会　計

　会社資産の内容や価値は絶えず変動するので，効率的な経営には資産の増減を記録しその状況を把握する必要があります。そこで，会社法には会社会計に関する規定が置かれています。もっとも，会社経営のためだけならば会社の自主性に委ねれば足ります。会社法が会社会計を規整するのは，一定の場合に利害関係人へ会計情報を開示させることによって紛争の解決に役立たせようとするからです。そのような趣旨から，会社法は，会社の会計は「一般に公正妥当と認められる企業会計の慣行に従うものとする」（会431条・614条。包括規定）とした上で，会社に対して，会計帳簿と計算書類の作成を義務づけています。

　公正妥当な企業会計慣行としては，金融庁企業会計審議会所管の「企業会計原則」や公益財団法人財務会計基準機構の企業会計基準委員会（ASBJ）が公表する会計基準等が参考になります（財務諸表等規則1条2項3項，連結財務諸表規則1条2項3項参照）。そのほか，国際会計基準審議会（IASB）が公表するIFRS（International Financial Reporting Standards）も金融庁長官の指定を受けた指定国際会計基準として，連結計算書類の作成において準拠することができ（計規120条1項），中小企業に関しては日本税理士連合会ほか「中小企業の会計に関する指針」や中小企業の会計に関する検討会「中小企業の会計に関する基本要領」が参考になります。なお，新しい状況に対応すべくこれらの会計基準設定機関（利害関係者から独立した高度な専門機関であり，それゆえに権威が認められる民間の組織）が公表する会計基準も上記の慣行に含まれます（計規3条「一般に公正妥当と認められる企業会計の基準その他の企業会計の慣行」参照）。

　会計帳簿とは，一定の時期における事業上の財産およびその価額ならびに取

239

引その他事業上の財産に影響を及ぼすべき事項を記載（記録）する帳簿であり，一般的には，日記帳（仕訳帳）・総勘定元帳等やこれらの補助簿である現金出納帳・商品仕入帳・貸付金台帳・売掛金元帳等として作成されます。会社は，適時に，正確な会計帳簿を作成し（書面あるいは電磁的記録をもって作成することを要します〔計規4条2項〕），10年間は保存しなければなりません（会432条・615条）——裁判所は，訴訟当事者に対して会計帳簿の提出を命じることができます（会434条・616条）。さらに，株式会社の場合には，少数株主権（原則として総議決権または発行済株式総数の3%以上を有する株主に認められます）として，また，権利行使上必要だとして裁判所の許可を得た親会社社員に，会計帳簿の閲覧・謄写請求権が認められます（会433条）。

　持分会社は，各事業年度に係る計算書類（合名会社・合資会社は貸借対照表，および当該会社が会社計算規則に従って作成すると定めた場合〔以下の3種類のうち1部でもかまいません〕には損益計算書・社員資本等変動計算書・個別注記表，合同会社は貸借対照表・損益計算書・社員資本等変動計算書・個別注記表〔会規159条2号，計規71条1項〕）を作成・（10年間）保存する義務を負います（会617条）。社員は原則として計算書類の閲覧・謄写を請求でき（会618条），計算書類は裁判所の提出命令の対象となります（会619条）。合同会社の債権者には，作成日から5年以内の計算書類について閲覧・謄写請求権が認められています（会625条）。

　なお，企業会計は，会社会計として会社法による規制を受けるだけでなく，金商法および税法によっても規制されています。上場企業等を対象として投資家に正確な情報を提供する趣旨で財務諸表等に関する規制を行う，金商法に基づく会計規制は，会社法の計算規制のような剰余金・分配可能額算定の目的を持ちません（なお，財務諸表とは，貸借対照表，損益計算書，株主資本等変動計算書およびキャッシュ・フロー計算書の総称です）。租税収入確保のために，会社法に基づいて作成される計算書類に修正を加えて会社の課税所得を算出する（確定決算主義）のが税務会計です。このように，会社法による会計，金商法による会計および税務会計が並存しています。それぞれの目的が異なりますから三者の規制内容には当然差違があります。もっとも，会計の効率性の観点から，三者間の差違を調整する努力も立法等により続けられてきています。

2 計 算 書 類

A 計算書類の意義

株主有限責任原則のもと，出資返還禁止（その中心は剰余金配当規制）の基準を明確にしなければならず，また，会社財産しかあてにできない会社債権者に対する情報開示の必要性は高いといえます。株主への情報開示も，株主地位には業務執行権限が付随しないので（所有と経営の制度的分離），重要です。そこで，株式会社の計算に関して詳細な規定が設けられています。

株式会社は，各事業年度に係る計算書類（貸借対照表，損益計算書，株主資本等変動計算書，個別注記表），事業報告，およびこれらの附属明細書を作成する必要があります（会435条2項3項，計規59条1項）。これらは，臨時計算書類および連結計算書類とともに監査の対象となります（本章4A参照）。また，各事業年度に係る計算書類およびその附属明細書は，当該事業年度に係る会計帳簿に基づき作成することを要します（計規59条3項。誘導法，損益法）。

計算書類とその附属明細書，臨時計算書類および連結計算書類（以上を計算関係書類と呼びます〔計規2条3項3号〕）は，原則として日本語表示とし，また，これらに係る事項の金額は，1円単位，千円単位あるいは百万円単位をもって表示します（計規57条1項2項）。

B 計算書類等の種類

① 貸借対照表（B/S=balance sheet）

一定の時期（決算貸借対照表の場合は決算日）における会社の財産および損益の状態を明らかにするために，借方（資産の部）に資金の運用形態と保有資産の評価額を，貸方（負債の部および純資産の部）に資金の調達源泉とその額を対照的に表示した概括表です（計規73条1項）。後述（本章6）のように，剰余金および分配可能額は貸借対照表を基礎にして算定されます。

資産の部は，流動資産（本来の事業過程にある資産），固定資産（有形固定資産，無形固定資産および投資その他の資産，以上の各項目に区分されます）および繰延資産（創立費，開業費や開発費のように，当該事業年度に全額費用計上せずに一時的に資産とし

て処理し，漸次償却することが認められるもの。計規74条3項5号）の各項目に区分されます（計規74条1項2項）。

　株主への分配可能額算定に必要な資産の評価基準は，会社計算規則に詳細に規定されています（計規第2編第2章）。原則として，資産の評価は次のように行います。資産は取得価額で評価します（計規5条1項。原価法）。ただし，償却すべき資産は毎決算期に相当の償却をしなければなりません（計規5条2項。減価償却）。時価が取得原価よりも低いときには，時価（あるいは適正な価格）評価もなすことができますが（低価法），時価の方が著しく低いときには，その価格が取得原価まで回復すると認められる場合を除き，時価評価しなければなりません（計規5条3項1号）。予測することができない減損（例えば，火災による建物の損壊）が生じたときは，相当の減額を要します（計規5条3項2号）。固定資産あるいはそのグループにつき収益性低下により投資額の回収を見込めなくなった場合には，認識される減損損失の金額を各資産に合理的に配分し，各資産の帳簿価額を減額することになります（減損会計）。金銭債権はその債権金額（元本金額）で評価します。ただし，取立不能のおそれがあるときにはその見込額を控除しなければなりません（計規5条4項。貸倒引当金〔控除項目〕。なお，取立不能見込額を控除した残額のみを記載し，取立不能見込額を注記する方法によることもできます）。また，債権金額よりも高い代金で買い入れたときは相当の増額ができ，債権金額よりも低い金額で買い入れたときその他相当の理由があるときには相当の減額ができます（計規5条5項）。以上に対して，市場価格のある資産については，時価（あるいは適正価格）評価できます（計規5条6項2号。ただし，子会社・関連会社株式および満期保有目的債券を除きます〔設備投資と同様に考えて取得価額で評価します〕）。吸収型再編，新設型再編，あるいは事業の譲受をする場合においては，適正な額ののれん（取得原価と取得した事業の差額）を資産または負債として計上することができます（計規11条）。

　負債の部は，流動負債および固定負債に区分します（計規75条1項）。純資産の部は，株主資本（資本金，新株式申込証拠金，資本剰余金〔資本準備金およびその他資本剰余金に区分します〕，利益剰余金〔利益準備金およびその他利益剰余金に区分します〕，自己株式〔控除項目です〕，および自己株式申込証拠金，以上の各項目に区分します），評価・換算差額等（その他有価証券評価差額金，繰延ヘッジ損益，土地再評価差額金，以上

の項目その他適当な名称を付した項目に細分します），株式引受権（計規2条3項34号。本章5A参照），および新株予約権（自己新株予約権に係る項目を控除項目として区分することができます）の各項目に区分します（計規76条1項2項4～8項）。

② 損益計算書（P/L=profit and loss statement）

当該事業年度における事業の損益状況を示す帳簿で，損益がどのような源泉から生じたかを明らかにします。

まず，売上高から売上原価を減じて得た売上総利益（損失）金額を表示します（計規88条1項・89条）。そして，売上総損益金額から販売費と一般管理費の合計額を減じて得た営業利益（損失）金額を表示します（計規88条1項・90条）——経営の効率性が示されます。

次に，営業損益金額に営業外収益（受取利息・受取割引料，有価証券売却益など営業活動以外の原因から生じる収益で経常的に発生するもの。特別利益を除きます）を加算するとともに営業外費用（支払利息，有価証券売却損など）を減じて得た経常利益（損失）金額を表示します（計規88条1項・91条）。経常的な収益力が示されるので，企業の業績を表す代表的な数値です。

さらに，経常損益金額に特別利益（固定資産売却利益などの異常な利益）を加算するとともに特別損失（前期利益修正損失などの異常な損失）を減じて得た税引前当期純利益（純損失）金額を表示します（計規88条1項・92条1項2項）。経常的な営業活動から生じた経常損益に非経常的な特別損益を加減した最終的な業績が示されることになります。

その次には，法人税その他の税額および法人税等調整額を表示した上で，これらの金額を税引前当期純利益（純損失）金額に加減して得た当期純利益（純損失）金額を表示します（計規93条・94条1項2項）。

③ 株主資本等変動計算書

当該事業年度における純資産，すなわち，株主資本（資本金，資本剰余金，利益剰余金，自己株式など），評価・換算差額等，株式引受権，新株予約権の変動を表示する資料です（計規96条2項1号3項1号4～8項）。

④ 個別注記表

個別注記表を除く計算書類の項目に関連して追加開示すべき注記事項（継続企業の前提に関する注記，重要な会計方針に係る事項に関する注記など）を一括表示する

資料です（計規97～116条）。

⑤　事業報告

主要な事業内容など当該事業年度における会社の現況等に関する重要な事項（会規118～126条），内部統制システムを定めたときはその内容の概要およびその運用状況の概要，そしていわゆる企業買収防衛策を定めたときにはその内容の概要等を（株主に）報告する資料です（会規118条2号3号）。

⑥　附属明細書

計算書類・事業報告の附属明細書は，これらの内容を補足する重要事項を表示する資料です（計規117条，会規128条）。

C　臨時計算書類

事業年度終了後に開催される定時株主総会（会296条1項）を待たずに，事業年度の途中で株主への剰余金配当のための株主総会を開催することもできます（会296条2項・454条1項）。これは前年度決算に基づく分配可能額による配当となります。そこで，現事業年度の途中までの損益を反映した分配可能額に基づく配当をなすために，臨時計算書類の作成が認められています。これは，最終事業年度の直後の事業年度に属する一定の日（臨時決算日）における会社の財産状況を把握するための資料で，臨時決算日における貸借対照表および当該事業年度初日から臨時決算日までの期間（臨時会計年度〔計規60条1項〕）に係る損益計算書です（会441条1項）。

臨時計算書類は，臨時会計年度に係る会計帳簿に基づき作成されなければなりません（計規60条2項）。

D　連結計算書類

会計監査人設置会社においては，連結計算書類（当該会社・子会社からなる企業集団〔計規63条参照〕の財産・損益状況を示すために必要な帳簿＝連結貸借対照表，連結損益計算書，連結株主資本等変動計算書，および連結注記表〔計規61条〕）を作成することができ，特に，事業年度の末日において大会社であって金融商品取引法24条1項により有価証券報告書を内閣総理大臣に提出しなければならない会社は，当該事業年度に係る連結計算書類を作成しなければなりません（会444条1～3

項）。

　これは，企業集団の財産・損益状況に関する情報開示の重要性に対応し，株主に対する情報開示を充実させる制度です。さらに，連結配当規制適用会社（計規2条3項55号）においては，個別貸借対照表に加えて連結貸借対照表も分配可能額算定に反映されます（本章6B参照）。

　連結貸借対照表，連結損益計算書，連結株主資本等変動計算書は，それぞれ，連結会社の貸借対照表，損益計算書，株主資本等変動計算書を基礎として作成しなければなりません（計規65〜68条）。すなわち，連結計算書類は，親会社と子会社の個別計算書類を合算し，必要な調整を加えて作成します。調整は，連結貸借対照表の場合，連結会社間における投資と資本および債権と債務を相殺して行われることになります。

3　会 計 参 与

A　会計参与の意義

　主として中小株式会社の計算の適正を図る目的のもとに，会計参与の制度が設けられています。会計参与は，取締役・執行役と共同して計算書類とその附属明細書・臨時計算書類・連結計算書類を作成し，会計参与報告を作成します（会374条1項6項。会計参与には調査等の権限が与えられています〔会374条2項3項6項〕）。つまり，会計参与は取締役・執行役と共同して計算書類等を作成する業務執行権限を有するわけです（この点に関して，会計参与は，計算書類・臨時計算書類・連結計算書類承認の取締役会に出席して，必要があれば意見を述べる義務を負います〔会376条〕）。なお，計算書類等の作成に関する事項について取締役・執行役と意見を異にするときには，会計参与は株主総会で意見を述べることができます（会377条。また，株主総会における株主からの質問に対する説明義務を負います〔会314条〕）。

　この制度が計算の適正を導くのは，会計参与の資格が，公認会計士，監査法人，税理士あるいは税理士法人に限られているからです（会333条1項）。会計参与は定款で任意に設置できます（会326条2項）。公開会社でない取締役会設置会社が会計参与を設置すると，取締役会設置会社に強制される監査役を設置

しないこともできます（会327条2項。第14章4C⑫）。

　なお，会計参与は，計算書類とその附属明細書・臨時計算書類・会計参与報告を会計参与設置会社の営業所と異なる場所で5年間保存しなければならず，株主・会社債権者・権利行使上必要だとして裁判所の許可を得た親会社社員は，これら資料の閲覧等を請求できます（会378条，会規103条・104条）。

B　会計参与の選任・任期等

　会計参与は株主総会決議で選任します（会329条1項）。補欠会計参与を選任しておくこともできます（会329条3項）。当該会社・子会社の取締役・監査役・執行役・支配人その他の使用人を兼ねることはできず（会333条3項1号），また，会計監査人を兼任することもできません（公認会計士法24条1項1号）。この限度において社外性が求められているわけです。任期は取締役と同じで，原則として，選任後2年以内に終了する事業年度のうち最終のものに関する定時株主総会の終結の時までです（会334条1項・332条）。

　会計参与の選任・解任・辞任についての株主総会での意見陳述権など（会345条1～3項），欠員の場合の措置（会346条），報酬等（会379条・404条3項），費用請求（会380条），会社に対する任務懈怠責任（会423条1項），非業務執行取締役並の責任免除（会424～427条），補償契約（会430条の2第1～3項），役員等賠償責任保険契約（会430条の3第1項），株主代表訴訟・多重代表訴訟（会847条・847条の3）につき各条文参照。

4　計算書類の監査・承認・開示

A　計算書類等の監査

　各事業年度に係る計算書類，事業報告，附属明細書，連結計算書類そして臨時計算書類（以上の中で事業報告とその附属明細書を除く資料を，会社計算規則は計算関係書類と呼んでいます〔計規2条3項3号〕）は，監査役・監査等委員会・監査委員会（それぞれが設置されている場合）の監査を受けた上で（会計監査人設置会社の場合には，計算書類とその附属明細書・連結計算書類あるいは臨時計算書類，つまり計算関係書類については会計監査人の監査も必要です），取締役会設置会社の場合には取締役会

（決算取締役会）の承認を受けなければなりません（会436条・441条2項3項・444条4項5項）。監査の結果として，監査役・監査役会・監査等委員会・監査委員会は監査報告を作成し（会381条1項・390条2項1号・399条の2第3項1号・404条2項1号），会計監査人は会計監査報告を作成します（会396条1項後段）。

大会社である公開会社（ⓐは監査役会設置会社，ⓑは監査等委員会設置会社あるいは指名委員会等設置会社）における，計算関係書類に係る監査報告・会計監査報告作成手順は次のとおりです。

計算関係書類を受領した会計監査人は会計監査報告を作成します（計規126条）。ⓐ計算関係書類および会計監査報告を受領した監査役は監査報告（監査役監査報告）を，監査役会は監査役監査報告に基づき監査役会の監査報告（監査役会監査報告）を作成します（計規127条・128条）。監査役監査報告と監査役会監査報告の内容が異なる場合には，監査役は，当該事項に係る監査役監査報告の内容を監査役会監査報告に付記することができます（計規128条2項後段。原則として付記すべきです）。ⓑ計算関係書類および会計監査報告を受領した監査等委員会・監査委員会は，監査報告を作成します（計規128条の2・129条）。監査等委員・監査委員は，監査報告の内容と異なる意見を有するときには，当該事項につきその意見を監査報告に付記することができます（計規128条の2第1項後段・129条1項後段。原則として付記すべきです）。

会計監査人は，一定の日までに，ⓐ特定監査役・ⓑ特定監査等委員・特定監査委員（計規130条5項）および特定取締役（計規130条4項。ⓑ執行役も含まれます）に対して，会計監査報告の内容を通知しなければなりません（計規130条1項）。一定の日とは，次の中のいずれか遅い日です。（イ）会計監査人が当該計算書類全部を受領した日から4週間を経過した日——したがって，会計監査報告作成期間を4週間は確保できることになります。（ロ）会計監査人が当該計算書類の附属明細書を受領した日から1週間を経過した日。（ハ）特定取締役，ⓐ特定監査役・ⓑ特定監査等委員・特定監査委員，および会計監査人が合意により定めた日。臨時計算書類に関しては，臨時計算書類についての（イ）と（ハ）のいずれか遅い日。連結計算書類に関しては，連結計算書類についての（イ）あるいは（ハ）があれば（ハ）。

ⓐ特定監査役・ⓑ特定監査等委員・特定監査委員は，一定の日までに監査報

告（@では監査役会監査報告）の内容を特定取締役および会計監査人に通知しなければなりません（計規132条1項）。一定の日とは，連結計算書類以外の計算関係書類についての監査報告に関しては，次のいずれか遅い日です。（イ）@特定監査役・ⓑ特定監査等委員・特定監査委員が会計監査報告を受領した日から1週間を経過した日——したがって，当該受領日から1週間は監査報告作成期間を確保できることになります。（ロ）特定取締役と@特定監査役・ⓑ特定監査等委員・特定監査委員が合意により定めた日。なお，連結計算書類についての監査報告に関しては，特定取締役と@特定監査役・ⓑ特定監査等委員・特定監査委員が合意により定めた日，あるいはその定めがなければ，@特定監査役・ⓑ特定監査等委員・特定監査委員が会計監査報告を受領した日から1週間を経過した日です。

　計算関係書類については，上述の一定の日までの，会計監査報告の内容通知を受けた日に会計監査人の監査を受けたものとされ（計規130条2項），監査報告の内容通知を受けた日に監査役・監査等委員会・監査委員会の監査を受けたものとされます（計規132条2項）。上述の一定の日までに上記各通知がなければ，計算関係書類については，各当該一定の日に，会計監査人の監査を受けたとみなされ（計規130条3項），監査役・監査等委員会・監査委員会の監査を受けたとみなされます（計規132条3項）。決算取締役会（監査を受けた計算書類等を承認します）を経て定時株主総会を開催する日程に支障がないようにする立法上の工夫です。各一定の日が経過したからといって会計監査報告・監査報告が作成できなくなるわけではありません。もっとも後述（本章4B）のように，定時株主総会の招集通知に際しては，監査報告・会計監査報告を株主に提供しなければなりません（この提供がなければ，株主総会決議の取消が問題になります）。

　事業報告とその附属明細書に係る監査報告作成手続は，上述の監査報告の場合と同様です。監査報告作成（会規129条～131条），作成期間（会規132条1項），@特定監査役・ⓑ特定監査等委員・特定監査委員（会規132条5項）による監査報告の内容の特定取締役（会規132条4項）への通知（会規132条1項）。

B　計算書類の承認

取締役会設置会社においては，定時株主総会の招集通知に際して，監査を受

け取締役会に承認された計算書類・事業報告・連結計算書類および監査報告（監査役会設置会社においては監査役会監査報告）・会計監査報告を，株主に提供します（会437条・444条6項，計規133条1項，会規133条1項）——連結計算書類に係る監査報告・会計監査報告の提供は任意です（計規134条2項）。提供は書面または電磁的方法によって行います（計規133条2項・134条1項，会規133条2項。なお，電子提供措置〔第15章2D。計規134条3項参照〕，ウェブ開示〔計規133条4～6項・134条5～7項，会規133条3～5項7項〕，ウェブ修正〔計規133条7項・134条8項，会規133条6項〕参照）。

　取締役は，（監査・取締役会承認を要する場合には監査・承認を受けた）計算書類・事業報告・連結計算書類を定時株主総会に提出（提供）し，事業報告の内容と連結計算書類の内容・監査結果を報告し，計算書類につき株主総会の承認を受けなければなりません（会438条・444条7項）。

　（監査・取締役会承認を要する場合には監査・承認を受けた）臨時計算書類も臨時株主総会の承認を受ける必要があります（会441条4項本文）。ただし，総会招集通知に際して臨時計算書類を株主に提供する必要はありません。

　計算書類・臨時計算書類が株主総会の承認を受けなければならないのは，計算書類・臨時計算書類が剰余金の分配（これは出資者である株主が決するのが原則です）の前提となるからで（これら計算書類は事実の単なる表示ではなく，判断すべき要素が多いのです。これに対して，事業報告は会社の状況を株主に開示する資料であり承認対象とされません），また，これらを総会承認事項とすることにより，取締役の経営活動を株主が監督する機会となるからです。なお，計算書類・臨時計算書類承認機関は株主総会であり，監査報告・会計監査報告は株主の判断資料に過ぎません。したがって，例えば監査役が計算書類につき監査報告に不適正の旨を記載（記録）しても，定時株主総会で株主により承認されれば計算書類は確定することになります。なお，計算書類の作成は業務執行行為なので，株主総会の計算書類承認決議の法的性質は，株主総会として計算書類を確認したという観念の通知になります。これをもって計算書類が確定するというのは，最終事業年度（会2条24号）が定まるからです。

　会計監査人設置会社でありかつ取締役会設置会社において，監査を受け取締役会の承認を受けた計算書類が，法令・定款に従い会社財産および損益状況を

正しく表示していると認められる場合，すなわち，①会計監査報告に無限定適正意見が記載（記録）され，②当該会計監査報告に係る監査役・監査役会・監査等委員会・監査委員会の監査報告の内容として会計監査人の監査方法または監査結果を不相当とする意見がなく，各監査役・各監査等委員・各監査委員の不相当意見も付されておらず，かつ，③特定監査役・特定監査等委員・特定監査委員によって特定取締役・会計監査人に対する監査報告の内容通知が期限内（本章4A参照）になされた場合には，上記定時株主総会の承認を要しません（会439条前段，計規135条）——計算書類は取締役会（決算取締役会）の承認決議で確定することになります。ただし，この場合には，取締役は定時株主総会で当該計算書類の内容を報告しなければなりません（会439条後段）。計算書類の適否・相当性判断に必要な専門知識を必ずしも有しない株主の承認を求めるよりも，株主から委託されて会計監査を行う監査役・監査等委員会・監査委員会および会計監査人の判断に委ねようとする趣旨です。臨時計算書類の場合も同様です（会441条4項但書，計規135条）。なお，この場合においては，臨時計算書類の内容報告は求められていないので（会439条・441条4項対照），臨時株主総会を開催する必要はありません。

C　計算書類等の開示

　会社は，各事業年度に係る計算書類・事業報告・附属明細書・監査報告・会計監査報告を，定時株主総会の1週間（取締役会設置会社では2週間）前（会社法319条1項のみなし総会決議の場合には提案があった日）から5年間，臨時計算書類とその監査報告・会計監査報告を臨時計算書類作成日から5年間，それぞれ本店に，これら資料の写しにつき支店に3年間，備え置かなければなりません（会442条1項2項）。株主・会社債権者・権利行使上必要だとして裁判所の許可を得た親会社社員は，上記計算書類等の閲覧等を請求できます（会442条3項4項）。計算書類とその附属明細書に関しては，計算書類作成時から10年間は，会社によって保存されなければならず（会435条4項），さらに，裁判所の提出命令の対象となります（会443条）。

　このほか，会社は貸借対照表（大会社では貸借対照表および損益計算書）を定時株主総会終了後遅滞なく公告（決算公告）する義務を負います（会440条1項，計規

136条・148条）。電子公告以外の方法で公告する場合には，貸借対照表（損益計算書）の要旨を公告すれば足ります（会440条2項，計規137〜143条・148条）。決算公告のみを電子公告に準じる方法で公告する場合については，第6章2A参照。なお，金融商品取引法24条1項の有価証券報告書提出会社は決算公告は必要ありません（会440条4項）。有価証券報告書によって情報が開示されるからです。

5　資本金，準備金

A　資　本　金

　既述のように，株主有限責任制度を担保するために資本の制度が採用されています。資本金は，貸借対照表上，貸方の区分である純資産の部を細区分する株主資本の項目に計上される計算上の数額です（なお，資本金の額は登記事項です〔会911条3項5号〕）。つまり，特定の財産の評価額を指すわけではなく，株主への分配を制限する資産額の算定において基準の1つとなる数額です。

　原則として，発行済株式に関する払込・給付財産の総額を資本金に計上します（会445条1項）。ただし，会社は（会社設立の際には定款の定めあるいは発起人全員の同意〔会32条1項3号〕。新株発行の際には，公開会社でない株式会社では株主総会特別決議〔会199条2項・309条2項5号〕，公開会社の場合には取締役会決議〔会199条・201条1項〕），発行済株式に関する払込・給付財産のうち2分の1を超えない額を資本金として計上せず（払込剰余金），資本準備金として計上することができます（会445条2項3項）。このほか，準備金（会448条1項2号，計規25条1項1号。株主総会決議〔ただし，会448条3項参照〕）や剰余金（会450条，計規25条1項2号。株主総会決議）を減少して資本金を増加させることができます。

　なお，報酬等として新株を発行する前に取締役・執行役が職務執行として当該株式を対価とする役務を提供する場合（事後交付型）には，当該役務の公正な評価額を，新株発行までの間，貸借対照表の純資産の部に株式引受権として計上します（計規76条1項1号ハ・54条の2第1項。本章2B参照）。新株が発行される場合には，役務に対応する額を株式引受権から減じて，資本金の額を増加させます（計規54条の2第2項・42条の3第1項。2分の1を超えない額を資本準備金に計上

することができます〔計規42条の3第2項3号〕）。また，役務提供前に取締役・執行役に報酬等として新株を発行する場合（事前交付型）には，各事業年度の末日までに提供された役務の公正な評価額を資本金に計上します（計規42条の2第1項。2分の1を超えない額を資本準備金に計上することができます〔計規42条の2第2項3号〕）。

B 準 備 金

　準備金は，資本金同様，貸借対照表上，貸方の区分である純資産の部を細区分する株主資本の細項目である，資本剰余金の中の資本準備金，および利益剰余金の中の利益準備金に計上される計算上の数額です。純資産額が資本金の額を下回る事態を防ぐための制度，つまり，資本金を補完する制度として，法令の規定により準備金の積立が強制されます（法定準備金）。

　前述の払込剰余金（資本準備金に計上します）のほか，剰余金を配当する場合には，配当により減少する剰余金の額の10分の1にあたる剰余金の額を減少して，準備金額が資本金の4分の1に達するまで準備金（資本準備金または利益準備金）として積み立てます（会445条4項，会規116条9号，計規22条）。このほか，資本金（会447条1項2号，計規26条1項1号。原則として株主総会特別決議が必要です〔会309条2項9号〕）や資本剰余金の中のその他資本剰余金（会451条，計規26条1項2号。株主総会決議）を減少して資本準備金を増加させることができます。また，利益剰余金の中のその他利益剰余金を減少して利益準備金を増加させることができます（会451条，計規28条1項。原則として株主総会決議が必要です）。

　なお，準備金と異なり，定款の定めあるいは株主総会決議（会452条）によって任意に積み立てられるのが任意積立金です（前記準備金積立後の残余剰余金を財源とします）。任意積立金は適当な名称を付して（別途積立金，配当平均積立金など），貸借対照表上の利益剰余金中のその他利益剰余金を細分する項目として計上します（計規76条6項。積立金項目以外は繰越利益剰余金として計上します）。任意積立金の取崩には剰余金処分として株主総会決議を要します（会452条）。ただし，特定の目的を有する任意積立金をその目的に従って取り崩す場合には，当該目的の趣旨から業務執行の一環として行える場合もあります（事業拡張積立金など）。

C 資本金・準備金の減少

原則として，株主総会特別決議（会447条1項・309条2項9号）と債権者異議手続（会449条）が必要ですが，資本金の額を減少させることができます（資本不変原則＝資本減少制限原則。第4章2B参照）。全額を減少すること（資本金0円）もできます（会447条2項。資本金の額をマイナスにすることはできません）。

上記減資決議には，次のような特則があります。定時株主総会において減資決議をなしかつ資本金減少後に分配可能額が生じないときには，減資決議は通常決議で足ります（会309条2項9号イロ，会規68条）。新株発行（資本金が増加します）と同時に資本金を減少し，資本金減少効力発生日（資本金減少決議で定めます〔会447条1項3号〕）後の資本金額がそれ以前の額を下回らないときには，取締役の決定（取締役会設置会社においては取締役会決議）で資本金を減少できます（会447条3項）。

減少した資本金の額については，前述のように資本準備金に計上したり，その他資本剰余金として株主への配当原資（会446条3号，計規27条1項1号）に充てることができます（利益率を高めるために過剰な財産を剰余金の配当に充てるなど，会社財産も減少する実質上の資本金減少ができます）。さらに，資本取引から生じる資本剰余金を減少した額を利益の内部留保である利益剰余金に振り替えることは原則としてできませんが（企業会計基準第1号60項），年度決算時における利益剰余金が負の残高（繰越利益準備金〔負の額である場合〕に正の額である利益準備金および任意準備金を加えた額が負の額になる場合）である場合には，その限度においてその他資本剰余金を減少して補填することができます（企業会計基準第1号61項。会452条〔損失の処理〕）。

次のような債権者異議手続が求められます。会社はその債権者に対して，資本金減少に異議がある場合には1か月以上の一定の期間内に述べるべき旨，決算公告の内容を把握できる事項，および資本金減少の内容等を官報で公告し，かつ，知れている債権者には各別にこれらの事項を催告（官報公告のほか，定款の定めに従って，時事に関する事項を掲載する日刊新聞紙に公告するか電子公告する場合には各別の催告は不要です）しなければなりません（会449条2項3項，計規152条）。そして，資本金減少によりその債権者を害するおそれがないとき（例えば，すでに十分な担保が提供されているとき）を除き，期間内に異議を述べた債権者には，

会社は，弁済をなすか相当の担保を提供し，あるいは弁済を受けさせることを目的として信託会社等に相当の財産を信託しなければなりません（会449条5項）。なお，株主総会決議で定めた資本金減少の効力発生日（会447条1項3号）に債権者異議手続が終了していない場合には，資本金減少の効力は発生しません（会449条6項但書）。そこで，定められた効力発生日前には，いつでも効力発生日を変更できるとされています（会449条7項）。

資本金減少の無効は，減少が効力を生じた日から6か月以内に，訴えをもってしか主張できません（会828条1項5号）。資本金減少無効の訴えの提訴権者は，株主，取締役，執行役，監査役，清算人，破産管財人そして資本金減少を承認しなかった債権者（なお，債権者が異議申出期間内に異議を申し出なかった場合には承認したとみなされます〔会449条4項〕）に限られます（会828条2項5号）。被告は当該会社です（会834条5号）。無効原因は，株主総会決議の不存在・無効・取消や債権者異議手続の不履行などです。

準備金の減少手続も資本金減少手続とほぼ同様です。ただし，株主総会決議は通常決議でよく（会448条1項。なお，取締役会決議による準備金の減少〔会459条1項2号〕につき，本章6D参照），準備金減少無効訴訟制度は特に設けられていません。また，減少する準備金全額を資本金に組み入れる場合，および，定時株主総会において準備金のみの減少決議をなしかつ準備金減少後に分配可能額が生じない場合（計規151条。準備金による欠損〔資本金と準備金の合計額から純資産額を減じた額〕填補），においては，債権者異議手続を要しません（会449条1項）。なお，資本に欠損が生じたからといって必ず資本金や準備金を取り崩さなければならないのではなく，繰越損失として次期に繰り越してかまいません（繰越利益剰余金がマイナスの場合）。

6　剰余金の分配

A　剰　余　金

剰余金は，最終事業年度（会2条24号）の貸借対照表（したがって，計算書類の作成・承認手続を前提とします）をもとにして算出された，その他資本剰余金とその他利益剰余金の合計額を原則とし，さらに最終の事業年度の末日後の増減が

反映されます（会446条，計規149条・150条）。この増減反映とは，年度末後の，自己株式の処分差益，および資本金・準備金減少額のうち剰余金に組み入れる額を増加し，自己株式の処分差損，消却した自己株式の帳簿価額，配当した剰余金の総額，剰余金を減少して資本金・準備金に組み入れた額，および剰余金配当の際に準備金として積み立てた額を減じて剰余金を計算することをいいます（さらに，組織再編〔第27章1参照〕等による調整があります）。なお，資産の額は決算によらなければ変動しません。

　最終事業年度（会2条24号）の貸借対照表に計上された額をもとにした剰余金の算出は，次のように行います。

　まず，会社法446条1号イロハニによって，（資産額＋自己株式帳簿価額）－負債額－（資本金＋準備金）＝その他資本剰余金＋その他利益剰余金＋評価・換算差額等＋株式引受権＋新株予約権，と計算します（この解を①とします）。資産額に自己株式帳簿価額を加えているのは，純資産の部でのマイナス評価（控除項目）と資産の部でのプラス評価は剰余金算定上同じ意味を有するからです。次に，会社法446条1号ホおよび会社計算規則149条によって，①－〔（資産額＋自己株式帳簿価額）－（負債額＋資本金＋準備金）－その他資本剰余金－その他利益剰余金〕＝①－（①－その他資本剰余金－その他利益剰余金）＝その他資本剰余金＋その他利益剰余金，となります。

B　剰余金の配当規制

　株式会社の経営は株主の出資財産を基礎として行われますから，会社に生じた剰余金の処分権限は株主総会に属します（会450条2項・451条2項・452条・454条1項）。もっとも，取締役会設置会社は，定款の定めにより，1事業年度の途中において1回に限り，取締役会決議で剰余金の配当（金銭配当に限ります）をなすことができます（会454条5項1項。中間配当）。

　剰余金は必ず株主に配当しなければならないわけではありません（本章5Bの任意積立金参照）。株主（当該会社が有する自己株式には配当できません〔会453条括弧書〕）に配当する分については株主平等＝株式平等原則があてはまります（会454条3項。なお，配当決議は，株式数に応じて配当することを内容としなければなりませんから，いわゆる日割配当〔年度途中からの新株式について，投資期間に比例して日割で計

算する配当〕はできません）。剰余金配当種類株式の内容に応じて異なる取扱を定めることは可能です（会454条2項）。

　剰余金があっても，純資産額が300万円未満の場合には，株主に剰余金は配当できません（会458条，計規158条6号）。株主配当の場面において300万円が最低資本金の役割を果たすわけです。

　剰余金の配当は分配可能額を超えることができません（会461条1項8号）。分配可能額は，原則として，剰余金の額から，自己株式の帳簿価額および最終事業年度末日後に処分した自己株式の対価の額を控除して算出します（会461条2項）──そのほか，のれん・繰延資産，その他有価証券評価差額金・土地再評価差額金（差損が控除対象），上述の300万円による調整（剰余金分配規制全体に300万円規制がなされることになります）などがなされ，さらに，任意に連結配当規制（単体の剰余金よりも連結の剰余金が少ない場合に，後者を基準として分配可能額を算出します）を受けることもできます（会461条2項6号，計規158条・2条3項55号）。そして，臨時計算書類につき株主総会（取締役会）の承認を受けた場合には，臨時決算日までの損益を増減し，また，当該期間に処分した自己株式の対価を加えます（会461条2項2号5号，計規157条）。

C　現物配当

　金銭以外の財産を配当することもできます（会454条1項1号）。ただし，当該会社の株式，社債，および新株予約権の交付はそれぞれの発行手続によるべく，現物配当の対象にはなりません（会454条1項1号括弧書・107条2項2号ホ）。会社が保有する子会社株式を株主に現物配当するスピン・オフ（spin-off）などが利用方法として想定されます（なお，第27章3A参照）。

　現物配当を定める株主総会においては，当該配当財産に代えて金銭交付を会社に請求する権利（金銭分配請求権）を株主に与える旨と権利行使期間を定めることもできます（会454条4項）。金銭分配請求権を与えないでなす現物配当決議は309条2項の特別決議でなければなりません（同条項10号）。現物配当に伴う金銭分配請求権付与決議がなされたときには（後述〔本章6D〕のように，取締役会決議で行える場合もあります），権利行使期間の末日の20日前までに，金銭分配請求権を定めた旨と権利行使期間を，会社は株主に通知しなければなりませ

ん（会455条1項）。金銭分配請求権を行使した株主には，当該現物配当財産の価額（市場価格ある財産の場合には市場価格，そうでない場合には会社の申立により裁判所が定める額）に相当する金銭を支払います（会455条2項，計規154条）。

なお，現物配当決議に際して，一定数未満の株式（基準未満株式数）を有する株主には現物配当財産を割り当てない旨を定めることもでき（会454条4項2号），この場合には金銭の支払により処置します（会456条）。

D　取締役会決議による剰余金分配

取締役会および会計監査人を設置し，取締役（監査等委員は除きます）の任期が選任後1年以内に終了する最終の事業年度に関する定時株主総会終結のときまであるいはそれよりも短いという要件に該当する監査役設置会社，監査等委員会設置会社，あるいは指名委員会等設置会社（後の2者は上記の要件をすべて満たします）においては，株主総会決議を要する次の事項に関して，取締役会決議で定めることができる旨を定款で定めることができます（会459条1項。さらに，当該事項を株主総会決議では定めない旨をも定款で定めることができます〔会460条〕）。

①株主との合意による自己株式の有償取得で特定の株主からの取得ではない決議（第13章3B参照），②減少後に分配可能額が生じない場合における準備金減少決議（欠損填補。減少する準備金額の一部あるいは全部を資本金とする場合を除きます），③資本金・準備金への組入および剰余金配当その他会社財産を処分するものを除く，剰余金の処分決議（損失処理，任意積立金の積立など），④剰余金配当決議（ただし，現物配当かつ金銭分配請求権を付与しない決議を除きます）。

上記の事項を取締役会決議で行えるのは（なお，上記②は決算取締役会決議に限られます〔会459条1項柱書括弧書〕），さらに，監査を受け取締役会の承認を受けた計算書類が，法令・定款に従い会社財産および損益状況を正しく表示していると認められる場合，すなわち，①会計監査報告に無限定適正意見が記載（記録）され，②当該会計監査報告に係る監査役・監査役会・監査等委員会・監査委員会の監査報告の内容として会計監査人の監査方法または監査結果を不相当とする意見がなく，各監査役・各監査等委員・各監査委員の不相当意見も付されておらず，かつ，③特定監査役・特定監査等委員・特定監査委員によって特定取締役・会計監査人に対する監査報告の内容通知が期限内（本章4A参照）に

なされた場合に限られます（会 459 条 2 項，会規 116 条 12 号，計規 155 条）。

以上の措置が許されるのは，会計監査人監査（無限定適正意見）を受け（株主総会が選任した会計専門家による会計監査），社外取締役・社外監査役が関与すること（社外性による適正性担保），および取締役の任期が 1 年以内とされる点（権限の拡大と任期の短縮）が，この場合には，総会決議事項を取締役会決議事項とすることと均衡がとれるとの立法上の判断からです（前述のように上記事項を株主総会決議では定めないことにすると〔会 460 条〕，定時株主総会の権限は実質的には役員選任に集約されることになります）。

なお，上記の定款の定め（会 459 条 1 項）があるときには，当該定款の定めによって取締役会に与えられた権限の行使に関する方針（例えば，剰余金の配当方針）を，事業報告の内容としなければなりません（会規 126 条 10 号）。

E 剰余金分配規制違反の責任

分配可能額を超えて剰余金を分配した業務執行取締役・執行役など，および当該行為により金銭等の交付を受けた者は，会社に対して，分配された金銭等の帳簿価額に相当する金銭を支払う義務を連帯して負います（会 462 条 1 項，会規 116 条 15 号，計規 159 ～ 161 条）。ただし，業務執行取締役・執行役などが職務執行につき無過失を証明すればこの責任は負いません（会 462 条 2 項）。この責任は原則として免除できませんが（資本維持），総株主の同意により行為時の分配可能額を限度とする免除は可能です（会 462 条 3 項）。

分配可能額を超える剰余金分配行為は無効です。このような決議に基づき分配を受けた株主が負う会社法 462 条 1 項の責任（分配を受けた金銭等の帳簿価額相当額の連帯支払義務）は，無効行為に基づく原状回復義務（民 121 条の 2）あるいは不当利得返還義務（民 703 条）の特則です。多数の株主に会社が返還請求するのは困難なので，上記のような業務執行取締役・執行役などの直接責任も定められているわけです（株主が返還した額の限度において業務執行取締役・執行役などの責任は消滅します）。弁済した業務執行取締役・執行役などは悪意の株主（違法な分配であることを知って分配を受けた株主。悪意の証明責任は求償権を行使する業務執行取締役・執行役などにあります）に対して求償することができます（会 463 条 1 項）。悪意の株主にしか求償できないのは（民 499 条参照），違法分配をなした業務執

行取締役・執行役などが，善意の株主に求償できるとするのは妥当ではない，という立法政策判断からです。会社は善意の株主に対しても会社法462条1項の支払義務を追及できます。一方，会社債権者は，違法分配を受けた株主に対し，その受けた違法分配額を自己にあるいは会社に支払わせることができます（会463条2項）。債権者代位権の特則です。

　なお，分配可能額を超えてなされた違法分配行為も有効であり，会社法462条1項は法定の特別責任だとする所説も主張されています。しかしながら，手続違反（例えば，株主総会決議や取締役会決議の欠缺）の剰余金分配行為は無効と解さざるをえません。そして，分配可能額を超える内容の剰余金分配決議は無効ですから，結局，違法分配行為は分配可能額規制違反か否かを問わず無効になります。会社法463条1項に「効力を生じた日」という表現があることから違法分配行為が有効であることは明らかだとも主張されていますが，「効力を生ずべきであった日」と解せば問題ありません。有効説を採らなければならない積極的理由も見あたりませんし，その理論構成にも無理があるといわざるをえないでしょう（第13章3D参照）——例えば，財源規制違反の自己株式取得行為（会462条1項2号）につき，株式譲渡人（同条項によって代金相当額を会社に支払う義務を負います）への会社の株式引渡義務を有効説によって根拠づけることは困難だと思われます（なお，同条項によって，上記支払義務に関して，株式譲渡人は会社の上記株式引渡義務未履行をもって同時履行の抗弁を主張できないと解されます）。

　当該行為時には分配可能額の限度内であっても，事業年度の終わりにおいて欠損が生じたときには，欠損が生じるおそれはないとの判断に過失はなかったことを証明できなければ，業務執行取締役・執行役などは連帯してその欠損額（分配可能額規制を受ける自己株式取得により交付した額あるいは剰余金配当額が欠損額を下回る場合には当該配当額）の塡補責任を負います（会465条1項）。分配可能額による規制の実効性を担保する趣旨の責任です（総株主の同意がなければ免除できません〔会465条2項〕）。

第 26 章

株式会社の資金調達

1　株式会社の資金調達方法

　企業形態としての株式会社はすでに述べてきた多くの利点を有しますが，その1つに多様な資金調達方法を利用できる点を挙げることができます。剰余金の社内留保である任意積立金，現金支出を伴わないので当座資産の留保効果がある負債性引当金（将来発生する可能性の高い特定の支出・損失に備えて貸借対照表の負債の部に計上する項目〔退職給与引当金など〕。剰余金を圧縮します）や同様に現金支出を伴わない費用（つまりその分の資金が社内に留保されます）である減価償却費（固定資産の消耗減価分の費用計上）のような内部資金から調達する方法もありますが，外部からの資金調達方法が多彩です。

　第二次世界大戦後，国民の余剰資産が乏しく企業の資金需要が旺盛だった経済復興期から高度経済成長期にかけては，国民資産を金融機関に誘導し，それを企業の資金需要に充てるという政策が採られました。この時期に金融機関からの借入が資金調達手段の主流となり，各企業はメインバンクを持ち，その強い影響を受けるようになったのです（メインバンクは各企業から経営の重要情報の「報告」を受ける立場を利用できるわけです。一方，各企業は経営不振時にもメインバンクの全面的支援を期待してきました）。このような間接金融（金融機関を経由して資金拠出者から企業へ融資されるので間接金融）の方法も，ファイナンス・リース（融資を受けて設備資産を購入するのではなく，設備資産を借り受けてリース料を支払う方法）など多様化してきています。高度成長を経ると，国民の経済的体力の増強，資産運用の多様化が進み，さらに，いわゆる金融ビッグバン（金融自由化の急激な推進）によって，資金の最終的拠出者がリスクを負担することになる直接金融の方法が実際上の重要性を増しています（もっとも，金融機関からの借入が主要な資金調達

手段であることに変わりはありません。金利が低い水準で推移する場合には金利負担が軽くなりますし，支払利子は原則として損金算入されます〔節税効果があります。支払配当は原則として損金算入されません〕。他方で，直接金融における資金拠出者はリスク負担を考慮するからです〔出資に慎重になるか，高配当を求めます〕）。

　上記のような直接金融の手段として会社法が定めるのは募集株式の発行等，社債募集（新株の払込金は資本金に充当され出資者は株式を取得しますが，社債の払込金は会社の負債であり社債権者は会社債権者に過ぎません。本章4A参照），および新株予約権（本章3A参照）です。もっとも，法律上だけでなく，通達や口頭での指導など行政指導で数多くの規制が設けられていました。特に，社債に関しては，同じく会社の負債となるコマーシャル・ペーパー（約束手形による短期資金の調達手段。これに対して社債は長期資金の調達手段と位置づけられてきました。ただし，従来のコマーシャル・ペーパーとは別に，ペーパーレス化したコマーシャル・ペーパーが社債の一種〔短期社債〕として扱われています〔振替66条1号〕）とともに，発行が厳しく規制されていましたが，市場からの自由な資金調達をめざす規制緩和（公平な市場の整備・情報開示も大切な要素です）によって，行き過ぎた規制が撤廃され，また規制の透明化が進んでいます。

2　募 集 株 式

A　株式引受人の募集

　会社設立後の新株発行（株式分割〔会183条・184条〕や新株予約権の行使〔会282条〕など特別の規定による場合を除く通常の新株発行），および，自己株式の処分（第13章3F参照）は，同じ手続（株式引受人の募集手続）で行われます（募集株式〔募集に応じた株式申込人に割り当てられる新株または自己株式。会199条1項柱書括弧書〕の発行等と総称されます）。新株発行は全く新しく株式という地位を創出するのに対して（したがって，新株発行の場合の払込・給付財産の額は資本金あるいは資本準備金に計上されます〔会445条1～3項。なお，会199条1項5号参照〕），自己株式の処分（自己株式処分対価から当該自己株式の帳簿価額を控除した自己株式処分差益〔差損〕はその他資本剰余金に計上〔0になればその他利益剰余金から減額〕します）は既発行株式を対象としますが，ともに会社による新たな株主の選抜として社団法上の行為であり，

また資金調達という経済的効果の点で実質を同じくするからです。

B　公開会社でない株式会社における募集株式発行等権限

　公開会社でない株式会社においては株主総会特別決議（会199条2項・309条2項5号）で募集株式を発行・処分します。新株発行は会社の人的組織（社団）拡大行為ですし，自己株式の処分も会社が新たに株主を選抜する会社支配権再編に係る行為です。したがって，株主社団自身の問題（会社支配権の問題）として株主総会（特別決議）に募集株式発行等権限が帰属する必要があります（なお，持分会社の場合には，新たな社員の入社には原則として総社員の同意を要します〔会604条2項・637条〕）。公開会社でない株式会社においては，3分の1を超える議決権株式を有する少数株主には，持分比率の変更（株主割当以外の場合）にも追加出資（〔発行可能株式総数を増加して行う〕株主割当の場合）にも反対する利益が与えられていることになります。

　株主総会の募集株式発行等決議では，募集株式の種類および数・払込金額またはその算定方法・払込期日または払込期間などの募集事項を定めなければなりません（会199条1項。募集事項は募集ごとに均等に定めることを要します〔会199条5項〕）。もっとも，株主総会特別決議により，募集する株式数の上限および払込金額の下限を定めた上で，募集事項の決定を取締役（取締役会非設置会社の場合）あるいは取締役会（取締役会設置会社の場合。指名委員会等設置会社においてはさらに取締役会が執行役に委任できます〔会416条4項〕。監査等委員会設置会社において個別の取締役に募集事項の決定を委任することができる特則について，第24章6A参照）に委任することができます（会200条1項・309条2項5号）。この総会の委任決議は，払込期日・払込期間末日が当該総会決議日から1年以内の日である募集についてのみ効力を有します（会200条3項）。公開会社でない株式会社においては，発行済株式総数による発行可能株式総数の上限規制がないので（会37条3項但書・113条3項），株主総会の委任決議における発行募集株式数の上限設定は，既存株主の会社支配権的利益の保護として重要な意義を有します。

　なお，株主総会決議によると否とに係らず（本章2D参照），定款で定めた発行可能株式総数（会37条1項・98条）を超過する新株の発行は認められません。もちろん，定款を変更して（株主総会特別決議〔会466条・309条2項11号〕），発行

可能株式総数を増加すれば（会113条3項），超過発行は回避できます。

C　公開会社における募集株式発行等権限

公開会社においては取締役会決議（会201条1項）で募集株式を発行・処分できます（授権資本制度）。株主割当の場合も同様です（会202条3項3号）。指名委員会等設置会社においては，取締役会は執行役に募集株式の発行等を委任できます（会416条4項）。指名委員会等設置会社以外の公開会社においては，取締役会自身が募集事項を定めなければならず，代表取締役などの下位の機関に募集事項決定を委任することはできません。ただし，監査等委員会設置会社において，取締役の過半数が社外取締役である場合，あるいは定款に定められている場合には，取締役会は個別の取締役に募集事項の決定を委任することができます（会399条の13第5項6項）。

取締役会が発行できる新株の数は，公開会社でない場合と同様に，定款に定められた発行可能株式総数から発行済株式総数を減じた数の範囲内です。公開会社の場合には，授権資本制度による4倍規制を受けます（第6章1F参照）。すなわち，定款に定められた発行可能株式総数（授権資本）は発行済株式総数の4倍を超えてはならないという規制です（会37条3項本文・113条3項）。

支配株主の異動を伴う募集株式発行等に対する規制

授権資本制度は機動的な資金調達を可能とする制度であり，経営担当機関である取締役会の裁量によって支配株主の交代をも許容することは，株主に差止が認められる不公正発行・処分（本章2H参照）に該当しない場合であっても，適切ではありません。そこで，公開会社における支配株主の異動を伴う募集株式の発行等については，原則として取締役会に権限を認めながら，次のような手続規制が設けられています。

当該募集株式の発行等が行われたとして，総株主の議決権数に占める，募集株式の引受人（その子会社等〔会2条3号の2〕を含みます）が有することになる議決権数の割合が2分の1を超える場合には，当該募集株式の払込期日・払込期間初日の2週間前までに，当該引受人（特定引受人）の氏名（名称）・住所・当該特定引受人（その子会社等を含みます）が有することになる議決権数など（特定引

受人事項）を，会社は株主に通知あるいは公告しなければなりません（会206条の2第1項本文2項，会規42条の2，振替161条2項）。ただし，当該特定引受人が当該募集株式の発行等を行う会社の親会社等（会2条4号の2）である場合，当該募集株式の発行等が株主割当による場合（以上の2つの場合には会206条の2による手続規制の適用がありません），あるいは，当該募集株式の払込期日・払込期間初日の2週間前までに上記特定引受人事項を金融商品取引法4条1～3項に基づき届出・提出（有価証券届出書など）している場合（この最後の場合は，通知〔公告〕を要しないだけで，会206条の2第4項の制度は適用されます）には，上記通知（公告）を要しません（会206条の2第1項但書3項，会規42条の3）。

　総株主の議決権の10分の1（これを下回る割合を定款で定めることができます）以上の議決権を有する株主が，上記通知（公告）の日（あるいは前記届出・提出の日〔会規42条の4〕）から2週間以内に特定引受人（その子会社等を含みます）による募集株式の引受に反対する旨を会社に通知したときは，当該会社は，募集株式の払込期日・払込期間初日の前日までに，当該特定引受人に対する募集株式の割当あるいは当該特定引受人と会社との当該募集株式の総数引受契約につき株主総会の承認決議（通常決議ですが，定足数の下限は議決権を行使できる株主の議決権の3分の1です〔会206条の2第5項〕）を受けなければなりません（会206条の2第4項本文）。ただし，当該会社の財産状況が著しく悪化している場合において，その事業継続のために緊急の必要があるときには，上記総会承認決議を要しません（会206条の2第4項但書）。

　上記承認決議がないのになされた募集株式の発行等には無効原因があると解されます。

　さらに，金融商品取引所（証券取引所）は，上場会社に対して，募集株式の第三者割当において，希釈化率（当該募集株式に係る議決権数をその募集事項決定前における発行済株式に係る議決権総数で除した数に100を乗じた数）が25％以上になる場合，あるいは支配株主が異動する見込みがある場合には，経営者から一定程度独立した者による当該第三者割当の必要性および相当性に関する意見を入手するか，株主総会決議などによる株主意思の確認を求めています（上場規程432条本文，上場規程施行規則435条の2第1項）。なお，CGコード原則1-6参照。

D 株主割当

持株数に比例して株式の割当を受ける権利（株式引受権）を株主に付与する募集株式発行・処分方法（募集事項とともに株主割当の旨を定めます）が株主割当です（会202条1項2号。なお，同条5項）。

公開会社においては，授権資本制度のもと，株主割当も取締役会決議で行います（会202条3項3号）。一方，公開会社でない株式会社における株主割当には，次のような取扱が許容されています。原則として株主総会特別決議によりますが（会202条3項4号・309条2項5号），取締役会設置会社において取締役会決議で定める旨が定款に規定されている場合には取締役会決議で，取締役会設置会社以外において取締役の決定で定める旨が定款に規定されている場合には取締役の決定で行います（会202条3項）。公開会社でない株式会社においても株主総会決議によらずに決定できるのは，株主割当の方法だと既存株主の持株比率の維持が保障され，また，株主の経済的利益（本章2G参照）が保護されるからです。

E 募集株式の発行等手続

株主割当以外の場合（特定の第三者に割り当てる第三者割当や公募・縁故募集の場合）には，公開会社は，株式募集事項決定後，払込期日・払込期間初日の2週間以上前に，募集事項を公示（公告または株主への通知）することを要します（会201条3項4項，振替161条2項）。ただし，払込期日・払込期間初日の2週間前までに，募集事項に相当する事項を内容とする書類を金融商品取引法4条1～3項に基づき届出・提出している場合（有価証券届出書など）には，公示すべき事項が開示されることになるので，上記公示は必要ありません（会201条5項，会規40条）。公示義務は，後述（本章2H）する株主の新株発行差止請求権・自己株式処分差止請求権が行使される機会の確保という点で重要です。

公開会社でない株式会社では，株主総会決議によらずに株主割当以外の方法で募集株式が発行される場合がないので，公示は不要です。公開会社でも後述（本章2G）の有利発行の場合には，株主総会決議を要するので（会199条3項・201条1項），公示は必要ありません。

株主割当の場合には，引受申込期日の2週間前までに，募集事項・当該株主

が割当を受ける株式数および引受申込期日を株主に通知（割当通知）しなければなりません（会202条4項）。この割当通知に先立って，一定の日（割当基準日）において株主名簿に登録されている株主に割り当てるべき旨を定めた場合には（会124条1項2号），割当基準日の2週間以上前にその定めた事項の公告（割当日公告）を要します（会124条3項）。

　会社は，株式引受の申込をなそうとする者に対して，募集事項等を通知するかあるいは金融商品取引法2条10項の目論見書（あるいはこれに相当する資料）を交付（提供）しなければならず，申込人は，書面あるいは電磁的方法で申込をなす必要があります（会203条1〜4項，会規41条・42条，会令1条4号）。申込に対して会社の割当（承諾。株主割当の場合を除いて，割当に制約はありません〔割当自由。会204条1項〕）がなされると（募集株式が譲渡制限株式であるときは，定款に別段の定めがある場合を除き，割当は株主総会決議〔特別決議〕〔取締役会設置会社においては取締役会決議〕で行います〔会204条2項・309条2項5号〕），募集決議・決定ごとの一体としての新株発行・自己株式処分（本章2I参照）とは区別される個別の引受契約（会社社団への入社契約）が成立します。つまり割当により株式申込人は株式引受人になります（会206条1号）。募集された株式総数を引き受ける契約を会社と締結した者（会205条。総数引受契約〔第三者割当の一種〕。会203条・204条は適用されません）はその契約により株式引受人になります（会206条2号。募集株式が譲渡制限株式であるときは，定款に別段の定めがある場合を除き，総数引受契約につき株主総会の承認決議〔特別決議〕〔取締役会設置会社においては取締役会の承認決議〕を要します〔会205条2項・309条2項5号〕）。

　株主割当の場合には，引受申込期日までに申込をなさない株主は失権します（会204条4項）。

　引受人は払込期日までにあるいは払込期間内に，払込金額全額の払込または現物出資の目的財産全部の給付をなします（会208条1項2項）。払込・給付をなした引受人は，払込期日あるいは払込期間内の出資履行日に株主になります（会209条1項）。出資を履行しない引受人は失権します（会208条5項。打切発行・打切処分）。ただし，出資が仮装である場合には株式引受人は失権せず，仮装した出資につき払込・給付をなす義務を負います（会213条の2第1項。仮装出資に関与した取締役・執行役の支払義務につき，会213条の3，会規46条の2参照〔支払担保責

任〕）。未出資者に権利行使を認めることは適切とはいえないので，仮装出資者は，出資あるいは支払担保責任が履行された後でなければ，当該募集株式につき株主の権利を行使できないこととされています（会209条2項）。もっとも，仮装出資に係る募集株式を譲り受けた者は，出資および支払担保責任が履行されていないことにつき悪意または（善意でも）重過失がある者を除き，権利行使制限を受けません（会209条3項）。取引の安全保護を図るためです。以上につき，第7章2C参照。

なお，募集株式に関する引受申込・割当・総数引受契約の意思表示については，民法93条1項但書および同94条1項は適用されません（会211条1項）。また，募集株式の引受人は，株主となった日から1年を経過した後は，錯誤・詐欺・強迫を理由とする引受の取消はできず，また，1年を経過していなくても，その株式につき株主権を行使した後は，同様にこれらの理由に基づく取消はなしえません（会211条2項）。

資本金の額，発行済株式の総数および種類・数は登記事項なので（会911条3項5号9号），新株発行の場合には変更登記を要します（会909条）。もっとも，この登記は事実を公示させる趣旨であり，新株発行や資本金増加の効力発生とは関係ありません。

F　取締役の報酬等に係る特則

株式上場会社が取締役の報酬等として募集株式の発行等を行う場合（会361条1項3号）には，募集事項のうち払込金額・金額算定方法および払込期日・払込期間を定めず，取締役の報酬等として当該募集株式の発行等を行うものであり出資の履行は要しない旨，および募集株式の割当日を定めて行うことができます（会202条の2第1項。第22章4C参照）。募集株式の発行等を，取締役の役務提供前に行う事前交付型と役務提供後に行う事後交付型があります（第25章5A参照）。当該取締役は割当日に当該募集株式の株主になります（会209条4項）。

株式上場会社である指名委員会等設置会社において取締役・執行役の報酬等として募集株式の発行等を行う場合についても同様に規整されています（会202条の2第3項）。第20章6F参照。

取締役の報酬等として募集株式の発行等を行う場合には，当該募集株式の数

の上限のほか，割当条件を定めるときにはその概要を，定款あるいは株主総会決議で定めることを要します（第22章4C）。割当条件とは，一定期間経過後にあるいは目標達成に応じて当該株式を譲渡できる旨や，一定の業績が達成されない場合には会社が無償で取得する旨などです（特定譲渡制限付株式〔リストリクテッド・ストック Restricted Stock〕。法人税法34条・54条，法人税法施行令111条の2第1項，所得税法施行令84条1項参照）。

　なお，取締役の報酬等としては，新株が発行されると発行済株式の希釈化が生じるので，自己株式処分による傾向が見受けられます。

G　株主以外の者に対する募集株式の有利発行・有利処分

　株主割当ではない場合においては時価での発行・処分が原則となります。時価以下での発行・処分も可能ですが，特に有利な払込金額で株式引受人を募集するときは（有利発行・有利処分），募集事項を定める株主総会で，取締役は有利発行・処分を必要とする理由を説明しなければなりません（会199条3項・200条2項）——当該総会の招集通知を書面あるいは電磁的方法をもって行わなければならない場合には（第15章2B参照），招集通知に有利発行・処分の概要を記載（記録）しなければなりません（会298条1項5号・299条4項，会規63条7号ホ）。公開会社でも有利発行・処分は株主総会特別決議を要します（会201条1項）。

　有利発行・処分に関してこのような法規制がなされるのは，有利発行・処分が株価下落の原因となるからで（既存株主から新株主へ経済的価値の移転が生じます），持株価格低下により損害を被る既存株主の経済的利益を保護しようとする趣旨です（既存株主が有利発行・処分に賛成する場合には，払込価額には表れない何らかの利益を会社が取得することがあるからでしょう。例えば，経営が悪化している会社が有利発行・処分によって優良企業の傘下に入り建て直しを図る場合など）。

　以上に対して，株主割当の場合には，すべての株主にその持株数に応じて株式の割当を受ける権利が付与されており，かつ，株式を引き受けた既存株主は，既存株式の経済的価値と新たに取得した株式の経済的価値の双方を有することになり，払込金額が時価以下であっても，結果として経済的利益を失いません。したがって，時価発行・処分であることを要しません（会202条5項参照）。

H 新株発行・自己株式処分の差止

法令・定款に違反したり著しく不公正な方法による新株発行・自己株式処分によって不利益を被るおそれがある株主は、新株発行の差止・自己株式処分の差止を会社に請求することができます（会210条）——募集事項の公示義務（本章2E）参照。不利益を受けるおそれがある株主に認められた権利であり、取締役の違法行為に対する株主の差止請求権（会360条）のように「会社が損害を受けるおそれ」は要件とされません。

著しく不公正な方法による募集株式の発行・処分（不公正発行・不公正処分）の典型例は、授権資本制度の下、資金調達の必要がないのに第三者割当の方法を採用して行われる新株発行で、経営方針に反対する株主の持株比率を低下させるために経営陣側の者に割り当てる場合です（なお、本章2C参照）。このような場合には不公正発行であるとともに、募集事項を定める決議や募集事項の公示をも欠く事例が多く見受けられます。

問題となるのは、資金調達の目的もある場合です。募集株式発行等において資金調達目的と上述のような支配権維持目的が併存する場合には、支配権維持目的が主要目的だと判断される場合に限って不公正発行・不公正処分になるとする、主要目的ルールによるべきだとの見解が有力です。これによると、資金調達の必要性があれば、その方法（第三者割当による募集株式発行等を採用するか否か）は取締役会の裁量の範囲内ともいえ、不公正発行・処分にはあたらないとする傾向が強く表れます（ただし、支配権争いが存することを前提にすると、当該募集株式発行等に具体的な必要性・合理性が認められなければ、支配権維持を主要目的と解すべきでしょう）。株主側も、発行可能株式総数を適宜コントロールするなど注意が必要でしょう。一方で、株主共同の利益を毀損することが明白な場合（株式の公開買付などで会社支配権を掌握した途端に会社を犠牲にして自らの利益を図る行為、例えば、自らの債務の弁済のために会社の重要資産を流用するなど）には、当該株主の持株比率を低下させる目的は不公正にあたらないとする見解も近時では有力です（なお、本章3A参照）。

差止請求権の行使として裁判外で会社に差止を請求することもできますが、株主は新株発行差止の訴え・自己株式処分差止の訴えを提起することもできます。新株発行・自己株式処分が効力を生じてしまえば差止の対象を失うので、

その前に，通常は差止の訴えを本案とする差止の仮処分が申請されます。新株発行差止・自己株式処分差止の仮処分命令が発せられると，会社は申請株主に対して新株発行・自己株式処分をなさないという不作為義務を負うことになります。

Ｉ　新株発行・自己株式処分の法的性質と一体性

　既述のように，新株発行も自己株式処分も会社社団法上の行為です。それとともに授権資本制度のもとでは，公開会社においては，授権残枠における新株発行権限が（業務執行権限を有する）取締役会にあるので，新株発行は業務執行に準じる行為としての性質をも有すると解されています。

　ここで注意すべきなのは，会社法は，新株発行行為・自己株式処分行為，つまり，一体としての新株発行・自己株式処分と，個別の引受契約を明確に区別している点です。すなわち，意思表示や契約の一般原則上の個人法的な瑕疵の問題は，個々の引受契約ごとに判断されます（会211条参照）。これに対して，社団法上の瑕疵の問題は，個々の引受契約から切り離し，一体としての新株発行・自己株式処分につき判断され，それは会社法が用意した新株発行無効の訴え・自己株式処分無効の訴えでのみ取り扱われます（会828条1項2号3号。なお，効力発生前は一体としての差止が問題となります〔本章2Ｈ〕）。元来，募集株式の発行・処分は社団法上の発行・処分意思の表示を基礎として（打切発行・処分制のもと，募集事項決定決議ごとにおける募集株式発行等の一体性），その上に個々の引受契約がなされます（引受契約自体の不存在や引受人の失権は新株発行・自己株式処分の一体性に影響しませんが，一体としての新株発行・自己株式処分の無効は個々の引受契約を失効させます）。多数の引受契約の単純な合算が新株発行・自己株式処分と呼ばれているわけではないのです。

　このような一体としての新株発行行為・自己株式処分行為は，社団法上の行為であり，取引の安全保護の妥当領域ではありません。ここでは既存の社団構成員──既存株主と，新たに社団に加入しようとする者──株式引受人（新株主およびその後の株式譲受人）との利益調整は問題になりますが，取引法上の行為ではないので，一方的に新加入者の利益が優先されなければならない理由（取引の安全保護の要請）はないのです。

J　新株発行・自己株式処分の効力

　新株発行・自己株式処分の効力は3段階に分けて把握することができます。すなわち，①完全に有効で無効原因がない場合，②一応有効だが無効原因がある場合，③初めから効力が発生していない場合です。

　②の場合にも新株発行無効の訴えあるいは自己株式処分無効の訴えによらなければ新株発行・自己株式処分を失効させることはできません（会828条1項2号3号）。新株発行・自己株式処分に関する法律関係の安定（早期かつ画一的な確定）を目的とするもので，そのために提訴期間は新株発行・自己株式処分が効力を生じた日から6か月（公開会社でない場合には1年）以内に制限され（会828条1項2号3号），提訴権者は株主・取締役・執行役・監査役または清算人に限定されています（会828条2項2号3号。被告は会社です〔会834条2号3号〕）。さらに，無効判決は第三者に対しても効力を生じますが（会838条。対世効），新株発行・自己株式処分の効力は将来に向かってのみ失われます（会839条）。

　③は新株発行不存在・自己株式処分不存在の場合です（新株発行手続を全くといってよいほど欠く場合のほか，手続に欠缺はないが新株の内容が強行法規違反である場合をも含むかについては議論があります）。新株発行の不存在・自己株式処分の不存在は主張方法，主張権者，主張時期に制限はありません。他の訴訟（例えば，株主総会決議取消の訴え）においてその請求の前提問題として主張することもできます（新株発行の無効・自己株式処分の無効は各無効の訴えによってしか主張できず〔形成の訴え〕，他の請求の前提問題として主張することはできません）。なお，会社を被告として（会834条13号14号），新株発行不存在確認の訴え・自己株式処分不存在確認の訴えを提起することもできます（会829条）。不存在確認判決に対世効が認められています（会838条）。

　①と②の区別は無効原因の有無であり，従来議論が集積されてきた問題です。②と③の区別は，新株発行・自己株式処分が業務執行に準じる行為としての性質を有する点から，会社代表機関が行ったか否かが重要な基準とされてきました。

K　新株発行・自己株式処分の無効原因

　従来，盛んに議論されてきたのは②における無効原因の有無です。特に問題

とされてきたのは新株発行に関する次のような瑕疵です。ⓐ取締役会決議の欠缺，ⓑ有利発行における株主総会特別決議の欠缺，ⓒ不公正発行，ⓓ新株発行事項の公示欠缺，ⓔ新株発行差止仮処分命令に対する違反，そして，ⓕ公開会社でない株式会社における株主総会特別決議の欠缺。

　最高裁判例の立場を見てみましょう。ⓐは無効原因ではないとされます。新株発行は業務執行に準じる性質を有するし，取引の安全保護も考慮する必要があるからだといいます（最判昭和 36 年 3 月 31 日民集 15 巻 3 号 645 頁）。ⓑⓒも無効原因ではないとされます。ⓐの場合と同様の理由です（ⓑにつき最判昭和 46 年 7 月 16 日判例時報 641 号 97 頁，ⓒにつき最判平成 6 年 7 月 14 日金融・商事判例 956 号 3 頁）。判例によると，代表取締役が新株を発行する限り，ⓐⓑⓒのような事由があっても当該新株発行は完全に有効だと扱われるわけです。これらに対して，新株発行事項の公示は株主の新株発行差止請求権行使機会の保障を目的とするものだから，その欠缺ⓓは，新株発行差止事由がない場合を除き，無効原因とされます（最判平成 9 年 1 月 28 日民集 51 巻 1 号 71 頁）。ⓔも無効原因とされます。これを無効原因と解さなければ，株主に与えられた差止請求権の実効性が担保できないからだといいます（最判平成 5 年 12 月 16 日民集 47 巻 10 号 5423 頁）。新株発行差止請求権は既存株主の利益保護のために特に設けられた制度であり，この趣旨を没却させてはならないとの判断です。つまり判例は，会社支配権に関する既存株主の保護は，基本的に発行等差止によるべきでありまたそれで足りると考えている，といってよいと思われます（有利発行・処分における経済的不利益は，会社法 429 条によって回復されることになるでしょう）。ただし，ⓕは無効原因だとされます。公開会社でない株式会社においては，持株比率の維持に係る既存株主の利益保護を図る趣旨で株主総会特別決議が求められているからだとします（最判平成 24 年 4 月 24 日民集 66 巻 6 号 2908 頁）。

　以上のような判例の立場は正当でしょうか。前述のように，この問題には段階があります。新株発行・自己株式処分が効力を生じるか否かという段階と（本章2J②と③の区別），効力を生じた新株発行・自己株式処分に無効原因が存するか否かという段階（本章2J①と②の区別）です。業務執行に準じる行為だから，会社代表機関が行えば，代表権限の範囲内の行為として，新株発行・自己株式処分は効力を有するといえます。これに対して，前述ⓐⓑⓒに関しては，業務

執行に準じるから取引の安全を考慮してこれらを無効原因と解してはならない，との主張が正当かどうかが問題なのです。

　判例のように取引の安全保護を問題とすると，悪意の株式引受人との関係ではこれらの事由は無効原因になるとの主張が当然出てきます。けれども，新株発行無効の訴え・自己株式処分無効の訴えは一体としての新株発行・自己株式処分の無効を対象とするものであり，個別の悪意者との関係を処理する仕組にはなっていません。前掲平成6年最判も，新株発行の効力は画一的に判断すべきであり引受人の事情などで個別に判断するのは相当ではない，と判示しています。もっとも平成6年最判は，「新株の発行が会社と取引関係に立つ第三者を含めて広い範囲の法律関係に影響を及ぼす可能性があること」を理由として挙げます。しかしこの場面は，前述のように，既存株主の利益と新株主の利益の調整という構図になっており，会社債権者の保護を組み合わせるのには無理がありますし，新株発行無効の訴え・自己株式処分無効の訴えの制度の限度において結果的にですが会社債権者保護は図られています。そもそも，前述のように一体としての新株発行・自己株式処分は，社団法上の行為であり（会社支配権の帰趨が問題となるのです），判例のように取引の安全保護を持ち出すのは正当ではありません。

　公開会社では，授権残枠の新株発行権限も自己株式処分権限もともに取締役会に属します。そして取締役会の決定に基づき，代表機関が募集株式発行の具体的な手続を行います。募集株式発行が業務執行に準じる行為としての性質を有するとの認識は，この手続が代表権限の範囲内の行為だとの認識にほかなりません。しかし，これは新株発行・自己株式処分の権限までをも会社代表機関の権限であるとする趣旨ではないはずです。一体としての新株発行・自己株式処分は，既存株主と新株引受人の利益調節が問題となる社団法上の行為です。取締役会が無権限の諮問機関ではない以上，取締役会の有する募集株式発行権限に基づかない新株発行・自己株式処分には無効原因があると考えなければ，利益調節は初めから働かないのです。取締役会決議欠缺の募集株式発行・処分や不公正発行・処分（新株発行・自己株式処分の権限が制約される場合）であっても，新株引受人が何の瑕疵もなく株式を取得する（これらの事由が無効原因ではない）という主張は，代表機関は絶対的な新株発行・自己株式処分権限を有するとの

主張と同義でしょう——会社支配権の問題であるにもかかわらず，です。

　平成17年会社法以前の商法では，授権資本制度のもと，有利発行において
も新株発行権限は取締役会に属していました。しかしながら会社法では，公開
会社においても有利発行・処分権限は株主総会に属します（既存株主の経済的利
益だけでなく会社支配的利益も保護されるわけです）。したがって，有利発行・処分に
おいて株主総会特別決議の欠缺は無効原因になると解すほかありません。有利
発行・処分ではなくても，公開会社でない株式会社における⒡は同じく無効原
因です。

　前述⒟⒠は，新株発行・自己株式処分権限——新株発行・自己株式処分の法
的性質とは直接の関連性を持たない事由です。これらを無効原因とする，つま
り一般原則では無効原因として扱われない事由を新株発行無効の訴え・自己株
式処分無効の訴えの段階で持ち出す理由は何でしょうか。判例は差止事由があ
れば⒟は無効原因となると判断しますが，無効原因ではない単なる差止事由を
無効原因と評価する理由は示されません。⒠についても，新株発行差止・自己
株式処分差止の仮処分命令の効果は，仮処分命令を得た株主に対する会社の不
作為義務（債権債務関係）ですから，無効原因と評価するのは無理でしょう。公
示義務や差止請求の制度は新株発行・自己株式処分自体の問題ではなく，その
周辺整備に関する事項です——本来無効原因とは評価しえないのです。これら
の実効性に問題があるのであれば，これら自身の問題として解決するのが筋で
す。

　判例理論によると，⒜⒝⒞は無効原因と把握されないため，既存株主の利益
が考慮されない結果となるおそれがあります。そこで判例は，⒟⒠を無効原因
として調整を図ろうとしたのでしょう（事前救済制度である発行等差止に過度に寄り
かかる構成です）。このような立場は，論理的にも説得力を欠き，制度論的にも
妥当性を欠くと思われます。

3　新株予約権

A　新株予約権の意義

新株予約権とは，その権利行使に際して，あらかじめ約定された内容の出資

の払込・給付をなすことにより，会社から当該会社の株式（会社が発行する新株あるいは会社が所有する自己株式）の交付を受けることができる権利です（会2条21号）。

新株予約権は，株式を取得できる権利であるのに過ぎず，新株予約権と引き換えになす会社への払込（払込価額〔会238条1項3号〕）を要しないこととすることもでき（会238条1項2号。権利行使の際には出資を要します〔会236条1項2号3号〕——権利行使価額），さらに，その権利行使期間の設定に制約がないので，柔軟な取扱をなすことができます。したがって，多様な活用方法を考えうるのが特徴です。以下のような利用例が考えられます。

取締役や従業員などへの報酬・給与の一環としての発行（ストック・オプション〔stock option〕）。取締役であることを条件にストック・オプションとして新株予約権を付与したいのであれば，その者が退任した場合には会社が当該新株予約権を取得する旨を定めておき（取得条項付新株予約権〔会236条1項7号・273～275条〕），会社は取得後に自己新株予約権として消却することもできます（会276条）。株式上場会社が取締役の報酬等としてあるいは取締役の報酬等をもってする払込と引換に新株予約権を発行する場合（会361条1項4号5号ロ）には，当該新株予約権の内容として，新株予約権行使に際して金銭出資・現物出資を要しない旨，かつ当該取締役以外の者は当該新株予約権を行使できない旨を定めることができます（会236条3項。第22章4C参照）。事前交付型と事後交付型があります（本章2F参照）。株式上場会社である指名委員会等設置会社の取締役・執行役に関しても同様に規整されています（会236条4項。第20章6F参照）。

資金調達手段。社債などと組み合わせ，有利な資金調達手段とすることもできます（本章4B参照）。また，近時では，株主に対する新株予約権の無償割当（会277～279条）が資金調達手段として注目されています（ライツ・イシュー〔rights issue，英〕，ライツ・オファリング〔rights offering，米〕。割当基準日から権利行使期間〔数週間程度〕満了まで短期間〔2か月以内〕に設定されます）。株主割当による通常の新株発行（会202条）の場合（会208条4項）と異なり，新株予約権の譲渡は制限されていないので（会254条1項。ただし，同条2項3項），権利行使（出資）をしない株主も新株予約権の売却によって経済的利益を失わずにすみます（権利行使価額が時価以下の場合）。なお，上場株式に係る新株予約権は上場できます。

コミットメント型ライツ・オファリングでは，取得条項付新株予約権（〔一般投資家の〕権利行使期間満了日までに行使されなかったことが条件）を取得条項に基づいて取得した会社が，あらかじめ締結されているコミットメント契約により証券会社に売却し，当該証券会社が権利行使します。権利行使比率がきわめて高くなります。

企業提携に利用される場合には，提携関係の状況にあわせて段階的に関係強化（持株比率の引き上げ）を達成できます。

企業買収に対する防衛策としても，株主に対する新株予約権の無償割当が利用されています。例えば，「一定の条件が満たされると大量の（買収者のみが行使できない差別的行使条件付）新株予約権が株主に割り当てられる定め」（ライツ・プラン〔rights plan〕。最判平成19年8月7日民集61巻5号2215頁参照）自体が防衛になります（新株予約権行使価額は，通常，株式の時価をはるかに下回る価額〔例えば，1円〕に設定されます）。ただし，買収防衛策は，経営陣の保身を目的とするものであってはならず，その導入・運営につき株主に十分な説明を行うことが求められます（CGコード原則1－5，上場規程440条。なお，CGコード補充原則1－5①参照）。この点につき，「企業買収における行動指針」（2023年。第27章7C参照）は，買収対抗措置に関する公正なルールとして，株主意思の確認および必要性・相当性の確保を提示しています。なお，ライツ・プランを採用する上場会社は264社で漸減傾向にあります（東証白書2023）。

新株予約権発行会社が合併消滅するときに，新株予約権者に存続会社あるいは新設会社の新株予約権を交付する措置など，組織再編に備えた内容で新株予約権を発行することもできます（会236条1項8号）。なお，第27章2C⑤参照。

買収防衛策における株主意思の確認

株主意思の確認としては，買収防衛策の導入・発動に関して株主総会の承認決議を得る方法が一般的です。取締役会設置会社では，そのための定款の定めがなければ株主総会の権限事項とは認められません（会295条2項）。もっとも，株主総会決議としての効力は認められなくても（勧告的決議），株主意思の確認としては意義を有すると解されます（通常決議で足ると解されます〔名古屋高決令和3年4月22日資料版商事法務446号130頁〕）。

なお，株主意思の確認が予定されずに買収防衛策としてなされる新株予約権の無償割当に対しては，特段の事情がない限り，著しく不公正な方法によるものとして差止が認められます（会247条2号。東京高決令和3年4月23日資料版商事法務446号154頁）。

B　新株予約権の発行

　新株予約権発行規整は募集株式発行規整に準じてなされています。新株予約権の発行は，公開会社でない株式会社では株主総会特別決議，公開会社では取締役会決議により行われます（会238条2項・309条2項6号・240条1項）。ただし，株主以外の者に対して特に有利な条件で新株予約権を発行するには（有利発行），公開会社においても株主総会特別決議が必要です（会238条3項・240条1項）。特に有利な発行条件とは発行価額に関する条件を指し，新株予約権の合理的な評価価値よりも発行価額が低い場合には有利発行です。この点，取締役や従業員の職務執行の対価としてストック・オプションが付与される場合には，払込を要しない発行（会238条1項2号）でも有利発行とは評価されません。前述（本章3A）のように，上場会社の取締役・執行役に発行される新株予約権の権利行使に際して金銭出資・現物出資を要しない旨を定めることができますが，提供した役務の公正な評価額を出資とするものであり，このような内容の新株予約権の発行も有利発行になるとは解せません。

　新株予約権の募集事項（募集新株予約権の内容・数，募集新株予約権と引き換えに払い込む金額またはその算定方法，割当日など〔会238条1項〕）は募集ごとに均一に定めなければならず（会238条5項），会社は新株予約権募集事項の公示義務を負い（会240条2項3項，振替161条2項。なお，会240条4項参照），新株予約権の株主割当（会241条），申込・割当等（会242〜245条。割当・引受契約により新株引受権者になります）など募集株式発行と同様です。

　不公正発行などの場合における株主の新株予約権発行差止請求権（会247条），新株予約権発行無効の訴え（会828条1項4号）の制度が設けられています。また，新株予約権を発行したときは，その数などを登記することを要します（会911条3項12号）。

C 新株予約権の譲渡・行使

新株予約権は，上述のように自由譲渡性を有します。譲渡制限新株予約権（会243条2項2号）の発行も可能です（会236条1項6号・262～266条）。

証券発行新株予約権（会249条3号ニ・236条1項10号）でなければ，意思表示によって譲渡できます。新株予約権を譲渡により取得した者は，新株予約権原簿（会249条）の名義を書き換えなければ，会社・第三者に対してその権利を主張できません（会257条1項）。

証券発行新株予約権は，会社保有の自己新株予約権の処分としての譲渡を除き（会256条参照），新株予約権証券の交付によって譲渡します（会255条1項）。記名式新株予約権証券が発行されている場合には，新株予約権原簿の名義書換が会社に対する対抗要件です（会257条2項）。無記名式新株予約権証券が発行されている場合には，新株予約権原簿制度は適用されません（会257条3項）。

振替新株予約権（振替163条）は口座振替によって譲渡します（振替174条）。振替新株予約権については，新株予約権証券を発行できません（振替164条1項）。振替口座への登録によって権利の帰属が定まるので，会社法257条1項の適用は除外されます（振替190条）。

新株予約権の行使は，その行使に係る新株予約権の内容・数および行使日を明らかにして行います（会280条1項）。新株予約権証券が発行されている場合にはそれを会社に提出し（会280条2～5項），各新株予約権の行使に際してなす出資全額を払い込みあるいは給付し（会281条），振替新株予約権を行使する加入者は当該新株予約権について抹消申請を要します（振替188条）。新株予約権行使日に権利行使者は株主になります（会282条1項）。仮装出資の場合については，会社法282条2項3項・286条の2・286条の3参照。なお，会社は，その発行した新株予約権を承継取得できますが，取得した自己新株予約権は行使できません（会280条6項）。

4 社　　　債

A 社債と株式

会社が市場から直接，長期かつ多額の資金を調達する方法として，募集株式

の発行・処分と社債募集があります。募集株式の発行・処分は当然株式会社に特有ですが，社債の募集は会社（株式会社・持分会社）に認められた資金調達方法です（会676条）。

　社債は金融機関からの借入と同様に会社の債務です（会2条23号）。メインバンクなど金融機関から長期，多額の資金を借り入れる場合には，その金融機関の強い影響力を受けながら会社を経営せざるをえません。一方，社債の場合には均一な小口に分割されて発行されるので，多数の投資家から資金を調達することになります。そして社債権者は，約定期限が到来すれば償還を受けますが，投資した資金を社債の譲渡という形でも回収することができます。いわゆるバブル経済崩壊後，長期金利が低水準で推移しているのに加え，規制緩和が進んだことによって，社債募集の増加がみられます。

　なお，「当該社債の発行が利息制限法の規制を潜脱することを企図して行われたものと認められるなどの特段の事情……がある場合を除き，社債には利息制限法1条の規定は適用されない」と解されています（最判令和3年1月26日民集75巻1号1頁）。

社債と株式の相違

　最も大きな相違は，株主は会社の実質的所有者なので，議決権を行使するなど会社の運営に参加できますが（会社支配権），社債権者には会社運営に参加する権利はない点です。経済面においては，社債は会社債務であり，会社利益の有無にかかわらず約定利息が支払われ，期限に元本が償還されます。株式は株式会社の構成員たる地位であり，株主の払込額は資本金あるいは資本準備金に組み入れられるので出資返還は厳格に制限され（株主有限責任の基礎），会社に分配可能額が生じなければ剰余金配当はなされません。そして会社解散の場合には，株主は債務弁済後の残余財産の分配を受けることになりますが，社債権者は会社債権者として株主に先立って支払を受けることができます。

　社債と株式には上述のような相違があります。けれども，配当優先株式を完全無議決権株式としかつ非参加的累積的に発行すると，配当が平均化し，議決権が行使できないので，株式でありながら実態としては社債に近くなります。次に述べる新株予約権付社債は社債権者が株式取得の権利を有するという意味

で株式に接近するものです。株価指数など一定のインデックスにより変化する金額を償還金額とするインデックスリンク債（index linked bond）は確定元本の償還がない点で，また，償還期を発行会社清算時とし（永久債），元利金の支払を他の社債や一般債権に劣後することとされた永久劣後債は，支払の順位は株主に対する残余財産分配に優先されますが，それぞれ経済的には株式に類似します。

メザニン

以上のように，資金調達には株式の発行を伴う方法（Equity Finance）と，負債（debt）が増加する方法（普通社債〔直接金融，市場型〕や金融機関からの借入〔間接金融，相対型〕）があります。前者（ハイリスク・ハイリターン）と後者（ローリスク・ローリターン）の中間型がメザニン・ファイナンス（Mezzanine Finance）です（ミドルリスク・ミドルリターン）。メザニンは中二階を意味します。

メザニンは多様で，新株予約権付社債（本章4B），非参加的累積的配当優先株式（無議決権株式にすると，より一層，社債化。普通株式を対価とする取得請求権付種類株式にすると転換社債に類似します。第9章2・3・5)，残余財産分配優先株式（会社解散時における投下資本の回収を普通株式よりも優先します。第9章2A)，上述の劣後債，約定劣後破産債権（破産法99条2項）など，柔軟に設計できます。

B　新株予約権付社債

直接金融にしても間接金融にしてもその手段は多様化しており，株式会社は状況に応じて最も有利な手段を選択することができます。社債も通常の普通社債のほかに，新株予約権を付した新株予約権付社債（会2条22号。なお，短期社債には新株予約権を付すことはできません〔振替83条1項〕）が認められています。

会社法に規定されている新株予約権付社債については，新株予約権または社債の一方のみの譲渡はできません（会254条2項3項）。会社法に直接の規定はありませんが両者を別個に扱える分離型の新株予約権付社債を発行することも可能です（社債と新株予約権とを同時に募集し同時に割り当てる方法で発行するもの）。

会社法に規定された非分離型の新株予約権付社債にも，新株予約権行使のときに社債全額が償還されて新株予約権行使に際しての払込金に充てられるもの

（いわゆる転換社債〔C. B＝convertible bond〕。新株予約権者に交付する株式に1株に満たない端数がある場合は，これを切り捨てる定めを置くか〔会236条1項9号〕，金銭交付で処理しなければなりません〔会283条，会規58条〕）とそうでないものとがあります。転換社債型新株予約権付社債は安全な社債（確定利息，元本償還）から投機的な株式（剰余金配当，株価変動）への転換ができるので，投資対象として普通社債よりも魅力が増します。そこで，普通社債よりも有利な条件で発行でき（償還期間をより長期に，利率をより低く），また，新株予約権が行使されると資本金が増加するとともに償還義務を免れることになるので，発行条件が整えば発行会社にとって多くの利点を有します。転換社債型でない方は，新株予約権の行使によっても社債は存続します（新株予約権行使に際して払込が必要です）。そこで，長期の外貨建て債権を有する会社にとって，円高による為替差損の危険を回避する手段として利用価値があります——同じ外貨建て長期債務を非転換社債型新株予約権付社債で負担することによる為替リスクのヘッジ機能（転換権が行使されると債務が消滅してしまう転換社債型では不十分です）。

　転換社債型新株予約権付社債の転換権を会社が有するように定めることもできます（会236条1項7号イニ。取得条項付新株予約権付社債）。この場合には，一定の事由が生じたことを条件として，会社は，当該新株予約権付社債を取得でき（会275条1項2項），それと引き換えに株式を交付することになります（会275条3項1号）。

C　社債募集の手続

　募集社債（募集に応じて引受を申し込んだ者に対して割り当てる社債）を発行するには，募集社債の総額，各募集社債の金額，募集社債の利率・利息支払の方法（社債原簿上の社債権者の住所で支払われますが，無記名式社債券が発行されている場合には社債券に添付された利札と引換に支払われます。振替社債については，加入者が口座管理機関に請求を委任します〔証券保管振替機構・社債等に関する業務規程58条の30・58条の31〕）や償還の方法・期限等の社債募集事項を，募集のつど，定める必要があります（会676条，会規162条）。他の会社との合同発行，社債金額の分割払込や金銭以外の財産給付を金銭払込に代える定めも可能です（会676条12号，会規162条1〜3号）。なお，新株予約権付社債の発行は，新株予約権の発行手続に

よります（会248条）。

　社債の募集は重要業務執行なので，取締役会設置会社においては取締役会決
議で社債募集事項を決定しなければなりません（会362条4項5号・399条の13第
4項5号）。ただし，募集社債の総額の上限・利率の上限など重要事項を定めれ
ば，取締役会は社債の募集を取締役に委任できます（会規99条・110条の5）。監
査等委員会設置会社では取締役に委任できる特例があります（会399条の13第5
項6項）。指名委員会等設置会社においては，取締役会は社債の発行を執行役に
委任できます（会416条4項）。取締役会を設置しない会社においては，定款に
別段の定めがなければ，取締役が社債の募集を決し（会348条1項），複数の取
締役が存する場合には，取締役の過半数で社債募集を決しますが，各取締役に
決定を委ねることもできます（会348条2項3項）。

　発行方法には，一般不特定人への募集である公募（募集事務を発行会社自身が行
う直接募集と他の会社に委託する委託募集があります），一定期間（売出期間）を定めて
発行会社自身が公衆に対して個別に社債を売り出す売出発行，定められた一定
期間内において社債募集を委ねられた取締役が具体的な募集条件を決定しなが
ら複数回の募集を行うシリーズ発行，さらに，特定人が社債総額を一括して引
き受ける契約を社債発行会社と締結する総額引受があります。

D　社債の譲渡

　社債券を発行する旨の定めのない社債の譲渡は，譲渡当事者間の意思表示の
みにより行われます。ただし，社債を譲渡により取得した者は，社債原簿の名
義を書き換えなければ当該社債発行会社その他の第三者に対してその権利を主
張できません（会688条1項）。なお，社債発行後遅滞なく社債発行会社は，社
債原簿（社債の種類〔社債の内容〕，種類ごとの社債の総額・各社債の金額，払込に関する
事項，社債権者に関する事項，社債券に関する事項等を記載〔記録〕します〔会681条，会
規165条・166条〕）を作成し（会681条柱書），本店に備え置かなければなりませ
ん（会684条1項）。社債原簿管理人を定めて社債原簿の作成・備置を委託する
こともできます（会683条）。

　社債券を発行する旨の定めがある社債の譲渡は，社債券の交付が譲渡の効力
要件となります（会687条）。記名式社債券の場合には，社債原簿の名義書換が

社債発行会社に対する対抗要件です（会688条2項）。無記名式社債券の場合には，社債原簿制度は適用されません（会688条3項）。

　振替社債の権利帰属は振替口座簿の登録により定まります（振替66条）。振替社債については社債券を発行できません（振替67条1項）。振替社債の譲渡は，譲渡人の口座から譲受人の口座へ振替登録されることによって効力を生じます（振替73条）。社債原簿に社債権者の氏名（名称）・住所は登録されず，社債原簿による対抗要件の問題は生じません（振替86条の4，会681条4号・688条1項）。振替新株予約権付社債についても同様です（振替192条1項・193条1項・205条・224条，会257条1項）。なお，第12章1C参照。

　社債の質入も意思表示により行いますが，社債券を発行する旨の定めがある場合には社債券の交付が質権設定の効力要件となります（会692条）。質権者の氏名（名称）・住所を社債原簿に記載（記録）しなければ社債発行会社その他の第三者に対抗できません（会693条1項）。社債券を発行する旨の定めがある場合には，質権者による社債券の占有が社債発行会社その他の第三者への対抗要件です（会693条2項）。

　なお，当該社債について社債券を発行する旨の定めがある場合を除き，社債権者は，社債発行会社に対して，社債原簿に記載（記録）された当該社債権者に関する事項を記載（記録）した書面（電磁的記録）の交付（提供）を請求できます（会682条1項4項）。登録質権者に関しても同様です（会695条）。また，社債権者，その他の会社債権者，株主・社員は，社債発行会社の営業時間内はいつでも，理由を明示して，社債原簿の閲覧・謄写を請求できます（会684条2項，会規167条）。社債発行会社が株式会社である場合には，当該会社の親会社社員も，その権利行使に必要なときには，裁判所の許可を得て社債原簿の閲覧・謄写を理由を明示して請求できます（会684条4項）。ただし，社債原簿の閲覧・謄写を請求する者が，その権利の確保・行使に関する調査以外の目的で請求したとき，閲覧・謄写によって知りえた事実を利益を得て第三者に通報するために請求したとき，過去2年以内に閲覧・謄写によって知りえた事実を利益を得て第三者に通報したことがあるとき，以上のいずれかに該当する場合には，社債発行会社は社債権者等の社債原簿閲覧・謄写請求を拒むことができます（会684条3項5項）。

E　社債の管理

社債権者と発行会社とは長期間継続的な関係を有します。その間には，元利金支払の不履行など発行時には予想されなかった事態も起こりえます。そのようなときに自らの利益保持が困難な一般大衆に向けて募集された社債の場合には，多数の小口の社債権者の保護を図る必要があります。そこで，社債権者集会，社債管理者，社債管理補助者の各制度が設けられています（なお，短期社債には社債権者集会の制度は適用されません〔振替83条3項〕）。

社債権者集会は，同じ種類の社債の社債権者によって組織され（会715条），会社法に規定する事項および社債権者の利害に関する事項について決議する権限を有する臨時の合議体です（会716条。決議要件は，会社法724条。みなし集会決議につき，会社法735条の2参照）——保有する当該種類の社債金額の合計額に応じて，社債権者は議決権を有します（会723条1項）。法定の決議事項には，当該社債全部についての支払猶予等（会706条1項），社債管理者の辞任への同意や社債管理者解任申立（会711条1項・713条），代表社債権者の選任・解任（会736条・738条）などがあります。なお，社債権者の利益保護のために，社債権者集会の決議は裁判所の認可を受けなければ効力を生じないこととされています（会732〜735条。みなし集会決議は除きます〔会735条の2第4項〕）。

社債を募集する会社は，社債管理者を定め，社債権者のために弁済の受領や債権保全などの社債管理（社債管理者の権限につき会社法705条1項参照）を委託することを義務づけられています（会702条本文）。ただし，各社債の金額が1億円以上の場合や50口未満発行の場合には社債管理者の設置は任意です（会702条但書，会規169条）。大口の社債権者は機関投資家で自ら対処する力を有しますし，社債権者が限られた少数の場合には社債権者集会で対処できるからです。長期信用銀行債（長期信用銀行法10条2項）や担保付社債（担保付社債信託法2条3項）の発行の場合も同様に任意です。長期信用銀行債には発行限度があり（長期信用銀行法8条），担保付社債の管理は受託会社が行うからです（担保付社債信託法2条2項・35条）。

社債管理者は，銀行，信託会社，あるいはこれらに準じる者として法務省令で定める者でなければなりません（会703条，会規170条。なお，有価証券関連業を行う金融商品取引業者〔証券会社など〕は社債管理者になることができません。銀証分離の

趣旨です)。社債管理者は，社債発行会社から社債の管理を委託されるのであり，社債権者とは契約関係がありません。しかし社債権者の保護のために，会社法は，社債管理者に次のような義務を課しています。すなわち，社債管理者は，社債権者のために公平かつ誠実に社債の管理を行わなければならず（会704条1項。公平義務，誠実義務〔社債管理者は，社債権者の利益を害して，自己または第三者の利益を図ってはならないのですね。会710条2項参照〕)，また，社債権者に対して善良な管理者の注意をもって社債の管理を行わなければなりません（会704条2項。善管注意義務）。これらの義務違反行為によって社債権者が損害を被った場合には，社債管理者はその賠償責任を負います（会710条）。

　社債管理者の設置が強制されない場合（会702条但書。なお，会714条の6参照）には，社債発行会社は，社債管理補助者を定めて社債権者のために社債の管理の補助を行うことを委託することができます（会714条の2本文。担保付社債についてはこの制度は利用できません〔同条但書〕）。このように社債管理補助者の制度を利用できるのは，社債権者自らが社債の管理に対処できると考えられる場合ですが，社債発行会社破産など混乱が予想される場合に備えて，社債管理者よりも裁量の余地の限定された権限（会714条の4。会705条1項対照）のみを有する社債管理補助者の制度が設けられているのです。設置コストも社債管理者設置よりも低く抑えることができることになります（報酬等については会社法741条参照）。

　社債管理補助者は，銀行，信託会社，あるいはこれらに準じる者として法務省令で定める者でなければなりません（会714条の3，会規171条の2）。社債管理補助者の義務，社債管理補助者の責任などについては，社債管理者の規定が準用されます（会714条の7）。

第 27 章

組 織 再 編

1　組織再編の意義

　企業間の経済的，法律的な結合関係は様々な形態で幅広く見受けられます。それに対応して会社法は，既述のように親子会社概念を設け，社外役員の要件に用いたり，多重代表訴訟制度を設けるなどの規整をしています。もっとも，これらの規整が体系的だとは言い難く，結合企業関係における複雑な利害関係を総論的に規整する基本法・基本法規を設けるなど，この分野の体系的な整序が今後の優先的な立法課題です。

　一方，企業経営の効率化が経済社会の課題として重要性を増してきており（家族的・社内相互扶助経営から効率的経営へ），その手段として企業組織の再編成が頻繁に行われています。再編手段として会社法は，合併，会社分割，株式交換，株式移転，株式交付，さらに事業譲渡等の各制度を用意しています。

　これらの中で，合併，会社分割，株式交換，株式移転，株式交付は，既述（第1章4D）の組織変更（会2条26号）とともに，会社法第5編に規定されています。組織変更は株式会社・持分会社間の会社の種類の変更です。その他は会社間の支配権の再編行為です。そこで，一般に，組織再編という講学上の概念を設けて，組織変更と組織再編（合併，会社分割，株式交換，株式移転，株式交付）を区別しています。このように，組織再編概念に事業譲渡等（会社法第1編第4章・第2編第7章）は含まれないことになります。もっとも，後述のように，事業譲渡等は業務執行の領域の問題ですが，他の制度と組み合わせて会社支配権の変動を伴わせる手段としても用いられています（例えば，事業の現物出資）。一方，吸収分割を現金交付で行う場合には（会758条4号参照），分割当事会社の会社支配権は変動しません。このようなことから，以下では，組織再編行為と

して，合併，会社分割，株式交換，株式移転，および株式交付を採り挙げるとともに，事業譲渡等も説明します。

　組織再編行為を把握するには2つの観点が重要だと思われます。まず会社支配権，そして会社財産です。合併は複数の会社が法的に合一化する最も強力な組織再編行為で，会社支配権の構成も会社財産の在り方もともに大きな変容を受けます。会社分割は，分割（事業に関する権利義務の包括承継）に伴って原則として株式・持分が交付される組織再編行為で，会社財産の在り方も会社支配権の構造もともに変化し，原則として分割当事会社が株式・持分の所有を通して結合することになります。株式交換・株式移転は完全親子会社関係を創設する，つまり会社支配権の構造を基本的に変えることを目的とした組織再編行為で，株式交換・株式移転完全親会社は株式交換・株式移転完全子会社の全株式を取得しますが，原則として会社財産の在り方に変化はありません。株式交付は親子会社関係を創出する組織再編行為で，株式交付親会社は株式交付子会社株式を取得しますが，原則として会社財産の在り方に変化はありません。事業譲渡は事業という機能的に組織化された財産の譲渡であり，財産の在り方のみが変動します。以下，各組織再編行為および事業譲渡等を順に採り挙げ，最後に少数株主の締出し（キャッシュ・アウト）につきまとめましょう。

　なお，合併，会社分割，株式交換，および株式移転に関する手続を定める会社法第5編第5章第2節第3節は，これらを次のように整理しています。まず，吸収型再編（吸収合併，吸収分割，株式交換）を第2節で，新設型再編（新設合併，新設分割，株式移転）を第3節で規定します。次に，それらを，移転側手続（合併消滅会社，分割会社，株式交換完全子会社，株式移転完全子会社。吸収型は第2節第1款，新設型は第3節第1款）と受入側手続（吸収合併存続会社，吸収分割承継会社，株式交換完全親会社，新設合併設立会社，新設分割設立会社，株式移転設立完全親会社。吸収型は第2節第2款，新設型は第3節第2款）に区分した上で，最後に，それぞれを株式会社の手続（各款第1目）と持分会社の手続（各款第2目）とに区分して規定しています。因数分解して条文数を節約しているわけですね。株式交付の手続は，新会社が設立される手続ではなく，また，株式交付子会社が当事会社でないので，第5章第4節に独立して規定されています。

2 合　　併

A　合併の意義

　合併とは，複数の会社が1つの会社へと法的に合一化する社団法上の特殊な法律行為です。同じ種類の会社同士だけでなく種類の異なる会社間でも自由な組合せで合併できます（会748条前段。合併自由）。複数の会社社団が合一化し，財産関係も包括的に合一化します。

　複数の会社が法的に合一化する方法として，合併には，合併当事会社の一方が存続し他方の当事会社は解散して存続会社に吸収される場合と，すべての合併当事会社（2社に限定されません）が解散しそれと同時に設立された新設会社（合併契約によって会社の種類を定めます〔会753条1項2号・755条1項2号〕）にすべてが吸収される場合があります。前者を吸収合併（会2条27号），後者を新設合併（会2条28号）と呼びます。新設会社はどの種類の会社であってもよく，持分会社どうしの新設合併で新設会社を株式会社とすることも可能です。

　なお，独禁法によって，一定の取引分野における競争を実質的に制限することとなる合併，および，不正な取引方法による合併が禁止されており（同法15条1項），また，合併をしようとする会社は，一定の場合には合併計画を公正取引委員会に届け出る義務を負い，届出受理の日から30日を経過するまでは合併できないこととされています（同法15条2項3項・10条8項）。このほか，各種の業法により合併規制が行われています（例えば，内閣総理大臣の認可〔銀行法30条1項，信託業法36条1項，保険業法167条1項〕，経済産業大臣の認可〔電気事業法10条2項〕，国土交通大臣の認可〔鉄道事業法26条2項〕）。

B　合併の法的性質

　合併により，合併当事会社の全部（新設合併），あるいは当事会社の一方（吸収合併）が解散することになります。つまり，それらの会社にとって合併は会社解散事由です（会471条4号・641条5号）。しかし，通常の解散の場合と異なり，清算手続が行われるわけではありません（会475条1号括弧書・644条1号括弧書）。吸収合併の場合には，解散会社の株主・社員に対して存続株式会社が株式を割

り当てることができるのですが（会749条1項2号イ3号），募集株式発行等の手続がなされるわけではありません（例えば，現物出資規制〔会207条〕は適用されないわけです）。新設合併の場合には，新会社が設立されるのですが，これも通常の会社設立手続を要するのではありません（会814条・816条参照）。

　合併においては，会社の解散，設立も，株式割当も合併という法律要件を構成する法律事実として合併手続の一環として行われます。それぞれの効果が各別に独立して発生することはありません。これらの効果は，合併契約に定められた効力発生日（吸収合併の場合。なお，会社債権者異議手続が終了するまで効力は生じません〔会750条6項・752条6項〕）あるいは新設会社成立日（設立登記日〔会814条1項・816条1項・49条・579条〕）に生じます。合併によって，存続会社・新設会社は消滅会社の権利義務を承継し，原則として，消滅会社の株主・社員は存続会社・新設会社の株主・社員になります（会750条1項3項1号・752条1項3項・754条1項2項・756条1項2項）。なお，吸収合併による消滅会社の解散は，吸収合併登記（会921条）後でなければ第三者に対抗できません（会750条2項・752条2項）。

　以上のように，合併の本質は，存続会社社団の拡大あるいは新設会社社団の設立と消滅会社社団の解散が同時に関連して行われる点に存します。

　もっとも，消滅会社の株主・社員に交付されるのは（合併対価），吸収合併の場合には，存続会社の株式・持分に限られず，社債や新株予約権，新株予約権付社債，あるいはこれら以外の金銭等の財産（例えば，現金を対価とする吸収合併である現金交付合併〔cash-out merger〕，存続会社が保有する存続会社の親会社の株式〔会800条参照〕を消滅会社株主に交付する三角合併〔triangular merger〕）でもかまいません（会749条1項2号・751条1項2号3号）。新設合併の場合には，持分会社を新設する新設合併の場合は，合併消滅会社の株主・社員に新設会社の持分を交付しなければなりませんが，その一部を社債にすることができ（会755条1項4号6号），株式会社を新設する新設合併の場合は，合併消滅会社の株主・社員に新設会社の株式を交付しなければなりませんが，その一部を社債，新株予約権，あるいは新株予約権付社債にすることができます（会753条1項6号8号）。したがって，合併の本質は会社社団の結合であるとは言い切れなくなります。ただし，少なくとも，消滅会社の会社支配権は消滅する（当該会社社団の消滅）ので，

合併が会社支配権の大きな変動要因であることに変わりはありません。なお，消滅会社の株主に対しては，その持株数に応じて合併対価を交付しなければなりません（会749条3項・753条4項。株主平等）。

C　合併の手続

① 合併契約の作成と承認

　合併にあたっては，当事会社は合併契約（法定掲載事項は会社法749条1項・751条1項・753条1項・755条1項）を締結して（会748条後段），株主総会の特別決議による承認（会783条1項・795条1項・804条1項・309条2項12号。合併対価として持分が株主に交付される場合には，総株主の同意を要します〔会783条2項・804条2項〕）あるいは総社員の同意を得る必要があります（会793条1項・802条1項〔消滅会社の株主・社員が存続持分会社の社員にならない場合を除きます〕・813条1項。持分会社においては定款で別段の定めができます）。合併契約は，法律行為の一種である合併の効果意思の定型化・様式化です。また，株主総会特別決議・総社員同意を要するのは，合併は会社社団の拡大，設立，解散を行う組織法上の行為だからです。

　各当事会社の合併契約の効果意思の内容に相違（意思の不合致）があってはならないので，合併契約前に当事会社間で合併内容の協議が行われます（基本合意書によって，合併の概要や交渉過程における義務などを定めることもあります）。それに従い，取締役・取締役会（取締役会設置会社）が合併の内容を決定することになります。合併は組織法上の行為であり業務執行にはあたりませんが，会社法362条4項（同399条の13第4項）の趣旨に鑑みると，取締役会設置会社においては，株主総会承認前の合併契約の内容は取締役会が決定しなければならないと解すべく（代表取締役が提出した原案を承認するという方法でもかまいません），代表取締役に決定権限は帰属しないし代表取締役等に決定を一任することもできないというべきです（監査等委員会設置会社・指名委員会等設置会社においては，略式合併・簡易合併で株主総会承認決議を要しない場合を除き，合併契約の内容決定は取締役会の専決事項です〔会399条の13第5項17号6項・416条4項19号〕）。

　合併当事会社の代表機関が合併契約に調印した後，合併の効力発生日の前日までに，各当事会社においては合併契約が，株主総会特別決議により承認されあるいは総社員の同意を得なければなりません。この承認決議には特例が定め

られています（会309条3項2号3号・783条2〜4項・795条2〜4項・804条2項3号）。

　なお，合併によって差損が生じる場合には，吸収合併存続会社における合併承認総会で，取締役は，差損が生じる旨の説明を要します（会795条2項，会規195条）。債務超過会社を消滅会社とする吸収合併が可能であることを前提とするものです（この場合には，簡易合併はできず〔会796条2項但書〕，必ず株主総会合併承認決議を要します）。

②　反対株主の株式買取請求権

　合併を承認する株主総会決議を要する場合には，当該総会に先立って会社に対して合併に反対する旨を通知しかつ株主総会において合併契約の承認決議に反対した株主（なお，事前通知要件に積極的な意義は見出しがたいでしょう。会社法796条3項の反対通知は別個に把握すべきです），および，当該総会において議決権を行使できない株主（議決権制限株式，単元未満株式，株式相互保有株式などの株主），そして，上記総会決議を要しない場合（簡易合併，略式合併の場合）には，特別支配会社および簡易合併における合併存続会社の株主を除き，すべての株主，以上を反対株主と呼びます。反対株主は，会社に対して自己の有する株式を公正な価格で買い取ることを請求できます（会785条1項2項・797条1項2項・806条1項2項。合併につき総株主の同意を要する場合〔会783条2項〕を除きます）。会社組織の基礎的変更にあたる合併が資本多数決で行われることとの均衡上，反対株主の経済的利益を保護する制度です。なお，持分会社は，総社員の同意がなければ合併できないので，持分買取請求の制度は設けられていません。

　株式買取請求の手続の流れは次の通りです。まず，吸収合併当事会社は，合併の効力発生日の20日前までに，原則としてその全株主に，吸収合併をする旨および相手方当事会社の商号・住所を通知します（会785条3項・797条3項。当事会社が公開会社である場合，あるいは吸収合併を承認する総会決議がなされている場合には，公告をもって通知に代えることができます〔会785条4項・797条4項〕。上場会社では公告に限定されます〔振替161条2項〕）。新設合併の場合には，合併を承認する総会決議の日から2週間以内に，新設合併をする旨および他の合併消滅会社・合併設立会社の商号・住所を当該会社の全株主に通知（公告で代替できます）します（会806条3項・4項。上場会社では公告に限定されます〔振替161条2項〕）。そして，株式の買取請求は，吸収合併の場合には合併の効力発生日の20日前の日

から効力発生日の前日までの間に，新設合併の場合には上記通知・公告の日から20日以内に，その買取請求に係る株式の数を明示して行います（会785条5項・797条5項・806条5項）。なお，振替株式について買取請求をしようとするときには，発行会社が開設した買取口座を振替先口座とする振替申請を要します（振替155条1項3項）。

買取請求に係る株式の買取は，合併の効力発生日・新設会社設立日に効力を生じます（会786条6項・798条6項・807条6項）。

公 正 価 格

買取請求対象株式の価格は，原則として当該請求株主と会社との協議で決定します（会786条1項・798条1項・807条1項）。合併の効力発生日から30日以内に価格協議が調わないときは，この期間満了の日後30日以内であれば，当該株主あるいは会社は，裁判所（会868条1項）に（公正）価格決定の申立をすることができます（会786条2項・798条2項・807条2項）。

公正価格の算定基準日は株式買取請求がなされた日であり，合併によりシナジーその他の企業価値が増加しない場合には，株主総会の合併承認決議がなければその株式が有したであろう価格（ナカリセバ価格）が公正価格であり，企業価値が増加する場合には，増加する価値のうち株主が享受してしかるべき部分とナカリセバ価格を合算した額（合併比率が公正であったならば，株式買取請求がなされた日においてその株式が有していると認められる価格）が公正価格である，と解するのが判例です（最決平成23年4月19日民集65巻3号1311頁〔吸収分割事例〕，最決平成23年4月26日判例時報2120号126頁〔株式交換事例〕，最決平成24年2月29日民集66巻3号1784頁〔株式移転事例〕）。

さらに判例（最決平成28年7月1日民集70巻6号1445頁）は，全部取得条項付種類株式を用いたキャッシュ・アウトに係る取得価格決定申立事件においてですが，多数株主・少数株主間の利益相反関係による恣意的決定を排除するための措置を講じるなど一般に公正と認められる手続によって公開買付が行われ，その後に公開買付価格と同額で全部取得条項付種類株式が取得された場合には，特段の事情のない限り，裁判所は，公開買付価格と同額を取得価格として決定するのが相当だと判断しています（なお，公開買付が一般に公正と認められる手続に

よって行われたとはいえないとされた事例である。東京地決令和5年3月23日資料版商事法務470号130頁〔公開買付後に株式併合をなした二段階キャッシュ・アウトにおいて株式併合反対株主の株式買取請求に係る価格決定申立事例。公開買付価格よりも増額されました〕参照）。全部取得条項付種類株式を用いる方法ではなく、吸収合併を用いたキャッシュ・アウト（本章7A参照）においても同様に解することになるでしょう。

なお、非上場株式の公正価格を決定するにあたって、非流動性ディスカウントは行うべきではないと考えます（最決平成27年3月26日民集69巻2号365頁参照）。ディスカウントされた分は存続会社・新設会社の株主の株式価値に反映されることになりますが、これ（価値の移転）を合理的に説明することはできないからです。なお、前述（第12章8C）の令和5年5月24日最決は非流動性ディスカウントを認めていますが、譲渡制限株式の譲渡等承認に係る買取請求（売買価格決定）に関する事案であり、取引価格を算定すべきだからです。これに対して、キャッシュ・アウトは少数株主が強制的に締め出される場合ですから、価値の移転を認めるべきではないのです。

③　吸収合併における簡易合併・略式合併

消滅会社の株主・社員に交付される存続株式会社株式等の財産の価額の総額が、存続株式会社の純資産額（会規196条。最低額は500万円として計算します）の5分の1（存続会社の定款でこれを下回る割合を定めることもできます）以下であるときには、存続会社株主総会における合併承認決議は不要になります（会796条2項本文）。これを簡易合併と呼びます。ただし、合併消滅会社の株主・社員への合併対価の全部または一部が公開会社でない存続会社の譲渡制限株式である場合（会796条1項但書）、存続会社に差損が生じる場合（会795条2項1号2号）、あるいは、存続会社の合併承認決議において議決権を行使できる株式の一定数（6分の1に1株加えた数が最大）を有する株主が存続会社に合併反対の意思を通知した場合（会796条3項、会規197条）には、原則どおり総会合併決議を要します（会796条2項但書3項）。

さらに、存続会社が消滅株式会社の特別支配会社（原則として、他社の総株主の議決権の9割以上を保有する会社〔その完全子会社が有する分も併せて基準に達する場合等も含みます。会468条1項、会規136条〕）である場合には、消滅会社における株主

総会の合併承認決議は不要であり（会784条1項本文。ただし，会784条1項但書参照），また，消滅会社が存続株式会社の特別支配会社である場合（親会社が子会社に吸収合併される場合）には，存続会社における株主総会の合併承認決議は不要です（会796条1項本文。ただし，会796条1項但書参照）。特別被支配会社の株主総会決議を求めたところで，結論が変わることは考えられないからです。これを略式合併と呼びます。

　合併は組織法上の行為ですが，経営の効率化を目指す組織再編手段という観点からすれば，合併も経営判断の対象としての側面を有するのであり，この点に簡易合併・略式合併が許容される基礎があるといえます。

　④　合併情報の開示

　消滅株式会社・存続株式会社は，合併契約等を，原則として合併承認総会の会日の2週間前から合併の効力発生日後6か月を経過する日まで，本店に備え置かなければならず，株主および会社債権者は，営業時間内はいつでも，上記資料の閲覧・謄本（抄本）等交付を請求できます（会782条・794条・803条，会規182条・191条・204条）。

　存続株式会社・新設株式会社の合併に関する重要事項の事後開示（合併により承継された権利義務等を記載〔記録〕した書面〔電磁的記録〕等）として，会社法801条・815条，会社法施行規則200条・211条・213条参照。なお，持分会社には開示制度は設けられていません。

　⑤　新株予約権買取請求権

　合併消滅会社が新株予約権を発行している場合には，当該新株予約権に代えて存続会社・新設会社の新株予約権または金銭を交付する条件を合併契約に定めます（会749条1項4号5号・753条1項10号11号）。一方，新株予約権の内容として，発行会社が合併によって消滅する場合には，存続会社または新設会社の新株予約権を交付すると定められている場合があります（会236条1項8号）。この交換条件と合併契約に定められた条件が合致しない場合には，消滅会社の新株予約権者は当該消滅会社に対して新株予約権の買取を請求できます（会787条・808条）。

　合併消滅会社の新株予約権は合併の効力発生日に消滅します（会750条4項・754条4項）。

⑥　会社債権者異議手続

　資産状態の良い会社と悪い会社との合併の場合など会社債権者が不利益を受けることがあります。そこで，合併当事会社は，合併に異議があれば会社債権者は 1 か月を下回らない一定期間内に申し出るべき旨などを，官報によって公告し，かつ知れている債権者に対して各別に催告（定款で定めた公告方法である，時事に関する事項を掲載する日刊新聞紙での公告あるいは電子公告をもっても公告するならばこの催告は不要です）する義務を負います。そして，合併により債権者が害されるおそれがない場合を除き，異議を申し出た債権者に対しては，会社は弁済，担保提供あるいは弁済目的の財産信託の措置をなすことを要します（会 789 条・793 条 2 項・799 条・802 条 2 項・810 条）。

　債権者異議手続が終了しなければ，吸収合併の効力は発生しません（会 750 条 6 項・752 条 6 項）。新設合併の場合も同様です（商業登記法 81 条 8 号参照）。

D　合併の差止

　簡易合併における合併存続会社の株主を除き（ただし，会 796 条の 2 柱書括弧書），次の各場合に合併当事会社の株主が不利益を受けるおそれがあるときは，当該株主はその会社に対して当該合併の差止を請求することができます（会 784 条の 2・796 条の 2・805 条の 2）。各場合とは，合併が法令・定款に違反する場合，あるいは，略式合併において合併対価の内容・割当が合併当事会社の財産状況その他の事情に照らして著しく不当な場合です。

E　合併の無効

① 　合併無効の訴え

　合併手続に瑕疵があったとしても，手続終了後は合併を前提とした新たな法律関係が積み重ねられることになるので，法律関係安定化の要請が働きます。そこで会社法は，合併無効の主張は，合併の効力発生日から 6 か月以内に，合併無効の訴えによってのみなしうることにしています（828 条 1 項 7 号 8 号）。合併無効訴訟は，存続会社・新設会社の本店所在地の地方裁判所の管轄に専属します（会 835 条）。合併無効の訴えの提訴権者は，合併後の存続会社・新設会社（あるいは合併の効力発生日の直前における合併当事会社）の株主・社員・取締役・監

査役・執行役・清算人，および（合併後の存続会社・新設会社の）破産管財人そして合併を承認しなかった債権者（債権者異議手続における異議申出期間内に異議を述べなかった債権者は合併を承認したものとみなされます〔会789条4項・793条2項・799条4項・802条2項・810条4項〕）に限られ（会828条2項7号8号），被告は存続会社あるいは新設会社です（会834条7号8号）。

　合併を無効とする判決の効力は，訴訟当事者だけでなく第三者にも及びます（会838条。判決の対世効）。また，合併無効判決の効力は遡及しません（会839条）。したがって，合併無効判決の確定によって，将来に向かって，消滅会社は復活し，新設会社は消滅し，存続会社が合併に際して発行した株式は無効になります。その間に取得された財産は合併当事会社の共有に属し，負担債務は当事会社の連帯債務となります（会843条）。

　②　合併無効原因

　上述した合併無効訴訟制度の趣旨から，合併契約や合併承認総会決議，債権者異議手続の欠缺のような重大な瑕疵に限って合併無効原因になると解されます。独禁法が定める合併届出規制に対する違反も合併無効原因です（独禁18条1項。公正取引委員会が提訴権者）。

　なお，合併承認総会決議の瑕疵・欠缺は，株主総会決議の取消訴訟や無効・不存在確認訴訟の対象となりますが，合併の効力発生後にはこれらの訴訟は提起できず，合併無効の訴えの中で合併無効原因として主張できるに過ぎません——係属中の総会決議取消の訴え等は，合併無効の訴えに移行されます。

3　会 社 分 割

A　会社分割の意義

　複数の会社が1つの会社へと合一化する社団法上の法律行為が合併ですが，1つあるいは複数の会社（分割会社）を複数の会社に分離する社団法上の法律行為が会社分割（吸収分割〔会2条29号〕と新設分割〔会2条30号〕があります）です。分割会社は株式会社と合同会社に限られます（会757条・762条）。吸収分割承継会社・新設分割設立会社が株式会社（会758条・763条）か持分会社（会760条・765条）かは，吸収分割契約・新設分割計画によります。

会社分割の本質は，分割会社がその事業に関して有する権利義務の全部また
は一部を他社に包括承継させる点に存し（会759条1項・761条1項・764条1項・
766条1項），それに伴って，原則として権利義務承継会社の株式・持分が分割
会社に割り当てられます（物的分割，分社型分割）。つまり，事業譲渡と異なり，
事業の包括承継と原則として支配権の再編が会社分割の特色だといえます。

　なお，分割会社は，吸収分割契約あるいは新設分割計画に基づいて，分割会
社の株主・社員に剰余金の配当（現物配当。この場合には，剰余金配当における財源
規制の適用を除外されます〔会792条2号・812条2号〕）として承継会社の株式・持
分を交付することもできます（会758条8号ロ・760条7号ロ・763条1項12号ロ・
765条1項8号ロ。人的分割，分割型分割）。会社分割に伴って，分割会社の株主が
承継会社の株式を直接有する支配関係を構築することもできるわけです（新設
分割の場合には〔事業部門の〕spin-off。なお，第25章6C参照）。非按分型人的分割も可
能です。会社分割に際して分割会社の一部の株主が有する株式に全部取得条項
を付し，吸収分割契約・新設分割計画に基づいて，当該全部取得条項付種類株
式の取得対価として承継会社の株式・持分を交付する方法によります（会758
条8号イ・760条7号イ・763条1項12号イ・765条1項8号イ）。例えば，新設分割会
社の株主がAおよびBだとして，Bの有する分割会社株式（全部取得条項付種類
株式）と分割設立会社株式を交換することになり，Aだけが分割会社の株主，
Bだけが分割設立会社の株主という結果を実現することができます（スプリッ
ト・オフ〔split-off〕）。

①　吸収分割

　既存会社が事業に関する権利義務の全部または一部を他の既存会社に承継さ
せるのが吸収分割です。同種類の事業を行う部門を有する同一グループの会社
間で，同種部門を集中させる場合などに利用されます。

　吸収分割会社に対して交付されるのは，吸収分割承継会社の株式に限られず，
その社債・新株予約権・新株予約権付社債あるいはこれら以外の金銭等の財産
でもかまいません（会758条4号・760条4～5号）。分割会社に対して，吸収分割
承継会社がその親会社の株式（会800条参照）を交付する三角分割も可能です。

②　新設分割

分割する会社が分割によりその事業に関する権利義務の全部または一部を承継する会社を設立するのが新設分割です。複数の事業部を有する会社が，そのうちの1つあるいはいくつかを1つの別会社にする場合などに利用されます（グループ経営への移行やコングロマリット・ディスカウント〔conglomerate discount〕解消などを目的とします）。また，分割会社（A社）が，その完全子会社（B社）を経営管理する事業部門を新設分割によって独立させると（新設分割設立会社・C社），中間持株会社を用いた企業グループを形成できます。すなわち，A社（C社の完全親会社）──C社（中間持株会社）──B社（C社の完全子会社）という関係になります（なお，C社が解散して，B社など複数の完全子会社の株式を残余財産としてA社に現物分配する場合〔会505条参照〕は，スプリット・アップ〔split-up〕の一例です）。

新設分割会社には，新設分割設立会社の株式・持分が交付されなければなりませんが（会763条1項6号・765条1項3号），これに加えて，新設分割設立会社の社債・新株予約権や新株予約権付社債を交付することもできます（会763条1項8号・765条1項6号）。

B　会社分割の手続等

吸収分割をなすには，分割会社・承継会社間で法定の効果意思の内容を有する吸収分割契約を締結し（会757条・758条・760条），各分割当事会社において株主総会特別決議による承認（会783条1項・795条1項・309条2項12号）あるいは総社員の同意（吸収分割会社が持分会社〔合同会社〕の場合にはその事業に関する権利義務の全部を承継させる場合に限り〔会793条1項2号〕，承継会社が持分会社の場合には吸収分割会社が承継会社の社員になる場合に限ります〔会802条1項2号〕。定款に別段の定めを設けることができます）を要します。新設分割をなすには，分割会社（複数の会社が共同して新設分割をすることもできます）は，法定の効果意思の内容を定めた新設分割計画を作成し（会762条・763条・765条），株主総会特別決議による承認（会804条1項・309条2項12号）あるいは総社員の同意（新設分割会社が合同会社の場合にはその事業に関する権利義務の全部を承継させる場合に限り〔会813条1項2号〕ます。定款に別段の定めを設けることができます）を要します。吸収分割は吸収分割契約に定められた分割の効力発生日（会758条7号・760条6号）に，新設分割は新設会社成立日（会社設立登記〔会814条1項・816条1項・49条・579条〕）に，それ

ぞれ効力が生じます（会759条1項・761条1項・764条1項・766条1項）。

反対株主に原則として株式買取請求権が認められます（会785条・797条・806条）。また，分割会社の新株予約権につき，買取請求権が認められる場合があります（会787条・808条）。本章2C②⑤参照。

簡易吸収分割（分割会社あるいは承継会社の総会決議省略）・略式吸収分割（分割会社あるいは承継会社の総会決議省略）の制度（会784条・796条），および簡易新設分割（分割会社の総会決議省略）の制度（会805条）が存在します。本章2C③参照。

吸収分割契約等（会782条・794条，会規183条・192条）あるいは新設分割計画等（会803条，会規205条）の開示，事後開示（会791条・801条・811条・815条，会規189条・201条・209条・212条），承継会社債権者（会799条・802条2項）および分割後分割会社に債務履行を請求できない分割会社債権者の異議手続（会789条・793条2項・810条・813条2項。なお，会789条1項2号括弧書・810条1項2号括弧書参照），会社分割の差止制度（会784条の2・796条の2・805条の2），吸収分割・新設分割無効の訴えの制度（会828条1項9号10号・843条）が整えられています。本章2C④⑥DE参照。

会社分割に伴う労働者保護手続

会社分割の対象とされた労働契約も包括承継されるので，その承継につき労働者の同意は必要ありません。そこで，「会社分割に伴う労働契約の承継等に関する法律」に基づく労働者保護手続を要することとされています。

分割会社は，会社分割に伴う労働契約・労働協約の承継に関する事項を対象となる労働者・労働組合に通知しなければなりません（同法2条）。通知の対象となる労働者は，①承継される事業に主として従事する労働者，および，②その労働契約が承継の対象とされているが①ではない者，です。そして，分割会社は，上記通知の前に，対象となる労働者と個別に協議するものとされています（平成12年商法改正附則5条1項。5条協議）。また，分割会社は，過半数代表組合等と協議する等の措置によって，労働者の理解と協力を得るよう努めなければなりません（同法7条。7条措置）。

①の労働者でその労働契約が承継の対象とされていない者，および，②の労働者は，異議を申し出ることができます（同法4条・5条）。異議を申し出た場合

には，前者の労働契約は会社分割による継承の対象とされ，後者の労働契約は継承されないものとされます。

分割会社が上記の労働者保護手続を全く履行しなかった場合には，会社分割無効事由があると解されます（なお，最判平成 22 年 7 月 12 日民集 64 巻 5 号 1333 頁参照）。

C 詐害会社分割（濫用的会社分割）

会社分割の対象とされず承継されない債務の債権者（残存債権者）は，債権者異議手続の対象外とされています（789 条 1 項 2 号・799 条 1 項 2 号・810 条 1 項 2 号参照。したがって，会社分割につき異議を述べることもできないことになるので，会社分割無効の訴えの原告適格〔会 828 条 2 項 9 号 10 号〕もないと解されます）。物的分割においては，会社分割の対価として，吸収分割承継会社・新設分割設立会社の株式等が分割会社に交付されているので，残存債権者に特段の不利益はないとの立法判断です。ところが，会社分割によって分割会社の債権者の債権回収可能性が著しく低下させられる事例も多発しています。例えば，債務超過会社が，優良事業部門を新設分割で独立させたために分割会社の債務超過額が実質的に拡大する場合や，新設分割で独立させる事業から一部の債務を除外するような場合（独立した事業は債務切り捨てによって健全化しますが，分割会社の債務超過額は実質的に拡大します）です。分割会社には新設会社の株式が交付されているといっても，上場会社株式ではないので換価可能性は低く，安値で売却されるという一層悪質な例もあります。これらは，濫用的会社分割と呼ばれており，通例，残存債権者との合意なく（債権者に秘して）行われます。

そこで，分割会社が残存債権者を害することを知って物的分割をした場合には，残存債権者は，分割承継会社（吸収分割の効力発生時に残存債権者を害すべき事実につき善意である場合を除きます）・分割設立会社に対して，承継した（積極）財産の価額を限度として，当該債務の履行を請求することができることとされています（会 759 条 4 項 5 項・761 条 4 項 5 項・764 条 4 項 5 項・766 条 4 項 5 項）。

なお，残存債権者に上記の請求が認められる場合であっても，会社法 22 条 1 項の（類推）適用（最判平成 20 年 6 月 10 日判例時報 2014 号 150 頁）や，詐害行為取消権（民 424 条。最判平成 24 年 10 月 12 日民集 66 巻 10 号 3311 頁）の主張が排除され

るわけではありません。

4　株式交換・株式移転

A　株式交換・株式移転の意義

　株式交換制度も株式移転制度もともに完全親会社（他会社の発行済株式総数を有する会社。所有される側の会社は完全子会社）を創設する制度です。株式交換（会2条31号）制度は，ともにすでに存在する会社の一方が他方（株式会社）の完全親会社（株式会社あるいは合同会社に限られます〔会767条〕）となるための制度であり（会769条1項・771条1項。既存会社〔株式交換完全親会社〕の原則として株式・持分を対価とする，他の既存の株式会社〔株式交換完全子会社〕の完全買収），株式移転（会2条32号）制度は，既存の株式会社（複数の株式会社が共同して株式移転をすることもできます）が自己を完全子会社とする株式会社である完全親会社（持株会社）を設立する制度です（会774条1項）。

　株式交換も株式移転も，完全子会社となる株式会社の支配権を完全親会社となる会社に集中させる社団法上の法律行為です。株式の買付により他社の発行済株式総数を取得してその会社の完全親会社となる方法は，多額の買付資金を要するとともに，1人にでも株式の譲り渡しを拒まれれば完全親会社にはなれません。完全親会社となる会社が事業全部を現物出資して完全子会社となる会社を設立する方法は，検査役の調査を要するなど，費用や時間がかかります。株式交換・株式移転は，各当事会社株主総会の特別決議で行え（少数の株主が反対しても，特別多数決により完全親子会社の関係を創出できます。なお，会802条1項3号），株式・持分を交付すればよいので買付資金を要せず（買付資金の圧縮。もっとも，実務においては，総会特別決議を可決させることができる3分の2以上の議決権株式を取得した上で，株式交換を行うのが一般的でしょう。対象会社が上場会社の場合には公開買付によって当該会社の株式を取得します），現物出資と異なり検査役の調査も不要です。

　株式交換完全子会社の株主に交付されるのは，株式交換完全親会社の株式・持分に限られず，社債や新株予約権，新株予約権付社債，あるいはこれら以外の金銭等の財産でもかまいません（会768条1項2号・770条1項2号3号）。したがって，株式交換完全子会社の株主に，株式交換完全親会社にとって親会社で

ある会社の株式（会800条参照）を交付する三角交換も認められます。これに対して，株式移転完全子会社の株主には，株式移転完全親会社の株式が交付されなければなりませんが（会773条1項5号6号），これに加えて，社債，新株予約権や新株予約権付社債を交付することもできます（会773条1項7号8号）。

B　株式交換

　株式交換は株式交換契約により行いますが，そのためには各当事会社は株式交換契約（法定の効果意思）の内容を定めて（会768条・770条），株主総会特別決議による承認を受け（会783条1項・795条1項・309条2項12号）あるいは総社員の同意（株式交換完全親会社が合同会社の場合には，株式交換完全子会社の株主が当該合同会社の社員になる場合に限ります〔会802条1項3号〕。定款に別段の定めを設けることができます）を得る必要があります。株式交換によって，株式交換完全子会社の株主が有する当該会社の株式は，株式交換契約に定められた効力発生日（会768条1項6号・770条1項5号）に株式交換完全親会社に移転し（会769条1項・771条1項），株式交換完全子会社の株主は，株式交換完全親会社の株式・持分・これ以外の財産を取得します（会769条3項・771条3項4項）。

　株主に株式買取請求権が認められる場合があります（会785条・797条）。また，株式交換完全子会社の新株予約権につき，買取請求権が認められる場合があります（会787条）。本章2C②⑤参照。

　簡易株式交換（完全親会社の総会決議省略）・略式株式交換（完全親会社あるいは完全子会社の総会決議省略）の制度が設けられています（会784条1項・796条）。本章2C③参照。

　株式交換契約等の開示（会782条・794条，会規184条・193条），事後開示（会791条・801条3項4項6項，会規190条・202条），完全親会社株式・持分以外の金銭等財産が完全子会社株主に交付される場合の完全親会社の債権者異議手続（会799条・802条2項，会規198条・203条），株式交換の差止制度（会784条の2・796条の2），株式交換無効の訴えの制度（会828条1項11号・844条）が整えられています。本章2C④⑥DE参照。

C 株式移転

株式移転は，株式移転計画の内容を定めて（会773条。なお，会772条2項），株主総会特別決議による承認（会804条1項・309条2項12号）を受ける必要があります。株式移転完全親会社の設立登記（会814条1項・49条）によって，株式移転完全子会社株式は株式移転完全親会社に移転し（会774条1項），株式移転完全子会社の株主は株式移転完全親会社株式等を取得します（会774条2項3項）。

株式移転完全子会社の株主・新株予約権者に，株式買取請求権（会806条）や新株予約権買取請求権（会808条）が認められる場合があります。本章2C②⑤参照。

簡易株式移転・略式株式移転制度は存在しません。

株式移転計画等の開示（会803条，会規206条），事後開示（会811条・815条3項4項6項，会規210条・213条），株式移転計画新株予約権付社債の社債権者につき債権者異議手続（会810条1項3号），株式移転の差止制度（会805条の2），株式移転無効の訴えの制度（会828条1項12号・844条）が整えられています。本章2C④⑥DE参照。

5 株式交付

A 株式交付の意義

株式交換は既存の会社間で完全親子会社関係を創設する組織再編行為です。これに対して，株式交付は，株式会社（株式交付親会社）が，他の株式会社（株式交付子会社）を子会社とするために株式交付子会社株式を譲り受け，対価として株式交付親会社株式を交付する組織再編行為です（会2条32号の2）。対象会社を子会社化したいが，完全子会社化することまでは望んでいない場合（対象会社の上場を維持したい場合など）に用いられ，金銭での株式取得よりも費用負担を軽減することができます。他社株の取得に自社株を対価とすることは，当該他社株が現物出資される募集株式の発行等でも可能です。けれども，この方法は躊躇される傾向にあります。現物出資規制によって時間と費用を考慮せざるを得ないからです（検査役の調査〔会207条〕，株式引受人・取締役等の責任〔会212条1項2号・213条〕）。株式交付は組織再編行為なので現物出資規制は適用されま

せん。

株式交付に際しては，株式交付親会社株式を交付するだけではなく金銭その他の財産も交付してよく，また，株式交付子会社の株式と併せて株式交付子会社の新株予約権・新株予約権付社債も譲受の対象にできます（会774条の3第1項5～9号）。

株式交付は対象会社株式の強制取得制度ではありません。株式交付子会社株式を譲り渡そうとする者と株式交付親会社とが，制度の規制を受けながら任意に行う株式交付子会社株式等の（株式交付親会社株式を対価とする）譲渡です（会774条の4～774条の9）。したがって，株式交付子会社（株式交付の当事会社ではありません）の株主全体に情報開示を行う義務を株式交付親会社に負わせる制度は設けられていません。

株式交付計画に定められた譲り受ける株式交付子会社株式の数の下限に，譲渡しの申込があった株式交付子会社株式の総数が達しない場合には，株式交付の効力は生じません（会774条の10）。そうでない場合には，株式交付計画に定められた効力発生日に株式交付の効力が生じます（会774条の11第1～4項。なお，会816条の9参照）。

なお，金融商品取引法上，株式交付子会社（上場）株式の買付として公開買付によらなければならない場合もあります（金商27条の2。自社株を対価とする公開買付も可能ですが，現物出資規制を考慮する必要があります）。

B 株式交付の手続

株式交付を行う場合には，株式交付親会社は，株式交付の内容を定めた株式交付計画（会774条の3第1項）を作成し（会774条の2），株主総会特別決議によって株式交付計画の承認を受けなければなりません（会816条の3第1項2項・309条2項12号）。簡易株式交付（会816条の4第1項本文）が認められています（ただし，同条1項但書2項）。本章2C③参照。

株式交付の開示（会816条の2，会規213条の2）・事後開示（会816条の10，会規213条の9），株式交付親会社株主による株式交付差止（会816条の5），反対株主の株式交付親会社株式買取請求（会816条の6），債権者異議手続（会816条の8），株式交付無効の訴え（会828条1項13号・844条の2），以上の各制度が整えられ

ています。本章2C②④⑥DE参照。

6 事業譲渡等

A 事業譲渡の意義

会社の有する事業目的のもとに組織された機能的財産の総体を事業（客観的
意義における事業。これに対して会社の事業活動は主観的意義における事業）と呼びます。
事業は一個の経済単位ですが，事業それ自体を対象物として支配する権利は認
められていません。したがって，事業移転を直接生じさせる契約は締結できま
せん（物権契約あるいは準物権契約としての事業譲渡契約は成立しえないのです）。

けれども，事業の構成要素（物権や債権・債務など権利義務だけでなく得意先関係な
ど事実関係も構成要素です）を個別に移転するのではなく，事業を事業として譲渡
する債権契約を締結することはできます（契約自由）。債権契約上は事業は流通
対象として把握できるわけです。それを構成する個々の物や債権等の価値の総
和を超える経済的価値を有する点に譲渡の対象としての事業を観念する意味が
あり，それを構成する物，債権・債務や事実関係等に出入変更があっても同一
性を観念できる点に事業譲渡の可能性があります——事業の同一性が保持され
る限り，事業の構成要素の一部（例えば，一部の債務）を，当事者の合意によっ
て譲渡対象から除外することもできます。

もっとも，これは債権契約としての事業譲渡であり，その履行行為として，
事業を構成する個々の物や権利等の移転行為を行う必要があります（事業譲渡
契約の効果として譲渡人は譲受人に対してこれら移転行為をなす債務を負うことになります。
特定承継であり，会社分割のように包括承継ではないわけです）。このような移転行為
の結果，有機的一体性を有する財産＝事業が同一性を維持しながら譲受人に移
転することになります。

B 事業譲渡等の手続

株式会社によるその事業全部あるいは事業の重要な一部（対象資産の帳簿価額
が総資産額の5分の1〔定款でこれを下回る割合を定めることもできます〕以下の場合を除
きます〔会規134条参照〕）の譲渡，子会社の株式・持分の全部あるいは一部の譲

渡（譲渡対象の株式・持分の帳簿価額が総資産額の5分の1〔定款でこれを下回る割合を定めることもできます〕を超え，かつ，当該譲渡の効力発生日に当該子会社の議決権総数の過半数の議決権を有しない場合に限ります。つまり，重要な子会社〔対象会社〕の株式・持分の譲渡によって対象会社の支配権を失う場合です。当該子会社を管理する事業〔当該子会社株式を含む〕の譲渡として，事業の重要な一部譲渡にも該当する場合があるでしょう），他会社の事業全部の譲受け，事業全部の賃貸（賃借人は自己の名・自己の計算でもって事業を行います）・事業全部の経営委任（事業経営を他人に委託する場合——経営は委任者の名で行います）・事業全部の損益共通関係（複数事業者が，それぞれの法的独立性を維持しながら，各事業者の事業上の損益を合算し，その合計額につき一定割合で各事業者に帰属させる場合）およびこれらに準ずる契約の締結・変更・解約をなす場合には，当該行為に係る契約につき株主総会の特別決議による承認が必要です（会467条1項1〜4号・309条2項11号。事業譲渡等）。

　事業譲渡契約自体は社団法上の行為ではなく業務執行行為（取引法上の行為）ですが，企業組織の再編手段という観点から，上述の組織再編行為と同様に株主総会特別決議を要することとされているのです。例えば，株式会社が事業全部を現物出資して新会社を設立すれば（検査役の調査を受ける必要があります〔会28条1号・33条〕。第6章2B①参照），株式移転と同様に完全親子会社関係を創設することができるわけです。ただし，事業譲渡等は組織法上の行為ではないので，会社債権者異議制度や差止・無効の訴えの制度は存しません。

　反対株主には株式買取請求権が認められます（会469条）。

　略式事業譲渡等・簡易事業全部譲受の制度が設けられています（会468条）。

　事業譲渡の対象とされず承継されない債務の債権者（残存債権者）は，譲渡会社が残存債権者を害することを知って事業を譲渡した場合には，譲受会社（事業譲渡の効力発生時に残存債権者を害すべき事実につき善意である場合を除きます）に対して，承継した（積極）財産の価額を限度として，当該債務の履行を請求できます（会23条の2。詐害事業譲渡〔濫用的事業譲渡〕）。

事 後 設 立

　通常の設立行為による株式会社の成立後2年以内に，その成立前から存在しかつその事業のために継続して使用する財産を取得する場合で，会社の純資産

額（会規135条）の5分の1（定款でこれを下回る割合を定めることもできます）以上の対価を交付するときにも，株主総会の特別決議による承認が必要です（会467条1項5号・309条2項11号）。この場合を事後設立と呼びます。会社設立における現物出資・財産引受規制の潜脱防止のための手続です。ただし，対象となる財産取得行為は業務執行行為に他ならないので，検査役の調査制度は設けられていません（会社の損害は取締役・執行役への責任追及によります〔会423条1項〕）。また，事後設立には，反対株主の株式買取請求権も，略式・簡易事後設立制度も設けられていません。第6章2B②参照。

C　事業譲渡会社の競業避止義務・商号続用事業譲受会社の責任など

　事業譲渡会社は，不正競争の目的をもって譲渡事業と同一の事業を行ってはならず，しかも，不正競争目的がなくても，原則として事業譲渡日から20年間は譲渡事業を行っていた営業所所在の市町村および隣接市町村の区域内では同一事業を行ってはならない義務を負います（会21条。事業譲渡会社の競業避止義務）。事業譲渡の効力としてこれらの義務が規定されたのは，事業譲渡当事会社間の利害調整を図る趣旨からです（なお，会24条1項参照）。したがって，当事者の別段の意思によってこれらの競業避止義務は排除できると解されます（不正競争目的競業避止義務〔会21条3項〕も排除できます〔例えば，事業譲渡に伴って商号・屋号も譲渡した場合において，同一商号・屋号での同一事業の継続を合意する〕——不正競争防止法や民法の不法行為規定の適用排除を許すのではありません）。

　事業譲受会社が譲渡会社の商号を続用する場合には，原則として譲受会社は譲渡会社の事業によって生じた債務を弁済する責任を負います（会22条1項3項。当該債務は引き受けられなかったことが前提です）。この責任は，債務引受がなかったことにつき善意の（譲渡会社の）債権者を保護する趣旨によるのではなく，事業主体から独立した存在である事業の連続性（債務帰属性）を商号続用の場合には認めることを意味します。つまり，弁済責任を負わない旨を登記あるいは通知しなければ，債務引受がなかったとの主張を譲受会社はできません（会22条2項）——債務引受がなかったことを知る悪意の（譲渡会社の）債権者も商号続用事業譲受会社の責任を追及できます。なお，商号とは別に，事業に屋号を付す事例（例えば，三田水産株式会社が，屋号を「酒処日吉」とする居酒屋を経営する場

合）が多く見受けられます。当該事業の譲受会社が，譲渡会社の商号は用いないけれども，屋号を続用する場合には会社法22条1項を類推適用してよいでしょう。新設分割設立会社が，新設分割会社から承継した事業の経営において，屋号を続用する場合にも同条項の類推適用を認めるべきだと思われます（最判平成20年6月10日判例時報2014号150頁）。

これに対して，事業譲渡を知らない譲渡会社の債務者が商号続用事業譲受会社に弁済した場合は，当該弁済は効力を有します（会22条4項）。民法478条（受領権者としての外観を有する者に対する弁済保護）と同趣旨です。

また，商号を続用しない事業譲受会社が債務引受を広告した場合（実際には債務を引き受けていない場合）には，譲渡会社の債権者は譲受会社に弁済を請求できます（会23条）。禁反言による責任です。なお，会社法24条2項参照。

7　キャッシュ・アウト（少数株主の締出し）

A　キャッシュ・アウトに用いられる制度

現金を対価とする少数株主の締出しをキャッシュ・アウトと呼びます。公開買付などによる株式譲渡では売却意思のない株主を締め出すことができません。一方，会社法には，対象会社における資本多数決によって少数株主をすべて締め出すことができる制度が存します。全部取得条項付種類株式を利用したキャッシュ・アウト方法については前述（第9章5）しました。これ以外にも，株式併合（少数株主が1株に満たない端数しか所有しなくなるように併合割合を小さく定めます。第10章1A参照），吸収合併（合併対価を現金にします。本章2B参照），株式交換（株式交換対価を現金にします。本章4A参照），そして特別支配株主の株式等売渡請求制度を用いる方法があります。

吸収合併・株式交換の場合には，消滅会社・株式交換完全子会社の資産を時価評価した上で評価益（含み益が顕在化するわけです）に課税されます（詳細は，拙稿「M&Aに関する少数株主と会社債権者の保護」江頭憲治郎編『株式会社法大系』〔2013年〕511〜514頁参照）。したがって，含み損を顕在化させて節税を図る意図がある場合を除けば，実務においては，吸収合併・株式交換を用いたキャッシュ・アウトは敬遠される傾向にありました。しかしながら，平成29年度税制改正

によって，合併存続会社・株式交換完全親会社が対象会社の発行済株式総数の3分の2以上の株式を有する場合には，上記の取扱はなされないことになり，吸収合併・株主交換もキャッシュ・アウトの方法として利用しやすくなりました。

　平成26年の会社法改正によって，株式併合における反対株主の株式買取請求とそれに伴う価格決定申立の制度および株式併合差止制度が新設されました。資本多数決でキャッシュ・アウトされる少数株主にとっては，公正な価格を交付されるかが最大の関心事になります。ところが同年改正までは，公正価格を担保する制度がなかったわけです。そうすると，不満があるのは価格についてであっても，少数株主が採りうる法的手段は，株式併合事項を定める株主総会決議の効力を争う方法しか残されていないことになります。キャッシュ・アウトの方法として株式併合を採用するのは，反対株主の株式買取請求とそれに伴う取得決定申立の制度を有する全部取得条項付種類株式制度を用いるよりもリーガル・リスクが高かったといえるでしょう。もっとも同年改正によって，この不均衡は解消されました。ただし，前述（10章1C）のように，株式買取請求は，単元株式数を定款で定めている会社であって当該単元株式数に併合割合を乗じて得た数に1に満たない端数が生じない場合は除かれます。また，買取請求の対象も，株式併合によって端数になる株式に過ぎません。

　同年改正によって新設された特別支配株主の株式等売渡請求制度は，株主総会決議を要せず（対象会社においても，そして株式会社である場合の特別支配株主においても不要です），また新株予約権をも対象とすることができる強力なキャッシュ・アウト制度です。上述の他の各制度は，キャッシュ・アウトにも利用できますがそれぞれに固有の目的を有しています。これに対して，特別支配株主（自然人でも法人でもかまいません）の株式等売渡請求制度はキャッシュ・アウト専用の制度です。この点，立法論としては，特別支配株主がいつでも株式等売渡請求をなしうることとの均衡上，少数株主等に対してその株式・新株予約権を特別支配株主に売却する機会を与えるセル・アウト制度を創設すべきだと思われます。

B　特別支配株主の株式等売渡請求制度

　ある株式会社（対象会社）の総株主の議決権の10分の9（これを上回る割合を対象会社の定款で定めることができます）以上を有する者を特別支配株主と呼びます（対象会社以外の者〔特別支配株主にあたる者〕およびその者が発行済株式の全部を有する株式会社その他これに準じる法人〔特別支配株主完全子法人。会規33条の4〕が合算して上記の割合以上を有している場合を含みます。例えば，A社の総株主の議決権の80％をB社が，10％をB社の完全子会社であるC社が所有する場合は，B社はA社の特別支配株主です）。特別支配株主は，対象会社の株主全員に対して，その有する対象会社の株式の全部を特別支配株主に売り渡すことを請求（株式売渡請求）できます（会179条1項。一部の株主に対してのみ売渡請求をすることはできません。ただし，特別支配株主完全子法人には請求しないことができます）。株式売渡請求に併せて対象会社の新株予約権者の全員に対してその新株予約権全部の売渡を請求することもできます（会179条2項）。新株予約権付社債に付された新株予約権も対象とすることができます（会179条3項。株式等売渡請求）。なお，対象会社が清算株式会社（会476条）である場合には，株式等売渡請求制度は適用されません（会509条2項）。また，株式等売渡請求による株式等の取得は，原則として公開買付義務の対象から除外されています（金商27条の2第1項但書，金商法施行令6条の2第1項16号）。

　売渡請求をしようとするときには，特別支配株主は，売渡請求対象株式・新株予約権の対価として交付する金銭の額・対象株式等を取得する日・株式等売渡対価支払のための資金確保方法など売渡請求事項を定めます（会179条の2，会規33条の5）。その上で，対象会社に対して，売渡請求事項を通知しその承認を得なければなりません（会179条の3。取締役会設置会社における承認機関は取締役会です）。対象会社の承認が要件とされているのは，特別支配株主が定める売渡請求の内容で一方的にキャッシュ・アウトを認めることは適切とはいえないので，対象会社の取締役に売渡請求の内容が適正なものといえるかどうかを判断させる趣旨からです（したがって，特別支配株主から独立した判断が求められます。対価相当性に関する第三者機関の算定書を取得したり，第三者委員会を設置するなどの工夫が求められるでしょう。会規33条の7参照）。資金確保方法を定めるのは対価支払の確実性を示させる趣旨ですが，その方法によっては画餅になりかねません（当該方法は，株主等に対する下記通知〔公告〕の対象とされていません。備置・開示情報には

含まれます）。なお，対象会社の上記承認後であっても，取得日の前日までに対象会社の承諾（取締役会設置会社であれば取締役会決議によります）を得れば，特別支配株主は株式等売渡請求を撤回することができます（会179条の6第1項2項）。少数株主は振り回されることになるわけであり，やはりセル・アウト制度を設ける必要があるでしょう（本章7A参照）。

特別支配株主の株式等売渡請求を承認した対象会社は，取得日の20日前までに，対象会社の株主等に，売渡請求を承認した旨および当該売渡請求の内容を通知（公告）しなければなりません（会179条の4第1項2項，会規33条の6，振替161条2項。通知〔公告〕の費用は特別支配株主が負担します〔会179条の4第4項〕）。上記通知（公告）がなされると，特別支配株主から対象会社の株主等に対して株式等売渡請求（特別支配株主の意思表示）がなされたものとみなされます（会179条の4第3項）。この請求によって特別支配株主と対象会社の他の株主等との間に株式譲渡契約が成立します（最決平成29年8月30日民集71巻6号1000頁参照）。そして，特別支配株主が定めて対象会社の承認を受けた取得日に，対象となる株式・新株予約権の全部が特別支配株主に移転します（会179条の9第1項。なお，同条2項参照）。対価は金銭なので（会179条の2第1項2号），1株に満たない端数が生じることはありません。

対象会社は，株式等売渡請求情報（対価相当性や対価交付見込についての対象会社の取締役〔会〕の判断を含みます〔会規33条の7〕）の備置・開示義務を負います（会179条の5。取得日後の情報備置・開示義務につき，会179条の10，会規33条の8）。株券発行会社における株券提出手続をなす必要につき，会社法219条1項4号の2参照。

株主・新株予約権者（上記通知〔公告〕によって株式譲渡契約の当事者となった者〔上記平成29年最決〕）は，取得日の20日前の日から取得日の前日までの間に，裁判所に対して売買価格決定の申立をなすことができます（会179条の8第1項）。株式等売渡請求が法令に違反する場合，対象会社による株主・新株予約権者に対する通知（公告）義務違反・事前の情報備置・開示義務違反がある場合，あるいは特別支配株主が定めた対価が対象会社の財産状況その他の事情に照らして著しく不当である場合には，それにより不利益を受けるおそれがある株主・新株予約権者は，特別支配株主に対して当該売渡請求に係る株式等の全部の取

得の差止を請求することができます（会179条の7）。取得日における対象会社の株主・新株予約権者・取締役・監査役・執行役あるいは対象会社の取締役・清算人は，取得日から6か月以内（対象会社が公開会社ではない場合には1年以内）に，特別支配株主を被告として，当該売渡請求に係る株式等の全部の取得の無効を訴えをもって主張することができます（会846条の2・846条の3。売渡株式等の取得の無効の訴え〔前2条のほか，会846条の4～846条の9〕）。

なお，特別支配株主の株式等売渡請求制度は，特別な要件のもとに認められるキャッシュ・アウトの手段であり，この制度を利用できるからといってキャッシュ・アウトに他の制度を用いることができなくなるわけではありません。

C 企業買収における行動指針

上場会社のM＆Aに関する公正なルール形成に向けて，経済社会において共有されるべき原則およびベストプラクティスを提示することを目的として，「企業買収における行動指針」（2023年）を経済産業省が策定しています。

同指針は，尊重されるべき3原則を提示しています。第1原則「企業価値・株主共同の利益の原則」は，企業価値を向上させるかを基準として望ましい買収か否かを判断すべきだとします。第2原則「株主意思の原則」は，会社の経営支配権に関わる事項は株主の合理的意思に依拠すべきだとします。第3原則「透明性の原則」は，株主の判断のために有益な情報が適切かつ積極的に提供されるべきだとします。

株主の合理的意思形成が阻害されるおそれがある類型にMBO（management buy-out。対象会社の取締役が行う当該企業のキャッシュ・アウト）があります（対象会社が上場会社であれば，公開買付により総株主の議決権の3分の2以上を取得し，引き続き株式合併によってキャッシュ・アウトする二段階買収が典型的です）。MBOを行う取締役と少数株主の間に会社情報に係る非対称性を基礎とする利益相反構造が認められるからです。対象会社の適正な情報の開示が求められますが，業績見通しの下方修正を発表した直後に，下落した株価を基準に買収対価を定めるMBOのように，株価操作の疑いを払拭しきれない事例も多く見受けられます。そこで，このような不透明感を払拭する趣旨で，「公正なM&Aの在り方に関する指針」

（2019年，経済産業省）が策定されています。「企業買収における行動指針」は「公正なM&Aの在り方に関する指針」を承継・発展させたガイドラインです。

　上述のような不透明感の払拭には，公正手続（公正性担保措置）が欠かせません。これは，取引条件形成過程における独立当事者間取引と同視し得る状況の確保，および，一般株主による十分な情報に基づく適切な判断機会の確保，という2つの視点から実現される手段だと指摘されています。このような公正性担保措置としては，独立した特別委員会の設置，外部専門家の独立した専門的助言等の取得（法務アドバイザーからの助言，第三者評価機関等からの株式価値算定書等，フェアネス・オピニオン），他の買収者による買収提案の機会の確保（マーケット・チェック）などが挙げられます。

　なお，東京高判平成25年4月17日金融・商事判例1420号20頁は，取締役および監査役は，MBOに際して，善管注意義務の一環として公正な企業価値の移転を図らなければならない義務（公正価値移転義務）を負うと解するのが相当だと判示しています。MBOにおいては株主間の公正取扱（実質的な株主平等）が問題の核心であり，取締役の会社に対する職務には，キャッシュ・アウトされる株主に公正な対価が支払われるように図る義務（公正価値移転義務）も含まれると解すべきでしょう。

補　章

1　特例有限会社など

A　従来の株式会社・合名会社・合資会社

　会社法施行（2006年5月1日）後は，平成17年改正前商法に基づいて設立された株式会社（以下，旧株式会社と呼びます）・合名会社・合資会社は，会社法に基づく株式会社（以下，新株式会社と呼びます）・合名会社・合資会社として扱われます（整備66条1項3項）。

　委員会設置会社（現行法の指名委員会等設置会社）を除いて，新株式会社の定款には取締役会および監査役を置く旨の定めがあるものとみなされます（整備76条2項）。廃止される（整備1条8号）「株式会社の監査等に関する商法の特例に関する法律」（以下，特例法と略します）上の大会社（資本金が5億円以上または負債総額が200億円以上の株式会社）およびみなし大会社（大会社以外の資本金が1億円を超える株式会社で，特例法の監査に関する特例の適用を受ける旨を定款に定めている会社）であって委員会等設置会社（現行法の指名委員会等設置会社）ではない旧株式会社の場合には，定款に監査役会および会計監査人を置く旨の定めがあるものとみなされる新株式会社になります（整備52条）。旧株式会社が特例法上の委員会等設置会社（現行法の指名委員会等設置会社）である場合には，取締役会・委員会（現行法の指名委員会等）・会計監査人を置く旨，会社法459条1項2～4号の事項を取締役会が定めることができる旨，および同条項の当該事項を株主総会決議によっては定めない旨（会460条）の規定が，定款に置かれているものとみなされる新株式会社になります（整備57条）。そして，旧株式会社が特例法上の小会社（資本金が1億円以下でかつ負債総額が200億円未満の株式会社）である場合には，監査役の権限を会計監査権限に限定する旨の定款の定めがあるものとみ

なされる新株式会社になります（整備53条）。

　さらに，定款による譲渡制限株式制度を採用する旧株式会社は，その発行する全株式が譲渡制限株式である旨の定款規定があるものとみなされる新株式会社（つまり，公開会社〔会2条5号〕でない株式会社）になります（整備76条3項）。株券を発行しない旨の定款の定めがない旧株式会社は，株券を発行する旨の定めが定款にあるものとみなされる新株式会社になります（整備76条4項）。

　以上の取扱は，旧株式会社が新株式会社に移行するにあたり，会社法に従った定款変更をなさなくても，従来同様の運営ができるようにした経過措置です。従来とは異ならせたいと考える場合には，例えば，監査役会設置会社が指名委員会等設置会社になるなどの定款変更を任意に行えます。

B　特例有限会社

　会社法施行以降は，従来の有限会社法（廃止されました〔整備1条3号〕）に基づいて設立された有限会社（旧有限会社）は，会社法に基づく株式会社として存続します（整備2条1項）。この場合には，旧有限会社の定款が旧有限会社が移行した株式会社の定款となり（整備2条2項。定款記載〔記録〕事項の読み替え等につき，整備5条），旧有限会社の社員が株主，持分が株式，出資1口が1株式，社員名簿が株主名簿とみなされます（整備2条2項・8条）。そして，旧有限会社が移行した株式会社は，その商号中に「有限会社」という文字を用いなければなりません（特例有限会社〔整備3条〕）。特例有限会社は，従来の有限会社法による規整と同様に扱われます。

　特例有限会社は，その発行する全株式が譲渡制限株式である旨（公開会社でない株式会社です），および当該特例有限会社の株主の間で株式を譲渡する場合には当該会社の承認があったものとみなす旨の定款規定があるものとみなされ（整備9条1項），これと異なる内容の定款の定めを置くことはできません（整備9条2項）。株主間の株式譲渡には会社の承認を要しないわけです。

　特例有限会社は，株主総会（なお，会社法309条2項の特別決議の特則につき，整備14条3項参照），取締役を設置しなければなりません（会326条1項）。取締役会・会計参与・監査役会・会計監査人を設置することはできず（たとえ大会社であっても会計監査人は設置できません〔整備17条2項〕），監査等委員会設置会社・指名委

員会等設置会社形態を選択することもできません（整備17条1項）。監査役は定款で任意に設置できます（整備17条1項）。監査役を設置する場合には，その権限が会計監査権限に限定される旨の定款の定めがあるものとみなされます（整備24条）。

　取締役・監査役の任期に関しては，会社法332条および336条の適用が除外されます（整備18条）。つまり，規制はありません。したがって，株主総会決議や定款で自由に定めることができます。

　定款に別段の定めを置かなくても，重要業務執行の決定を個別の取締役に委任することができます（整備21条）。また，大会社であっても，内部統制システム整備についての決定を強制されません（整備21条）。

　特例有限会社は，決算公告（会440条）を要しません（整備28条）。

　組織再編に関しても特例があり，特例有限会社は，吸収合併存続会社にも吸収分割承継会社にもなることができず，また，株式交換，株式移転，および株式交付の各制度を利用できません（整備37条・38条）。

　定款を変更して，株式会社という文字を用いる商号に商号を変更すれば（整備45条1項），特例有限会社は，以上のような取扱を受けない通常の株式会社になります。この定款変更に効力を生じさせるには，当該特例有限会社の解散登記および商号変更後の株式会社の設立登記を，本店所在地においてなす必要があります（整備45条2項・46条）。商号変更および登記という形式を履践することによって，実質的には有限会社から新株式会社に組織変更が行われることになるわけです。

　なお，旧有限会社はかつて145万社程度存在していました。その半数弱が，現在，特例有限会社だと思われます。

2　外　国　会　社

　外国会社とは，外国の法令に準拠して設立された法人その他の外国の団体であって，会社（会2条1号）と同種のものまたは会社に類似するものをいいます（会2条2号）。つまり，会社とは日本の会社法に基づいて設立されたもの（内国会社）をいうのであり，外国の法令に基づいて設立された外国会社とは区別さ

れるわけです。このような立法主義を設立準拠法主義と呼びます。

　このような立法主義を採ると，外国会社が日本国内で事業活動をなすにあたっての規整を特別に定める必要があります。そこで会社法は，外国会社が日本において取引を継続して行うための条件を定め，また，会社法の個別の条文につき適用関係を明示しています（会2条33号・5条・10～24条・135条2項1号・155条10号・467条1項3号・978条3号）。なお，民法35条参照。

　外国会社が日本において取引を継続して行うためには，日本における代表者を定め（会817条1項前段），外国会社の登記（会933～936条）をなすことを要します（会818条1項）。日本における代表者のうち1人以上は，日本に住所を有する者でなければなりません（会817条1項後段）。外国会社の登記をした外国会社（日本における株式会社と同種のもの）は，事業年度の決算手続終結後遅滞なく，貸借対照表に相当するものを日本において公告することを要します（会819条1項）。なお，営業所を設けることは義務づけられていません（会933条1項1号参照）。

　日本に本店を置きまたは日本において事業を行うことを主たる目的とする外国会社（擬似外国会社）は，日本において取引を継続して行うことが禁止されます（会821条1項）。日本の会社法規制の脱法的回避を許さない趣旨です。上記禁止に違反する取引も効力を否定されません。しかし，違反取引をした者は，相手方に対して，擬似外国会社と連帯して当該取引によって生じた債務を弁済する責任を負います（会821条2項）。また，違反取引をした者は過料に処せられます（会979条2項）。

練 習 問 題

※本書を読み進めるにあたって，考えるヒントになるように練習問題を設けました。
　解答例は付していません。視点の設定などに利用して下さい。解答を作成する場合
　には，下記の点を心がけるとよいでしょう。

※常に根拠を示すことを心がけて下さい。根拠には，形式根拠と実質根拠があります。
　形式根拠は，通常，条文です。その場合の実質根拠は条文の趣旨ということになり
　ます。つまり，各問につき，まず条文根拠（この指摘が最初。重要です）を示した
　上で，条文の趣旨を核とした実質根拠を示すことが肝要です。

※特に初学者は，細かな点に気を奪われがちです。下記のような基本的な問題を考え
　るにあたっては，基礎理論から積み上げて考える「癖」を身につける必要がありま
　す。換言すれば，「そもそも論」から解答し始めましょう。例えば，（そもそも）「会
　社は社員が組織する社団であるから」……。

第1章
（1）　持分会社の共通の基本的仕組を説明しなさい。
（2）　株式会社の特色を他の種類の会社と比較して論じなさい。
（3）　会社法上の親会社概念および子会社概念を説明した上で，なぜこのような概
　　　念が必要なのか論じなさい。

第2章
（4）　法人格否認の法理はどのような内容を有するか。法人格否認の法理をもって
　　　会社背後者の責任を追及する会社債権者は，さらに会社に対しても権利行使し
　　　うるか。

第3章
（5）　会社のなす政治資金の提供について，会社法上の問題点を指摘し，論じなさい。

第4章
（6）　資本制度の意義と内容を説明しなさい。

第5章
（7）　各種会社につき，通常の設立方法の概要を説明し，それらの共通の性質およ
　　　びなぜ相違点が生じるかにつき論じなさい。

第6章

（8）　いわゆる授権資本制度の意義と効用を述べなさい。

（9）　変態設立事項はどのような法規制を受けているか，説明しなさい。

第7章

（10）　発起人が設立時発行株式について出資の履行を仮装した場合の法律関係を説明しなさい。

第8章

（11）　株式はなぜ単位化されているのか，説明しなさい。

（12）　会社の運営における株主の監督是正権につき論じなさい。

（13）　株主平等原則の意義・内容，根拠，機能および例外について述べた上で，株主平等原則の適用が問題とされるいくつかの具体的論点を採り挙げて論じなさい。

第9章

（14）　企業買収防衛策として種類株式を活用したい。どのような方法があるか。

第10章

（15）　株式併合，株式分割，株式無償割当，および単元株制度につき各制度の特徴を比較しつつ説明しなさい。

第11章

（16）　Aが喪失した株券は株券失効制度により失効した。一方で，株券喪失登録後，株券失効前にBが当該株式を善意取得している。会社，A，Bの三者間の法律関係を説明しなさい。

第12章

（17）　会社の種類により，社員の地位の譲渡には，難易の差があるが，その差異を述べ，かつ，その理由を説明しなさい。

（18）　株主名簿の名義書換前において，株式譲受人は，会社および株主名簿上の株主たる株式譲渡人に対してそれぞれどのような主張をなしうるか。

（19）　定款による譲渡制限株式が承認機関の承認を得ないで譲渡された場合，株式の譲渡人，譲受人はそれぞれどのような法的地位にあるか。

第 13 章

(20) 株券発行会社において,株券が発行される前に株式を譲渡する方法はあるか。それはどのような効力を有するか。会社はその譲渡を認めうるか。

(21) 自己株式取得規制をまとめなさい。

(22) 自己株式取得規制に反する取得行為はどのような効力を有するか。

第 14 章

(23) 株式会社における所有と経営の制度的分離の観点から,会社の運営・経営・管理組織について論じなさい。

(24) 大会社である公開会社において,監査役会設置会社,監査等委員会設置会社,および指名委員会等設置会社を比較しながら説明しなさい。

(25) コーポレートガバナンス・コードおよび「責任ある機関投資家」の諸原則(日本版スチュワードシップ・コード)の意義を説明しなさい。

第 15 章

(26) 取締役会非設置会社と取締役会設置会社とで,株主総会の権限・招集および株主の権利を比較して説明しなさい。

(27) 株主総会で説明義務・報告義務を負う者をまとめなさい。

第 16 章

(28) 1 株 1 議決権原則の例外をまとめなさい。

(29) 議決権行使代理人資格の制限はどのような場合に認められるか。制限範囲外の者に議決権の代理行使を認めたり,制限に反しないの者の資格を認めなかった場合に,当該総会決議はどのような効力を有することになるか。

(30) A 株式会社は,B 株式会社グループの支配を意図して,B 社株式(すべて議決権株式とする)を買い進めてその発行済株式の 51％を保有するに至った。そこで,B 社グループに属する C 株式会社(C 社は B 社株式を 10％,B 社は C 社株式〔発行されているのは議決権株式のみ〕を 15％,それぞれ保有している)は,A 社に対抗すべく B 社株式を買い増そうとしている。なお,金融商品取引法上の問題は考えない。

(ⅰ) C 社が B 社株式を 25％まで買い増した場合,A 社が意図する C 社への支配権的影響力はどのような影響を受けるか。

(ⅱ) C 社が B 社株式を 34％まで買い増した場合,A 社が意図する B 社支配はどのような影響を受けるか。

（ⅲ）　Ａ社が保有するＢ社株式を，Ｂ社が買い受けるのに法的障害はあるか。

（ⅳ）　Ａ社と資本提携するために，Ｂ社が市場でＡ社株式を取得するのに法的障害はあるか。

第17章

（31）　株主の権利行使に関する利益供与禁止制度について説明しなさい。

第18章

（32）　株式会社Ｙの１株株主Ｘは，同じく１株株主であるＡに招集通知が送られずＡの不参加のまま行われた株主総会に関して，Ｙを相手に総会決議無効確認の訴を提起した。１年経過後にＸは，予備的請求として同じ理由をもって当該総会決議取消の訴を追加した。Ｘの主張は認められるか。

第19章

（33）　取締役の選任および解任に関する会社法規整をまとめなさい。

（34）　社外取締役を選任しなければならないのは，どのような場合か。社外取締役はどのような趣旨から必要とされるのか。

第20章

（35）　各種会社における業務執行権限および代表権限の帰属関係を説明し，さらに，業務執行行為・代表行為に対する監督，監査の制度について論じなさい。

（36）　招集手続および決議方法に関して，株主総会と取締役会を比較して両者の異同を述べなさい。

第21章

（37）　株式会社Ｙの代表執行役Ａは，独断で，Ｙを代表してＸから10億円を借り入れた。Ｘの返還請求に対してＹは，当該借入行為はＡが自己の借金返済のために権限なく行ったもので，責任はないと抗弁する。当事者間の法律関係を説明しなさい。

（38）　表見代表取締役および表見代表執行役の制度につき，その意義・要件・効果をまとめなさい。

第 22 章

(39) 株式会社Xの代表取締役Aは同社を代表して，同社取締役Yに1億円の貸付を行った。Xの返還請求に対して，Yは取締役会の承認がなかったことを理由にこの貸付契約の無効を主張する。Xの株主は全員で当該貸付契約を追認した。法律関係を説明しなさい。

(40) Y株式会社の取締役会は専務取締役のXを非常勤の平取締役に降格させ，同時に無報酬とした。その後任期満了で退職したXには，取締役会内規で定められている退職慰労金は慣例とは異なり支払わない旨，取締役会で決議されている。そこでXは，非常勤取締役となってからの報酬および内規で定められた基準で算定された退職慰労金の支払をY社に求め，さらにY社の他の取締役に対して会社法429条1項および不法行為を理由として損害賠償責任を追及する。認められるか。

第 23 章

(41) A株式会社では，取締役会の法定専決事項以外の業務執行はすべてB執行役に委ねていた。ところが，Bの重過失ある職務執行によって，A社は多額の損害を被った。

（ⅰ）　A社は，Bに対して，上記損害の賠償を請求できるか。

（ⅱ）　A社の取締役には，上記損害を賠償する責任はないか。

(42) 取締役・執行役の会社に対する責任の免除制度についてまとめなさい。

(43) 株主代表訴訟制度および多重代表訴訟制度の意義，対象，手続につきまとめなさい。

第 24 章

(44) 取締役の職務執行に対する監督，監査の制度について論じなさい。

(45) 監査役と監査役会の関係をまとめなさい。

(46) 社外取締役制度と社外監査役制度とを比較しつつ論じなさい。

第 25 章

(47) 会計参与制度の意義を説明しなさい。

(48) 計算書類の監査と定時株主総会における承認につきまとめなさい。

(49) 資本金および準備金について説明した上で，資本金減少の手続と準備金減少の手続を比較して説明しなさい。

(50) A株式会社では，取締役が粉飾決算を行い，実際には分配可能額がないのに

剰余金の配当が株主総会の議案とされ，承認された。この決議に基づき株主に剰余金配当が実施された場合に，法律関係はどうなるか。

第26章

(51) 資金調達手段としての募集株式の発行・処分と社債募集につき，両者の異同が理解できるように論じなさい。

(52) 公開会社と公開会社でない株式会社とで，募集株式発行等の手続に相違はあるか。それぞれにつき手続を概略した上で，相違があればその理由を説明しなさい。

(53) A社取締役会は，経営陣に批判的な大株主Bの持株比率を低下させる目的で，大量の新株を発行することとし，代表取締役Cに対して全新株の引受権を与えた。Bは新株発行差止の仮処分命令を得たが，A社はそれを無視して発行手続きを完了した。Bはさらに当該新株発行の効力を争うことができるか。

(54) 新株予約権の発行目的にはどのようなものが考えられるか。

第27章

(55) 親子会社関係において，親会社株主の保護を趣旨とする制度をまとめなさい。

(56) 合併，株式交換，株式移転の各制度につき，その異同を指摘しながら説明しなさい。

(57) 三角合併，三角分割，および三角交換を説明しなさい。

(58) 企業再編手段の観点から，事業譲渡と会社分割を比較して説明しなさい。

(59) 甲株式会社は株主Aの，乙株式会社は株主Bの，それぞれ一人会社である。A，Bは丙株式会社を設立しその株主となり，さらに，丙社が甲・乙両社の発行済株式総数を保有することにより，甲・乙両社を統一的に経営したいと計画している。この計画を実現するために会社法上利用できる方法を可能な限り指摘し，比較しつつ説明しなさい。

(60) キャッシュ・アウトに用いることができる各制度を，比較しつつ説明しなさい。

補　章

(61) 特例有限会社の制度をまとめなさい。

おまけ

次の各問につき，理由を付して，誤りを指摘し訂正しなさい。

（a） 合同会社は，すべての社員が有限責任である点において株式会社と同じであ

るが，持分会社なので，社員はその持分（社員権）を譲渡できないという制約があり，また，有限責任事業組合と同様に法人格を有さない。

（b）　株式会社の設立において，現物出資および財産引受は，発起人に限って認められ，さらに必ず裁判所が選任した検査役の調査を受けなければならない。

（c）　出資につき仮装払込は無効であるから，仮装払込をした発起人は株主とならないが，発起人から仮装払込に係る株式を譲り受けた者は当該株式を善意取得する。

（d）　株券発行会社においては，株券交付によって株式譲渡は効力を生じる。ただし，これは当事者間の問題であり，譲渡人と譲受人の共同申請によって株主名簿の名義を書き換えないと会社との関係では譲渡は効力を生じない。

（e）　定款による譲渡制限株式制度は，もっぱら会社にとって好ましくない者が株主として権利行使することを防止する趣旨を有するので，株式を譲り受けるであろう総会屋に対する利益供与禁止と同趣旨であり，したがって，譲渡制限株式の譲受人からは株式譲渡承認（株式譲受承認）を会社に請求することはできない。

（f）　完全無議決権株式は，議決権を剥奪する代償として配当優先株式でなければならず，発行済株式総数の2分の1を超えてはならない。また，完全無議決権株式は社債と同視できるので，その払込額は貸借対照表の負債の部に計上される。

（g）　子会社はその親会社が発行した株式を取得してはならない。しかし，あらかじめ株主総会決議によって取得する株式数および取得価額の総額を決定しておけば，その範囲内においては，子会社は取締役会決議によって親会社株式を取得することができ，金庫株として期間の制限なく保有することができる。

（h）　大会社であれば，公開会社でない株式会社であっても，3名以上の取締役を選任しておかなければならない。一方，監査等委員会設置会社および指名委員会等設置会社以外の株式会社であって，大会社でない株式会社であれば，公開会社であっても，監査役を設置することを要しない。

（i）　企業の持続的成長と中長期的価値向上のために上場会社に求められる自律的な対応について，コーポレートガバナンス・コードが策定されている。上場会社は，コーポレートガバナンス・コードに定められた細則を遵守しなければならず，これはスチュワードシップ責任と呼ばれる。

（j）　ごく一部の株主に株主総会招集通知が発送されなかった場合，それは当該総会の全決議につき無効事由となるが，無効確認判決がなければ決議無効の取扱はできない。

（k）　監査等委員会設置会社の重要業務執行は，必ず取締役会が決定しなければな

らない。監査等委員会の委員は，社外取締役の中から，取締役会決議によって
3名以上を選定する。

（l）　執行役に重要な業務執行までも委任できる指名委員会等設置会社において
は，取締役の過半数は社外取締役でなければならず，また，監査委員の半数以
上は社外監査役でなければならない。

（m）　取締役が自己または第三者のために会社の事業の部類に属する取引をなす場
合を利益相反取引と呼び，取締役会の承認を受けなければならず，承認がなけ
ればその取引は無効（ただし，取締役の取引の相手方は無効を主張できない，
いわゆる相対無効である）である。

（n）　取締役に対する株主代表訴訟は1株株主でも提起できる。ただし，まず，当
該会社の代表取締役に対して，当該取締役の会社に対する責任を追及する訴え
の提起を請求しなければならず，当該請求の日から60日以内に会社が当該責
任追及の訴えを提起しないときに，株主代表訴訟を提起することができる。

（o）　会計監査人は，取締役あるいは執行役と共同して計算書類を作成する。設置
は強制されず，選任は株主総会決議で行う。また，その資格は公認会計士およ
び監査法人に限られる。

（p）　会計監査人設置会社については，決算取締役会の承認を受けた計算書類が法
令および定款に従い株式会社の財産および損益状況を正しく表示していると認
められる場合には，当該計算書類を監査の対象とすることおよび定時株主総会
に提出・提供することを要しない。

（q）公開会社であっても公開会社でない株式会社であっても，また，第三者割当
であっても株主割当であっても，募集株式発行等における払込金額が募集株式
を引き受ける者に特に有利な金額である場合には，募集事項の決定は株主総会
特別決議によらなければならない。支配株主の異動をもたらすような募集株式
の発行等の場合も同様である。

（r）　上場会社の買収防衛策としては拒否権付種類株式を用いる方法が多い。コー
ポレートガバナンス・コードは，取締役会の同意なき企業買収に対しては買収
防衛策を速やかに発動すべき旨を提案している。

（s）　組織再編行為は吸収型再編と新設型再編とに整理される。前者には吸収合併・
吸収分割・吸収交換および株式交付が属し，後者には新設合併・新設分割・新
設移転および新設交付が属する。吸収型再編の結果として必ず当該再編当事会
社の一方が消滅し，新設型再編の結果として必ず新会社が設立される。

（t）　消滅会社の株主に交付される存続会社株式の価額の総額が，存続会社の純資
産額の5分の1以下であるときには，存続会社および消滅会社における吸収合

併承認決議は不要である。同様の条件が満たされる場合には，新設合併においても株主総会の合併承認決議は要しない。

（u）　会社間の事業譲渡につき，事業とともにその商号をも譲渡した会社は，営業権を失うので，同一の市町村の区域内およびこれに隣接する市町村内においては，事業譲渡の日から 20 年間は同一の事業を行ってはならない。また，この場合には譲受会社が譲渡会社であるかのような外観を生じさせるので，商号変更後であっても，譲渡会社は当該事業によって生じた譲受会社の債務を弁済する責任を負う。

（v）　特別支配株主が株式等売渡請求を行うには，対象会社の株主総会の特別決議で承認されなければならない。承認されると，株式等売渡請求の対象とされた株式は取得日に特別支配株主に移転するが，上記承認決議に反対した株主は，所有する株式の買取を当該会社に請求することができる。

判 例 索 引

事 項 索 引

— 著者略歴 —

山本爲三郎（やまもと・ためさぶろう）

1958 年生まれ
博士（法学）（慶應義塾大学）
現在，慶應義塾大学名誉教授

会社法の考え方〈第 13 版〉

2000 年 3 月 30 日　第 1 版 1 刷発行
2024 年 7 月 30 日　第 13 版 1 刷発行

著　者――山　本　爲三郎
発行者――森　口　恵美子
印刷所――壮 光 舎 印 刷 ㈱
製本所――㈱ グ リ ー ン
発行所――八千代出版株式会社
　　　　　〒101
　　　　　-0061　東京都千代田区神田三崎町 2 - 2 - 13
　　　　　TEL　03-3262-0420
　　　　　FAX　03-3237-0723
　　　　　振替　00190-4-168060

＊定価はカバーに表示してあります。
＊落丁・乱丁本はお取替えいたします。

ISBN 978-4-8429-1871-6　　　　　©2024 T. Yamamoto